张竞生学术年谱

肖玉华 ／ 著

上海人民出版社

广东省哲学社会科学
"十三五"规划共建项目
"张竞生学术年谱编撰"
（项目编号：GD17XZW14）
研究成果

张竞生（1889—1970）

1912 年 10 月 17 日，中华民国稽勋局遴选的 25 名留学生于上海合影（部分）
（前排右二为张竞生）

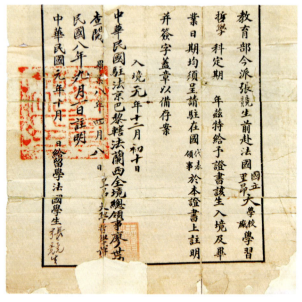

张竞生留法于中华民国驻法京巴黎辖法兰西全境总领事馆报备入境证明

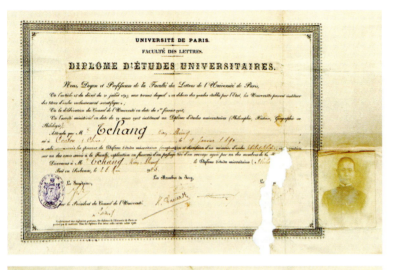

张竞生的巴黎大学学士毕业证书和里昂大学博士毕业证书

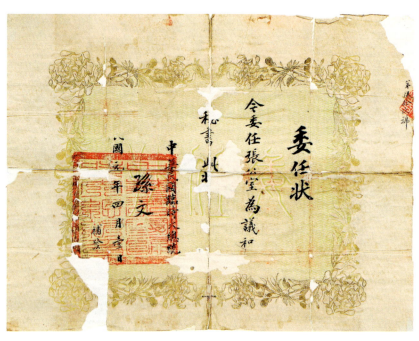

孙中山签发的张竞生任南北议和秘书委任状

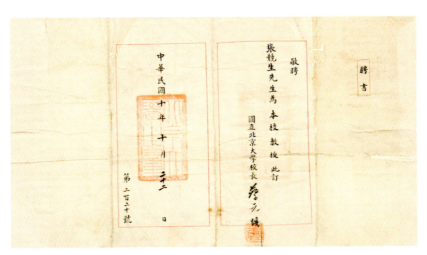

张竞生受聘于北京大学教授聘书

《爱情定则讨论集》封面

《新文化》创刊号封面

張竞生翻译的《卢骚忏悔录》封面

民智建设

张竞生著

神州国光社刊行

《民智建设》封面

张竞生与夫人黄冠南 1936 年于广州（怀中婴儿为张超）

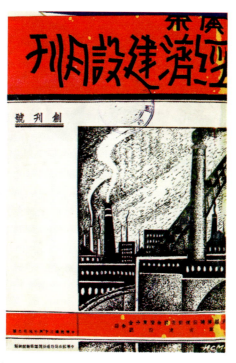

张竞生 1937 年主编的《广东经济建设月刊》创刊号

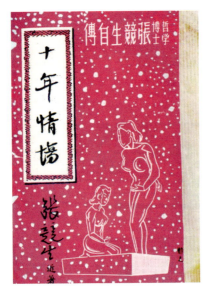

张竞生20世纪50年代出版的《十年情场》《爱的漩涡》《浮生漫谈》封面

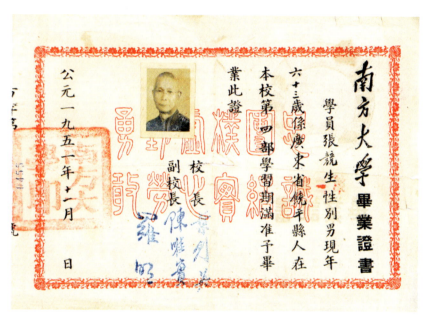

张竞生 1951 年南方大学毕业证书

廣東省文史館工作人員登記表

姓名	張競生	別號	以字行	曾用名	公室		性別	男	年齡	65
籍貫	省 饒平縣 鄉 西 區 大榜埔		通訊處	現在 永久	小北路148號二樓 大東路東昌大街廿三號二樓			民族	漢	
介紹人或被介紹關係	人事廳		現任職務				文化程度	哲學博士		
家庭成份	地主		個人成份	自由職業			身健情况	北健		
家庭狀況	人口	六人	動產	全無						
	愛人姓名	已死	未婚已	不動產						
			有參何政團 無加樣治盤				現在職業			

曾參加過什麼黨派社團	黨派社團名稱	加入時間	介紹人	地點	曾擔任職條	現在關係
	京津同盟會	1910年				
		年 月				
		年 月				
		年 月				

現何派為業	無	介人共其關 紹及所擔		職別		與人條本關
特長故志趣	哲學志走亚					

社會關係	姓名	現在何處任何職	與本人關係	他的政治面目及對本人的影响
	陳堂化	農工民主党	友誼	民主觀念
	羅傳褒	華南師範學院歷史系主任	師生	學術研究
	鄭學甫	中師研究員	友誼	情感文學

有無被捕經過生情	1929年當在杭州後捕一日即釋放為宣傳性表	受過什歷訓練	1951年當入南方大学政治研究院結業

张竞生 1953 年在广东省文史馆所填登记表

张竞生博士之墓

目　　录

凡 例

一、本谱以张竞生的生活行踪、著述实践为线索，以事系年，并结合时代背景进行编写。时代背景与本事相关者，编入正谱。当然，有些时代背景或许与本事及谱主表面上并无直接关联，如张竞生幼年时期发生的许多社会事件，也选择性地编入正谱。对于这一点，我相信美国气象学家爱德华·洛伦茨（Edward N. Lorenz）所说："一只南美洲亚马逊河流域热带雨林中的蝴蝶，偶尔扇动几下翅膀，可以在两周以后引起美国得克萨斯州的一场龙卷风。"对读者应该有所启迪。

二、考虑到张竞生人生活动历程的特殊性，对与其生平有所交集的人物，诸如褚松雪、孙中山、陈济棠、陈铭枢等，择交集点关联者编入本谱。

三、对于通过各种方式和渠道所能搜集到的张竞生各种文字（包括学术著作、报刊文章以及未公开发表的文字等）一律入谱。声明、启事、书信等有选择地入谱；对来源于各种报刊资料上的有关张竞生的信息、事件、行踪等，经考辨后择其有价值者入谱。入谱的作品或文字及事件，一般按时间顺序列入。仅知年月而不知日期者，列于本月末；月不可考者，列于本年末（当然，考虑到与事件或著述相关者，插入编者所能推断的时间位置中）。

四、考虑到张竞生产生的影响是多方面的，尤其是当时所产生的社会效应，对同时期与其相关的介绍、批评等文字也择有影响或有意味者编入本谱，尤其是报刊文章。

五、对于张竞生的著述，作相应的题解，有略有详；或概其要点，或节选，或全文照录，以期让读者形成较为清晰的认识。

六、有些说法与事实不符或有出入之处，简单予以辨析，以脚注形式附于页下。

七、本谱中涉及的人物、报刊等，为便于读者了解，根据需要也适当作注释。

八、本谱引用张竞生的著述及其他人的记述，许多来源于旧报刊或者出版物以及手稿，因印刷水平等原因，有些文字出现讹误、无法识别等现象，现：订正之字置于【 】中，置于错字之后；增补脱字，置于（ ）内；衍文加［ ］；疑有讹误但无法确定者，用【？】表示；凡残缺或模糊难辨之字，用口表示。

九、本谱最初编写之时，也是《张竞生集》（生活·读书·新知三联书店 2021 年 1 月版）整理出版之际，所征引张竞生著述来源于最初发表的报刊或最初之版本。现《张竞生集》已正式出版，故据此版本标明具体页码。

卷一 清光绪十五年（1889）—清宣统三年（1911）

张竞生出生的时代，注定是一个风雨飘摇的动荡时代，也是一个大变革的时代。面对鸦片战争后的时局，中华有识之士无论在朝在野，都力图探西求中，锐意革新。而洋务运动的兴起，并没能够真正扭转清政府积贫积弱的格局，更不可能从本质上改变中国半殖民地半封建的社会性质。正如有学者论及中国近代文学时所说："全面危机，构成了中国近代文学发展的基本历史背景。这主要表现在三个层面：即民族生存危机、封建社会的政治危机和以儒家文化为主体的传统文化的危机。"[①] 这也正是张竞生出生前后之中国社会背景。

光绪十四年戊子（1888），康有为入京，上书皇帝请求变法，提出"变成法，同下情，慎左右"三事。可惜上书未能成功。然而，山雨欲来……

光绪十五年己丑（1889） 出生

农历正月初九，公历 2 月 8 日，这天也是张氏家族传统的"天公节"。是日，在广东省饶平县浮滨区[②] 桥头乡大榕铺村，张竞生出生于一

---

① 关爱和主编：《中国近代文学史》，中华书局 2013 年版，第 1—2 页。
② 今为饶平县浮滨镇。位于饶平县中部，距饶平县城所在地黄冈约 27 千米，距潮州市区约 31 千米。

个家道殷实的新加坡归侨家庭，取名江流，属牛①。他在兄弟中排行老三，长兄江湖，二哥江楼。后其父纳有一妾，生下二子甲申与甲乙。

> 我生于农历的正月九日，与我父同样生日。是日为俗称的"天公节"。这个节名甚奇特。我个人考据汉末，是历史上所称黄巾首领张角的纪念节。张角是当时著名的农民首领，自称为"天公"，其弟为"地公""人公"。虽则反抗不成，但民间仍然秘密地对他纪念，尤其是我们的张姓，在封建社会里，仍然保存他的同宗为光荣。所以"天公节"是姓张的特殊节名，邻近乡里和别姓，并无这样的节名。这使我想起张角的故事来。（《浮生漫谈·我的童年》）②

祖父张向若，早年间曾与众多潮汕人一样，作为"水客"往来于新加坡与潮汕之间，虽漂泊劳碌半生，然也度日维艰。

父亲张节（致和），粗通文墨，务过农，也曾跟随其父向若公下过南洋，后在新加坡继承其岳父"批银"③事业，用心经营，克勤克俭，攒下了一份家业，家境在饶平当地还算比较殷实。在《浮生漫谈》中，张竞生如此回忆父亲：

> 我父亲相当聪明，可惜他少年失学，但对于历史书及《三国演义》《水浒传》《东周列国志》《西游记》等中国著名小说，时常阅看，而且有心得。他壮年到新加坡承继他岳父的"批银"事业，找得些少积蓄，回家休闲。我最奇怪的，是见他后颈中有一粒枪弹，是他

---

① 目前所见关于张竞生的传记及生平年谱等资料，一般都认为张竞生生于1888年农历正月初九（公历2月20日）。而据笔者考证，张竞生应当生于公元1889年农历正月初九，公历2月8日。详细考证见本谱附录。

② 张培忠、肖玉华主编：《张竞生集》第五卷，生活·读书·新知三联书店2021年版，第136页。

③ "批"即信，"银"即银钱。福建、广东一带有批局（或称批馆），兼营或专营往来国外华侨之信件与汇款。

少年时加入本姓与王姓集体械斗时所受伤的，现在已变成为肉中的死弹子，不足为患了。他一生不食雄鸡肉，这是能使子弹重新生出毒害的，但别的任何食物，都不忌惮，这可是社会上相传的一种迷信。(《浮生漫谈·我的童年》)①

不过，张致和后来纳的妾成了这个家庭的一个"灾难"。多年之后，张竞生对此仍耿耿于怀：

我父亲是一个稍富裕的华侨。他在新加坡住了许多年，克勤克俭，也稍读古书，遵守道德，通晓世情，可是他一生最大的错事，就是晚年买了一位小老婆。

这位父妾在潮安的家中成长，受了城市坏人的狡猾习尚，本性阴险恶毒，到我家后，恃宠放刁，极尽挑拨的能事。大兄与二兄被父亲赶去南洋，大嫂二嫂经不住她的摧残，双双服毒自杀！我幸而少时在外读书，也曾一度被其间疏，父亲几乎不接济我的学费。我今特写出来，不单是暴露父亲的过失，而且为一班在晚年娶小老婆的鉴戒。假使老父不娶这个妇人，我们家庭的生活本极美满。但既娶了，假使不听这恶妇的谣言，也终不会闹到家散人亡。我的母亲是极和顺的乡下女子，但她对我父也极敢抵抗，常常与他及其妾侍大闹一场，但于事毫无裨补。

我就是这样亲历家庭的惨祸。(《浮生漫谈·痛家庭之多故》)②

张竞生的家乡饶平，地处粤东，东邻福建，南濒南海，素有"海滨邹鲁"之称。由于地理位置相对偏僻，饶平也被称为"省尾国角"。境内

---

① 张培忠、肖玉华主编：《张竞生集》第五卷，生活·读书·新知三联书店2021年版，第136页。

② 张培忠、肖玉华主编：《张竞生集》第五卷，生活·读书·新知三联书店2021年版，第151页。

丘陵山地起伏绵延。张竞生如此描述其故乡：

> 忆故园，又忆及环绕它的四围山峰。那是高接云霄的凤凰山脉，产名茶的处所；那是坪溪山脉，与潮安市相交壤；那是待诏山脉，传说宋帝昺奔走南方，抗拒元兵，曾经此地而由他钦赐这个名字。
>
> 峰峦处处有，山峰格外好观赏。朝雾晚霞山色朦胧，若隐若现，或如彩带绕山身，或如宝冠罩其头，晴明时如矗天芙蓉，风雨来时似海涛怒号奔流。（《浮生漫谈·忆故园》）①

正是在这样的环境中，张竞生逐渐养成一种"放纵自由的脾气"，以至于成年之后，也不愿随俗附和。

> 我生长于四周美丽伟大的丛山中，自少就养成喜爱山间的生活。我入私塾后，每遇塾师下午睡时，就偷上山与牧童徜徉逛乐。最快乐时是满山风光，"多年"②花开遍了粉红色，到它们成熟时，摘取食到饱。山间有清溪，沙白水绿，长夏都浸在溪中游泳。因此，自少就养成爱好大自然的性格。我只知云雾在山峦的飘扬、林木中的静穆。我就是这样自然的儿童，奔放不受任何拘束的天然儿童。自少养成了放纵自由的脾气，只爱自然的风光，憎恶世俗的束缚。到成年后，仍然保存这样的性格，所以不能随俗附和。（《浮生漫谈·我的童年》③

农历二月，慈禧太后归政，光绪帝亲政。

是年，天主教传入饶平，法国人谭立山（神父）于浮滨溪墘楼建立

---

① 张培忠、肖玉华主编：《张竞生集》第五卷，生活·读书·新知三联书店2021年版，第70页。

② 山稔子的别名，南方丘陵地带很常见的一种野果。

③ 张培忠、肖玉华主编：《张竞生集》第五卷，生活·读书·新知三联书店2021年版，第137页。

第一座天主教堂。(《饶平县志》，广东人民出版社 1994 年版)

光绪十六年庚寅（1890）　2 岁

8 月，四川大足县余栋臣等反洋教，率众起义，后被清廷镇压，史称"大足教案"。

9 月，江南制造局罢工；湖南澧州哥老会起义。

光绪十七年辛卯（1891）　3 岁

4 月，开平煤矿罢工；扬州教案爆发。

5 月，芜湖教案爆发。

6 月，丹阳教案、武穴教案相继爆发。

9 月，宜昌教案、贵州下江厅苗民梁志得等起义相继爆发。

11 月，热河金丹道起义。

是年，康有为于广州创设"万木草堂"讲学所。

光绪十八年壬辰（1892）　4 岁

7 月，孙中山从香港西医书院毕业，成为一名医生。

光绪十九年癸巳（1893）　5 岁

是年冬，广州辅仁文社支社成立。孙中山和陆皓东、郑士良、尤列等八人聚谈于广雅书局内南园抗风轩，建议筹组团体，取名兴中会，以"驱除鞑虏，恢复华夏"为宗旨。

光绪二十年甲午（1894）　6 岁

7 月 25 日，甲午中日战争爆发。

11 月，孙中山在檀香山建立兴中会。会上通过孙中山草拟的《兴中会宣言》，指出"是会之设，专为振兴中华，维持国体起见"，以"驱除鞑虏，恢复中华，创立合众政府"作为奋斗纲领。

光绪二十一年乙未（1895） 7 岁

甲午战争以中国战败，北洋水师全军覆没告终。

4 月 17 日，李鸿章代表清政府与日本签订丧权辱国的《马关条约》。

是年春，康有为、梁启超同各省举人云集北京参加会试。其间传来签订《马关条约》的消息，众人大为震惊。各省举人先后到都察院请愿，反对签约。康有为抓住机会，立即起草了上皇帝万言书，联合十八省在北京参加会试的 1300 多名举人签名，提出拒签和约、迁都抗战、变法图强三项主张，请求都察院将上书代呈光绪皇帝，但遭到拒绝。

10 月，兴中会广州起义失败，陆皓东等被捕；孙中山、陈少白等逃亡日本，设兴中会分会于横滨。11 月 7 日，陆皓东、邱四、朱贵全死难。

光绪二十二年丙申（1896） 8 岁

是年，张竞生入设于饶平浮滨公下村的私塾就读，受业于一老秀才。老秀才为其取学名"公室"，出自李斯《谏逐客书》"强公室，杜私门"。

同年，张元济①在严复帮助下于北京创设西学堂，后改称通艺学堂；

---

① 张元济（1867—1959），字菊生，浙江海盐人。光绪进士。曾任刑部主事、总署章京。参加维新运动，戊戌政变时被革职。后在商务印书馆校印百衲本《二十四史》，影印《四部丛刊》。

盛宣怀 ① 在上海创设南洋公学 ②。

光绪二十三年丁酉（1897）　9 岁

10 月，严复 ③、夏曾佑 ④ 等人在天津创办《国闻报》，严复任主编。每旬增刊《国闻汇编》曾刊载严复所译《天演论》(赫胥黎著)，阐发保种保群、自强进化之公理，与上海《时务报》南北呼应，在维新运动中起了很大作用。

是年，谭嗣同等维新派在长沙发起创办时务学堂，得到湖南巡抚陈宝箴等人的赞助；梁启超任总教习，在教学中宣传变法思想，可惜遭顽固派的攻击，数月后被迫停办。

光绪二十四年戊戌（1898）　10 岁

1 月，康有为等在北京组成粤学会。31 日，林旭组成闽学会；2 月 8 日，宋伯鲁组成关学会；同日，杨锐组成蜀学会。杨深秀继而组成陕学会，其他各省旅京人士也纷纷组织学会。维新变法气氛日浓。

5 月，严复译《天演论》雕版成，大约于是年夏正式印行出版。

---

① 盛宣怀（1844—1916），字杏荪，江苏武进（今常州）人。清末政治家，洋务运动的代表人物。
② 南洋公学在 1903 年后曾先后改名上海商务学堂、商务部高等实业学堂、邮传部上海高等实业学堂；辛亥革命后，改为交通部上海工业专门学校，1921 年与唐山工业专门学校、北京邮电学校、交通传习所合并，改名交通大学。
③ 严复（1854—1921），字又陵、几道，福建侯官（今福州）人。清末资产阶级启蒙思想家、翻译家、教育家，中国近代史上向西方国家寻找真理的"先进的中国人"之一。
④ 夏曾佑（1863—1924），字遂卿，又作穗卿，号别士（一说笔名）、碎佛。浙江杭县（今杭州）人。诗人、历史学家、学者。

6月11日（农历四月二十三日乙巳），光绪帝颁诏"明定国是"，宣布变法，后又陆续发出数十道改革令，至9月21日（农历八月六日丁亥）慈禧太后发动政变为止，历时一百零三日，史称"百日维新"。

7月3日，光绪帝正式下令批准创办京师大学堂。

9月21日，慈禧太后发动宫廷政变，推翻戊戌新政，并临朝"训政"。一个月内，除京师大学堂外，新政全被废除，戊戌变法失败。

是年，义和团运动从山东开始兴起。

光绪二十五年己亥（1899） 11岁

7月，康有为在加拿大千岛与侨商李福基等创立"保救大清皇帝会"，简称"保皇会"，以保救光绪、反对慈禧和抵制革命为宗旨，设总部于澳门。康有为任会长，梁启超、徐勤任副会长。

11月，兴中会邀哥老会、三合会各首领集会于香港，议定成立兴汉会，举孙中山为总会长。

光绪二十六年庚子（1900） 12岁

春，义和团由山东进入直隶，与当地义和团联合起来，声势浩大。5月，义和团逐渐分成东、西两路，向京津挺进。6月10日，八国联军由天津向北京进犯，遭义和团阻击。7月，天津被八国联军占领。

7月，饶平黄冈霞绕乡群众数百人包围霞绕天主教堂，声援义和团运动，抗议西方列强侵略中国。

8月，八国联军侵入北京。以慈禧太后为首的清政府决心对外彻底投降，对义和团痛加铲除。在西逃过程中，慈禧太后下发"剿匪"手谕，通令清军剿办义和团。

10月，沙俄侵占东北。

同月，在孙中山的指导下，郑士良、黄福等联络潮州、惠州、嘉应州各属会党，集合于惠州归善（今惠州市惠阳区）三洲田，率众起义。

光绪二十七年辛丑（1901） 13 岁

8 月，清廷下诏改科举，命自明年始，乡会试及岁科试策论，废八股，以中国政治史事及各国政治艺学命题；废武科，停止武生童考试及武科乡会试。

9 月，《辛丑条约》签订。

光绪二十八年壬寅（1902） 14 岁

1 月，京师大学堂恢复，清廷派张百熙为京师大学堂管学大臣，并着裁定章程具奏，京师大学堂正式恢复。

4 月，蔡元培、蒋智由等在上海集议发起成立中国教育会，蔡元培被推为会长。

光绪二十九年癸卯（1903） 15 岁

3 月，法国传教士创办的震旦学院（即震旦大学前身）于上海徐家汇成立，由马相伯①发起。马相伯自任总教习（即院长），各科教师由教会委派教士担任。学制为预科一年，本科二年卒业。

同月，直隶总督袁世凯、署理两江总督张之洞奏请递减科举：学政

---

① 马相伯（1840—1939），名良，以字行，曾名志德，字斯藏；又曾用明乾、钦善、建常，后改为良，字相伯，或作湘伯、芗伯。曾署笔名为求在我者。晚年自号华封老人。江苏丹阳人。近代中国天主教耶稣会神父、政治活动家、教育家，为震旦学院、复旦公学（复旦大学前身）的创办人，也是辅仁大学的创办人之一。

岁科试分两科减尽，乡会试分三科减尽，即以科场递减之额，酌量移作学堂取中之额。该折递进后交政务处会同礼部议奏。

10 月，直隶总督袁世凯于保定开办北洋陆军速成学堂。

光绪三十年甲辰（1904） 16 岁

2 月，日俄战争在中国旅顺爆发。

秋，张竞生与邻村两名学子，赴饶平县城三饶镇参加童子试，但最终名在孙山之外。这也是张竞生参加的唯一一次科举考试。

11 月，蔡元培、龚宝铨等于上海成立光复会，又称"复古会"，蔡元培任会长。光复会以"光复汉族，还我山河，以身许国，功成身退"十六字誓词为宗旨，以暗杀和暴动为革命手段。

光绪三十一年乙巳（1905） 17 岁

是年，张竞生入三饶琴峰书院①。

9 月，袁世凯、张之洞奏请停科举，清廷诏准自 1906 年起，所有乡会试一律停止，各省岁科考试亦即停止，并令学务大臣迅速颁发各种教科书，责成各督抚实力通筹，严饬府厅州县于乡城各处遍设蒙小学堂。因而张竞生所在琴峰书院旋改办为县立小学。

> 我在乡间入私塾几年后，那时为满清末造，他们想救活垂死的命运，就把科举停办，开设学堂。我县的琴峰书院改办为县立小学了。但这些小学生有三四十岁大的秀才与童生，而我十五岁②也考

---

① 琴峰书院，始建于 1755 年，由饶邑县令宫文雅倡办，在社学的基础上改建而成。当年建成后称"在城书院"，翌年易名为"三饶书院"，清光绪三年（1877）正式定名为"琴峰书院"，光绪三十二年（1906）改为县立小学堂。

② 按照科举停办、开设新式学堂的时间来推算，张竞生入县立小学时当为 17 周岁，他 15 岁时琴峰书院还未改立为县立小学。

入此校。此校请到一位著名教师乔家铎，是广州人。学生数十人，每日五六堂功课，自国文、算术、历史、地理、体操到日文，全由乔老师个人包办。他真是"全能教师"，而且品格好，性情温和，对待我们如自己的子弟一样亲爱。(《浮生漫谈·学校生活》)①

11月，中国同盟会机关报《民报》在日本东京创刊。初为月刊，后改为不定期出版，由胡汉民、张继、陶成章、章炳麟、汪兆铭等先后任主编，主要撰稿人有陈天华、朱执信、宋教仁等。孙中山在《发刊词》里，首次将同盟会纲领概括为三民主义，即民族主义、民权主义、民生主义。

光绪三十二年丙午（1906）　18 岁

年初，张竞生考入爱国诗人丘逢甲创办的汕头岭东同文学堂②。

我在这小学③半年后，为要爬高，就到汕头考入同文学校。那时的学校，不论学生年龄与等级，只就他的国文程度，不论什么学校都可越级考入的。这个同文学校，是反抗日本的台湾英雄丘逢甲所主办，是中学的性质。教师都算不错，而使我惊奇的是，有一位日本人教体操与博物学的，他在教体操时连"一、二"的口号，仍然保存日本的口音为"一施、尼"。他把学校的木棉花，当做博物科教课的标本，为我们解释它的构造与雌雄的分别与作用。在我们这样初始求学的人，听及此，以为这位日本教师确实是大学问家了。这位教师的身材极高，而且极壮健，我在后才知日本政府为避免在中

---

① 张培忠、肖玉华主编：《张竞生集》第五卷，生活·读书·新知三联书店 2021 年版，第 138 页。

② 岭东同文学堂，丘逢甲于 1900 年秋在汕头创办，并自任监督，1901 年春正式开学，为岭东第一所民办新式学校。

③ 此处的小学即上文提到的由琴峰书院改办的县立小学。

国的"倭奴"观点，特别派出那些高大身材的人到中国来示范。这由此也使我们感觉到，日本那时与欧美各国，正在竞争夺取中国的教育权，要求满清政府采用他们的教师。(《浮生漫谈·学校生活》)①

8月，张竞生考入广东黄埔陆军小学第二期法文班②。对于入陆军小学的初衷，张竞生后来在《浮生漫谈》中曾有过说明：

> 我既入了中学了，怎样降低程度去入陆军小学呢？这个原因是当时受了社会所宣传的什么"军国民主义"的影响。在满清末造，中国的局势确实衰弱到将要灭亡的地步。那时以为救国的捷径就是兵强械利，由是就掀起军国民主义的热潮，以为振兴新军，就足把列强势力打出国外了。我就是这样受到影响的一人。

黄埔陆军小学由两广总督兼任总办，所有教师都是一时出色的人物，有赵懿年③教历史、臧励和④教地理等。

> 外国文的程度，照陆军部所规定，在三年毕业后，要达到能看书与翻译。每年招学生一百人为一期。第一期教日文，第二期为法文，第三期为德文，第四期为英文。我是入第二期的，所学的为法文。总之，名虽小学，所有教授的程度与当时的高等学校一样高。
> 军操不过是平常，待到陆军中学校，始分为步队、马队、炮队等等

---

① 张培忠、肖玉华主编：《张竞生集》第五卷，生活·读书·新知三联书店2021年版，第138—139页。

② 对于张竞生入黄埔陆军小学的时间，也有不同说法。而从与张竞生同班的蒋光鼐、陈铭枢、李章达等人生平中所提到的入黄埔陆军小学的时间以及黄埔陆军小学招生情况来看，张竞生入学时间应该为1906年8月。

③ 赵懿年，生卒年不详，字兰生。关于其人的资料所见极少。曾编撰《中等历史教科书东西洋之部》等。

④ 臧励和（1876—？），字博纶，别号剑祥，江苏武进（今常州）人。词典编纂学者，曾在上海商务印书馆工作，参与《中国人名大辞典》《中国古今地名大辞典》等书的编纂。

去专习。在陆军小学，全然为学问打下基础。因为这样的学科，又极端优待学生，所以那时的广东全省少年学生赴考的，每期都有二三千人，考取的不过一百人。故入校的学生，那时都是有能力的人物，又是得风气之先，以致后来操纵广东的军政有二三十年之久，都是这班黄埔陆小学生所出身，后来大都变成为军阀与政客，争权夺利，援引宗派，贪污舞弊，闹到广东成了不可收拾的凋残局面。（《浮生漫谈·黄埔陆军小学时代》）①

张竞生在陆军小学曾与陈铭枢②、蒋光鼐③、李章达④等人同班。其时，晚清政府正处于风雨飘摇之中，革命党人渐成燎原之势。陆军小学成为传播革命思想、发展革命同志的温床。该校副监督赵声⑤就是一位革命党人。他在学校中宣传革命思想，很快成为张竞生、陈铭枢等一班热血青年的精神领袖。

是年冬，孙中山与黄兴、章炳麟等制定同盟会《革命方略》，包括《军政府宣言》《军政府与各国民军之条件》《招军章程》《招降清朝兵勇条

---

① 张培忠、肖玉华主编：《张竞生集》第五卷，生活·读书·新知三联书店 2021 年版，第 140—141 页。

② 陈铭枢（1889—1965），字真如，广东合浦（今属广西）人。1906 年与张竞生同入陆军小学法文班。曾任国民政府军事委员、广东省政府主席、代理行政院院长，新中国成立后任中央人民政府委员。

③ 蒋光鼐（1888—1967），字憬然，广东虎门人。1906 年入黄埔陆军小学。同盟会会员。曾任国民革命军十九路军总指挥。新中国成立后，历任纺织工业部部长、全国政协常委等职。

④ 李章达（1890—1953），字南溟，广东东莞人。1906 年入黄埔陆军小学。同盟会会员。曾为孙中山警卫团团长、大元帅府参军。新中国成立后，历任中央人民政府委员、广东省人民政府副主席、广东省政协副主席、广州市副市长等职。

⑤ 赵声（1881—1911），字百先，或作伯先，江苏丹徒人。革命党人。1909 年 10 月担任广州起义总指挥，1911 年 3 月 29 日率部赶往广州参加起义未遂，不久病逝于香港。曾创作《保国歌》。

件》《略地规则》《对外宣言》《招降满洲将士布告》《扫除满洲租税厘捐布告》八个文件，以备革命党人起义之用。

光绪三十三年丁未（1907） 19 岁

在陆军小学时期，是张竞生个性逐步发展显现的阶段。他在入陆军小学两年后开始接触《民报》①等革命党人的报刊，逐渐产生了叛逆情绪和反清思想，带头和部分同学闹出了"剪辫子"风波，在学校和社会上引起了很大的反响，校方为此大为恼怒。按照规定，剪辫子的学生将被开除，但因涉及人员较多，加上赵声从中斡旋，最终剪辫子的学生仅被记大过一次了事。其后，由于学校监督韦汝聪②暗中降低学生伙食标准，克扣伙食费，致使陆小学生伙食过于粗劣，引起学生不满。张竞生与同学王鸢等人发起了整理伙食运动，在学校饭堂上演了"饭厅风潮"，因此为韦汝聪所忌，于是新账旧账一起算，借机将张竞生和王鸢开除出陆军小学。

> 我在陆军小学二年后，暗中因为偷看当时革命人士所出版的《民报》，提倡颠覆满清，恢复汉族，大大受其影响。曾与数位同学，把所谓豚尾的辫发剪去了。私心以为将来为军官后，岂不是为满朝服务而欺负汉人吗？我已经在预备脱离这个军校的范围了。适在这时看到报上登载陆军部令陆军小学在法文班中选派二三个学生，到法国入士官学校。心中极为欢喜，以为法文班中，我因肯学习，法文算是第一，选派时我必定得到。但事过个把月，尚未有选派的消

---

① 中国同盟会机关报，月刊。1905 年 11 月 26 日创刊于东京，1910 年 2 月停刊。孙中山为其撰写发刊词，首次提出了"三民主义"的主张。

② 韦汝聪（1878—1944），广东中山人。曾任陆军少将，1907 年任广东陆军小学堂总办（相当于校长）。陈济棠主政广州时，韦汝聪任广州市警察局警察长。曾寓居香港，1944 年移居贵州，在贵阳病逝。

息。我与同学数人往问副监督赵声，他与我们素有感情。他说，确有这个命令，但被韦监督复文说，校中没有这样程度的学生，遂请豁免了。这位赵声副监督，本是江南新军标统，因为有某种嫌疑遂被降调到黄埔这样无足轻重的地位。他对韦监督素来极鄙视的，说他大概是在日本当流氓，混充士官学生，才得到这个监督的要职吧。这个韦某确实是不学无术，官派十足，面上涂满香油，说话用鼻腔，装扮得极漂亮，完全不是正经的军人，素来为同学所不满。我因为不能派到法国去留学，心中甚为郁悒，更觉无心再在陆军小学毕业了。适为同学同食问题，就是每桌八人共食，其中有一二人抢食，以致同学中食得慢的，到了第二三碗饭无菜，只好吞白饭，遂与一位同学提倡，由八个同学同意的合食一桌，也曾得了学长同意，就由我们二人编成每桌同食的姓名。到食时，那些平时抢食的，合成一桌，不愿就位，就闹起来。监督闻知，就把我与那位同学二人开除了。（《浮生漫谈·黄埔陆军小学时代》）①

2月，许雪秋②等在潮州密谋起义，以失败告终。

4月，丁未潮州黄冈（今饶平县治所在地）起义爆发。同盟会计划在广东潮州、惠州、钦州（今广西钦州）、廉州（今广西合浦）同时起义。3月，同盟会会员许雪秋派原三合会首领、同盟会会员陈涌波、余既

① 张培忠、肖玉华主编：《张竞生集》第五卷，生活·读书·新知三联书店 2021年版，第 141 页。

② 许雪秋（1875—1912），广东海阳（今潮安）人。中国近代民主革命家。出生于新加坡的华侨富商之家。1905 年以包筑潮汕铁路名义，拟广招工人，在潮州起义。1906 年在新加坡加入中国同盟会，被孙中山委任为中华革命军东江都督。1907 年 5 月发动潮州黄冈起义，失败后先后赴香港、新加坡；10 月又策划汕尾发动起义未成。1908 年准备再次举行起义，因经费无着未果。1911 年武昌起义爆发后，许雪秋在广东组织南路进行军，攻克潮汕。1912 年被杀害。

成（亦作纪成、继成）在饶平联络三合会众。5 月 22 日，广东潮州清军
到饶平黄冈搜捕革命党，党人仓促举事，次日攻占黄冈，擒杀司官巡检
王绳武及守城把总许登科。陈涌波、余既成以革命军正、副司令名义发
布檄文，宣布同盟会宗旨；又以"广东国民军大都督陈"的名义发布告
示，免除苛税，"除暴安民"。两广总督周馥急命潮州镇总兵黄金福率兵
进剿。水师提督李准也带二千清兵前来镇压。24 日晚，陈涌波、余既成
分两路攻潮州和洪洲（离黄冈二十里）。次日，余既成一路在洪洲战败。
陈涌波一路得讯回援洪洲，复为清军所败。由于革命军仓促提前起事，
主要领导人许雪秋还在香港，内部意见纷纭，又未集中兵力迎敌，自 25
日起在洪洲等地与清军激战七次，伤亡甚众，遂告失败。是役党人战死
94 人，事后被捕遇害六十余人。余既成等逃亡香港。对于这次起义，张
竞生于 1957 年曾专门撰文叙其经过。

7 月，徐锡麟在安庆起义，刺杀安徽巡抚恩铭。起义最终失败。旋
绍兴大通学堂之役爆发以响应安庆起义，失败后，秋瑾就义。

9 月，防城之役爆发。同盟会员王和顺等于广东钦州（今属广西）
发动起义，历时半月后失败。

12 月，清廷下诏"整顿"士风，命学部严申学堂禁令定章，不准学
生干预国家政治、联名聚众立会、演说等，否则教员、管理员、督抚、
提学使等一并惩处。

是年，陈济棠考入黄埔陆军小学第四期。①

---

① 陈济棠（1890—1954），字伯南，广东防城（今广西防城港）人。1907 年入黄
埔陆军小学。此乃依据《陈济棠自传稿》（台北传记文学出版社 1974 年版）：
"民元前五年（西元一九零七年）入钦县警察讲习所，六个月毕业，同年考入
陆军小学校。"而据肖自力考证，陈济棠应该是于 1909 年考入陆军小学。（肖
自力：《陈济棠》，广东人民出版社 2002 年版）如果肖自力的说法成立，那张
竞生于 1908 年被陆军小学开除，他与陈济棠并未曾同学，仅仅是校友而已。

光绪三十四年戊申（1908）　20 岁

2 月，孙中山在钦州、防城起义及越南发生东游运动后，被法国殖民主义当局驱逐出境，赴新加坡。

3 月，孙中山在新加坡设立同盟会南洋支部。

10 月，日本东京警视厅封禁《民报》。自创刊至此，《民报》共出 24 期。

因为"剪辫子"和"饭厅风潮"事件，被陆军小学开除的张竞生和王鸾在赵声的介绍下，于是年秋冬之际①赴新加坡投奔孙中山。孙中山在其寓所，同时也是同盟会南洋支部所在地晚晴园会晤张竞生与王鸾，并劝说二人回国参加革命党。

> 我们已到新加坡了。唯一目的，是投靠孙中山做一个革命党人。
>
> 在一幢小洋楼中，中山先生穿极朴素的中山装，满面光彩，态度温和地接待我们。他听了我们的请求之后，向我们说："你们想错了！我们革命党人正应为满清军人，用他们兵器攻倒他们！你们先前受了一面的宣传，以为做满清军人，就是欺负汉族的，这是指那班无知识、无民族心的军人说的，例如曾（曾国藩——编者注）、左（左宗棠——编者注）、李（李鸿章——编者注），那班代满清打义和团的混帐军人确实这样，但我现在所宣传的，是希望一班革命者去当满清的军人，然后乘机起义打倒清廷，恢复汉室。还是劝你们回内地做革命党吧。我在此时无法潜入内地，只好在国外活动，这不

----

① 张竞生赴新加坡的具体时间现已无从查考。据张竞生回忆，他在黄埔陆军小学学习了两年多时间后被开除，旋去新加坡投奔孙中山并逗留月余，在新加坡第四次往谒孙中山时，胡汉民代为接见。据《胡汉民年谱》记载：胡汉民1908 年 7 月从香港赴新加坡，同年秋任同盟会南洋支部支部长，次年 2 月赴欧洲。所以，张竞生与王鸾最早应该是在 1908 年秋冬之际去往新加坡。

过是临时的办法，根本解决，当然在国内起革命，而不是在国外宣传就了事的。说到帮助你们到外国去留学，养成深造的革命人物，我此时的财力，是无法济助的……"

孙先生这一席极诚恳的训话，使我们二人如受晴天霹雳。到此始知脱离陆军小学的思想，是根本错误了。但想归国再入军队是不易做到的。我们到此觉得进退两难。在此地久住呢，生活费又如何对付？我们经过几日的彷徨，再去谒见孙先生，讨取一个行止的方法。(《浮生漫谈·记孙中山先生》)①

在新加坡逗留月余后，张、王二人返回国内。

在新加坡住了一个月余，究竟一无所得。只第一次在旅店左近每日闻到咖啡店炒咖啡时的香气飞腾，怎样无钱，也去饮一杯过瘾。但我经过这次的失败后，愈觉革命志气的蓬勃，深深记住要革命成功，当在国内做极努力的活动。我幸而在辛亥革命时，秉承孙先生的教训加入京津保的革命集团工作。在此应说及的是，武汉起义时全靠一班有民族心的革命军人，更使我们深深佩服孙先生对我们在新加坡所说的用满洲的军火打倒满洲的统治那种明哲的先见。(《浮生漫谈·记孙中山先生》)②

张竞生回到家乡饶平后，向其父亲表达了北上求学的意愿，但遭到反对。一怒之下，张竞生将其父亲告到县衙。最后经调解，父亲同意张竞生北上求学，但必须先成亲。张竞生无奈之下妥协，迫不得已与邻村女孩许春姜完婚。这是早在张竞生十岁时（时许春姜八岁）由父母定下

---

① 张培忠、肖玉华主编：《张竞生集》第五卷，生活·读书·新知三联书店 2021 年版，第 97 页。

② 张培忠、肖玉华主编：《张竞生集》第五卷，生活·读书·新知三联书店 2021 年版，第 98 页。

的一门亲事。婚后月余，大约于是年年末至己酉年春节之后，张竞生独自离家前往上海，进入法国教会所办的震旦学校学习，为时一个学期。

我就是这样小孩式的丈夫娶到一位小孩式的老婆，她不过十五岁。一个多月的新婚生活后，我们就别离。我到上海去求学，她就在家庭过了小孩式的媳妇生活了。

到上海，我入了法国天主教会所办的震旦学校。这是全由法国教士主持的。除国文由中国教士主教外，余的都是法人教授的，尤其是注重法文的课程。这是我独一的志愿，是我所要学习的。因为我在陆军小学学习了二年多的初级法文后，觉得我对此极有兴趣，且希望法文深造后，得以翻译一些书籍，也算是谋生的一道。所以我极快乐地进入这间学校了。

震旦学校是法国天主教所主办。他们的目的是宣传宗教的。所谓法文课本，并无什么高深的学问，只是宗教中的教义。学校的组织，当然完全是宗教化。他们希望学生为他们的信徒，或为法国人所用，这些都使我不喜欢在这样学校久住了。（《浮生漫谈·盲婚、入震旦学校》）[1]

而与许春姜的这段婚姻，无疑是张竞生心中的痛："我个人受了旧时婚姻制的毒害，更加惨痛。"

我在十岁，即与她八岁定婚；当然是"父母之命，媒妁之言"。我娶她那一日，她的容貌，虽未像某先生所说那位她，如猴子一样的尊容。但我这一位矮盾身材，表情有恶狠狠的状态，说话以及一切都是俗不可耐。我前世不知什么罪过，今生竟得到这样伴侣。可

<hr>

[1] 张培忠、肖玉华主编：《张竞生集》第五卷，生活·读书·新知三联书店 2021 年版，第 143 页。

是我终于忍耐，我在欧洲那样长期，终然不敢想与她离婚，当我在"金中"时，她也来相晤，但我终不能相亲，一点什么关系都未曾发生。以我那时学校的处境，对于世事的厌恶，若使她对我有一点安慰，我或者不至于如那时厌世到极端而至于想自杀。这样名是夫妻，实如路人，当然在她也不快乐。及后她在家乡，接我由北京被迫的离婚信（此情已在前说及），她更加痛苦。到后，她终于决定自行离开这个无情的世界了。我写及此，真是不能继续再写下去。千错万差，是社会旧制度的遗毒。若生在今日新婚姻制之下，我们彼此都不会为爱情所牺牲吧。(《浮生漫谈·痛家庭之多故》)①

12月，溥仪即帝位，定明年为宣统元年。

宣统元年己酉（1909） 21岁

春，张竞生参加京师大学堂（北京大学前身）的入学考试，获得通过并被录取进法文科。

秋，张竞生入京师大学堂。在等待入学期间，曾就读于法国教会所办的位于北京宣武门内的法文高等学校，为期半年。

我在震旦一学期后，就到北京去，想考入那时的京师大学法文系。但在等待考入时，我又入法国教会所办的法文高等学校，是在宣武门内的一间大洋楼，其中教程与组织完全如震旦一样。在此校半年久，我考入京师大学，由此才能呼吸一些自由的学术空气了。(《浮生漫谈·盲婚、入震旦学校》)②

---

① 张培忠、肖玉华主编：《张竞生集》第五卷，生活·读书·新知三联书店2021年版，第151—152页。
② 张培忠、肖玉华主编：《张竞生集》第五卷，生活·读书·新知三联书店2021年版，第144页。

宣统二年庚戌（1910） 22岁

4月16日，同盟会会员汪精卫（兆铭）与黄复生 ① 等人因刺杀摄政王载沣失败而被捕系狱，29日被清廷判处终身监禁。同盟会积极组织营救，胡汉民、赵声和汪精卫未婚妻陈璧君等人四处活动。在赵声的介绍下，陈璧君联系上了张竞生，请张竞生假冒汪精卫表弟的身份去法部监狱探监，借此打探消息以图营救汪精卫。

我入此校后仅只数个月，便发生一件特出的事情。一日有熟人张俞人 ② 来会，说他此来是与汪精卫未婚妻陈璧君同来谋救汪逃狱的。他约我晚间与她密谈。当然以汪那时的志气，能奋不顾身，只身到北京谋炸满清摄政王，事虽不成，无论何人都会寄予同情的。我就一口应承与他们会谈了。

在一条暗巷的小寓内，见到满面凄凉的陈璧君。她向我提出计划，照满清政府当时的条例，捐纳一个实缺的主事后，再谋为法部监狱（即禁汪精卫的所在）的监狱官，由此就可以把汪放走了。那时实缺主事的捐纳款项一二万元，她是南洋富侨，外加一些人的帮助，款项是不成问题的。但最难的，是要有这样一个当得起捐纳的人，张俞人是一个书呆子，土头土脑，当然不配。至于我，是个尚未满二十岁的人，当然更配不上。此外，在当时的情况下，要寻得

---

① 黄复生（1883—1948），原名树中，四川隆昌人。1905年加入同盟会。民国时期，历任参议会议员、南京临时政府印铸局长、四川省代省长、国民党中央执行委员、国民政府立法委员、国民政府顾问、总统府国策顾问等职。1948年10月1日病逝于重庆，追赠陆军上将。

② 张俞人（1880—1946），原名张煊，号俞人，广东大埔人。同盟会会员。曾任大埔县县长。

一个这样具有革命党人的志气，是万分做不到的。我们会谈之下，只有惋惜这个计划的难成。他们不久就出京了，独留我这个人在受苦。（《浮生漫谈·陈璧君约我救汪精卫》）①

后虽因革命形势变化，营救计划未能实施，而张竞生先后两次探监，遂与汪精卫结识。翌年，武昌起义爆发，清廷不得不释放部分政治犯，1911年11月6日，汪精卫与黄复生获释出狱。

宣统三年辛亥（1911） 23岁

在京师大学堂时期，张竞生在位于马神庙西侧四公主府内的藏书楼读到德国人类学家施特拉茨的《世界各民族女性人体》②一书，引起他的好奇与兴趣。

我个人无聊时则到藏书楼参观（那时的藏书楼，闻说便是旧时公主的修妆楼，参观，也得沾一点脂粉味了）。有一时，竟把所有佛书大阅特阅。其实，一点也不懂。因其译文别具一体，不得其读法，终久莫名其妙。同时在这个礼教森严的藏书楼，竟然被我发现一本奇书，一本德文的奇书呢，它乃将世界各民族的女子阴户影为图相，赘以说明书，以为比较的研究。这本书乃一德国学者游历世界实地考察的。虽则其中的阴户种种色色，千形万状，有的那样阔，那样大，又如南非洲荷东托族的小阴唇特别长，臀部格外高的介绍，因为都是照事实说出的，所以不能说它是淫书，最多只可说

---

① 张培忠、肖玉华主编：《张竞生集》第五卷，生活·读书·新知三联书店2021年版，第149页。
②《世界各民族女性人体》是一部从人种学的角度研究女性人体的学术著作，最初出版于1901年。1989年3月，天津渤海湾出版公司出版由孙瑜等翻译的中译本。

是奇书。(《两度欧游回想录》，原文载《读书杂志》第二卷第六期，神州国光社 1932 年 6 月 1 日出版）①

4 月，广州黄花岗起义爆发。

10 月 10 日，武昌起义爆发。

11 月 6 日，汪精卫被释放出狱后，继续积极从事革命活动。11 月 27 日，张竞生离开京师大学堂，与汪精卫等同赴天津，筹备建立同盟会京津保支部。

12 月 1 日，京津保同盟会在天津成立，汪精卫任会长，李石曾（李煜瀛）② 任副会长，张竞生正式成为同盟会会员。③

> 这样无聊的光阴，经过有一年多久，幸而武昌起义，汪精卫得以出狱，到天津组织"京、津、保同盟会"。我才得离开京师大学往天津加入组织，到此始把先前的顾虑包袱完全放下。计我在京师大学约有二年久的时间，除再学习一点法文外，其余毫无所得，可说

---

① 张培忠、肖玉华主编：《张竞生集》第五卷，生活·读书·新知三联书店 2021 年版，第 281—282 页。

② 李石曾（1881—1973），河北高阳人。著名教育家，故宫博物院创建人之一，国民党四大元老之一，私立南通大学（Nantung University）首席校董。早年曾发起和组织赴法勤工俭学运动，为中法文化交流作出了很大贡献。

③ 京津保同盟会又称中国同盟会京津分会、同盟会京津保支部，1911 年 12 月 1 日，由刚出狱不久的汪精卫在天津意租界成立，与会者 13 人，计有汪精卫、黄复生、李煜瀛、杜黄、袁羽仪等人。众人举汪精卫为会长（支部部长），李煜瀛为副会长，设党务、总务、参谋、军事、财政、文牍、交通、妇女、谍查、暗杀十部。在多数关于张竞生的传记或介绍中，将其加入京津保同盟会的时间定于 1910 年，这应该是依据张竞生于 1953 年自己所填写的《广东省文史馆工作人员登记表》上登记的时间。事实上，张竞生对这个时间的记忆有误。张竞生在《浮生漫谈》中回忆："幸而武昌起义，汪精卫得以出狱，到天津组织'京、津、保同盟会'。我才得离开京师大学往天津加入组织。"由此可见，张竞生加入该组织的准确时间为 1911 年 12 月。

白费了少年的有用光阴。(《浮生漫谈·陈璧君约我救汪精卫》) ①

12月，南北议和。经汪精卫介绍，张竞生被孙中山委任为南北议和团秘书，12月7日（农历十月十七日）至1912年2月15日，协助南方军政府议和总代表伍廷芳 ② 和参赞汪精卫等与清廷议和代表唐绍仪 ③ 进行谈判。12月18日，和谈第一次会议在上海召开。

> 唐绍仪在廿七日到沪。是日午后，即用正式礼谒见伍廷芳。廿八日晨，伍廷芳回谒唐绍仪，畅谈半小时。（临行）面订廿八日 ④ 在南京路英租界市政厅会谈。(《南北议和见闻录》) ⑤

12月25日，流亡美国的孙中山回到国内，在上海吴淞口登岸后，受到革命党人黄兴、伍廷芳、陈其美、汪精卫、张竞生等人的热烈欢迎。这是张竞生与孙中山自新加坡以来的第二次晤面。

---

① 张培忠、肖玉华主编：《张竞生集》第五卷，生活·读书·新知三联书店2021年版，第150页。

② 伍廷芳（1842—1922），字文爵，号秩庸，广东新会人。早年留学美国，1912年任南京临时政府司法总长，1916年任段祺瑞内阁外交总长，1917年任代总理等职。

③ 唐绍仪（1862—1938），字少川，后曾一度改名绍怡，广东香山（今属珠海）人。1874年官费留学美国，1912年任北洋政府第一任国务总理等职。

④ 此处的廿七、廿八皆为旧历，公历为1911年12月17日、18日。《南北议和见闻录》中的时间多为旧历。

⑤ 张培忠、肖玉华主编：《张竞生集》第五卷，生活·读书·新知三联书店2021年版，第318页。

卷二　民国元年（1912）—民国三十七年（1948）

民国元年（1912）—民国四年（1915）　24—27 岁

民国元年（1912）元旦，孙中山在南京就任中华民国临时大总统，宣告中华民国成立。孙中山通令改用阳历，定是日为民国元年 1 月1 日。

1912 年 2 月，清宣统帝溥仪下诏退位。

1912 年 3 月，袁世凯就任临时大总统。

1912 年 4 月 1 日，孙中山正式宣布解除中华民国临时大总统职务。就在解职的当天，孙中山签署补发委任张竞生为南北议和南方代表团秘书的《委任状》：

委任状

今委任张公室为议和秘书此状

中华民国临时大总统

孙文

中华民国元年四月一日

补发

1912 年 4 月，蔡元培与胡汉民、唐绍仪、宋教仁、张竞生、李石曾、汪精卫等人发起创办天津《民国报》。

1912 年 5 月，京师大学堂改名为北京大学，严复任第一任校长。

1912 年 8 月，同盟会联合统一共和党、国民共进会、国民公党、共和实进会组成国民党，在北京开成立大会，推举孙中山为理事长。

南北议和结束之后，在孙中山的首肯下，中华民国政府临时稽勋局经过选拔，确定第一批留学生 25 人，分别派往法、美、日、英、德五国留学。张竞生在 25 人中名列第一，同谭熙鸿[①]一起被派往法国留学。

也正是在上海等待启程赴法留学之前，张公室改名为竞生，源于达尔文"物竞天择，适者生存"的进化论思想。

1912 年 10 月，张竞生与谭熙鸿登上邮轮，从上海启程赴法。

1912 年 12 月 10 日，张竞生所乘邮轮到达法国马赛，登陆后转车去往巴黎。

到达巴黎之后，张竞生到中华民国驻法京巴黎辖法兰西全境总领事馆（时任总领事为廖世功[②]）报备入境，旋进入法国巴黎大学就读。至于就读专业，张竞生曾言及，他"初则想学外交"，后改读哲学。

> 当我于民国元年到法国时，初则想学外交。那时有一位友人能够左右我思想的，主张我学习社会哲学。在京师大学读书时，我与

---

① 谭熙鸿（1891—1956），号仲逵，江苏吴县（今苏州）人，长于上海。1912 年与张竞生一起赴法留学，获都鲁斯大学农业工程师和国家博物学硕士两个学位。1919 年学成回国后任北京大学教授，创建北大生物学系、浙大农学院，致力于蚕丝改良事业。1956 年突发脑溢血，医治无效，在北京逝世。

② 廖世功（1877—1955），号叙畴，上海嘉定人。曾留学于法国政治科学院。历任北洋洋务局帮办、欧洲留学生监督、驻法国巴黎总领事、兼驻比利时公使、中国驻国际联盟首席代表等职务。1922 年回国后，历任外交部高级专员、中国海关总署对外协议中方总代表、驻苏联大使馆头等参赞衔全权代办等。中华人民共和国成立后任中央文史研究馆馆员。

同学孙溶明 ① 已立志想习哲学。但巴黎大学的哲学系，是任学生绝对自由。我觉得空闲的时候极多，时时想兼习一种实际的学术。在比利时国都那年所举行的国际展览会，我到其中见到有招考园艺学生，二年毕业，心极歆动，想去报名。继想我是领法国留学生津贴的，若改易为比国，势必经过一番更改的麻烦手续。由此这个学园艺的心愿不遂，以后每一想及，辄为恨恨。假使我学了，则在我故园耕种的时代，定必有更多的收获，而且不致于听人言而致广大的柑园失败；即在今日，我也可请求为公园的职员，不但生活有着，而且与我的情趣是极称合的。(《浮生漫谈·我学了些什么》) ②

民国二年（1913）11 月，张竞生与蔡元培有书信往来。（见蔡元培年谱）

民国三年（1914）年终前后，蔡元培筹划《学风丛书》编印，后因欧战爆发未能发行。但从原计划来看，丛书中有张竞生译《野弥儿》(即卢梭《爱弥儿》) 一书。可见，张竞生一生与卢梭结下的不解之缘应该最晚源于此时。

民国四年（1915）5 月 28 日，在法国求学近三年（准确地说应该是两年零六个月）之后，张竞生从巴黎大学文学院毕业，获文学士学位。

1915 年 5 月，袁世凯接受日本提出的"二十一条"。

1915 年 9 月，陈独秀在上海创刊《青年杂志》。该刊自 1916 年二卷第一号起改名《新青年》。

---

① 即孙炳文（1885—1927），字浚明，四川南溪人。清光绪三十四年（1908）考入京师大学堂预科一类英文一班，与张竞生同学。后投身革命，1926 年任国民革命军总政治部秘书长，1927 年被国民党秘密杀害于龙华监狱。

② 张培忠、肖玉华主编：《张竞生集》第五卷，生活·读书·新知三联书店 2021 年版，第 123 页。

1915 年 12 月，袁世凯宣布自称皇帝，改国号为中华帝国，建元洪宪，史称"洪宪帝制"。

民国五年（1916）—民国八年（1919） 28—31 岁

民国五年（1916）3 月 29 日，蔡元培、李石曾、汪精卫、张竞生等人与法国议员穆岱、法国巴黎大学教授欧乐等在巴黎举行华法教育会发起会。李石曾（煜瀛）宣读的中国方面的人员名单是：方君瑛、吴玉章、吴稚晖、汪精卫（兆铭）、李石曾、李汝哲、李晓生、李圣章、李广安、李骏、余顺乾、范淹、姚蕙、徐海帆、陈冰如、陈子英、张溥泉、张静江、张惠民、张秀波、张竞生、陆悦琴、曾醒、彭济群、褚民谊、黄仲玉、齐致、谭仲逵、梁耀霭、蔡子民。该会于 1916 年 6 月 22 日在法国巴黎成立，蔡元培和欧乐分别任中方和法方的会长，汪精卫和穆岱分别为中方和法方副会长。

1916 年 3 月，袁世凯申令撤销"承认帝位案"，仍称大总统，并下令废止洪宪年号。

1916 年 5 月，孙中山发表"第二次讨袁宣言"，声讨袁世凯破坏民国的罪行，主张尊重约法，一致讨袁。

1916 年 6 月，袁世凯病亡。黎元洪就任大总统。

1916 年，张竞生向《旅欧杂志》① 投稿，在该刊总共发表各类文章、书函 6 篇（封），而且都是由汪精卫担任编辑。这是目前所见的张竞生最早公开发表的一组文字。具体是：

---

① 华法教育会成立后，于 1916 年 8 月 15 日创办出版了《旅欧杂志》半月刊，"以交换旅欧同人之智识，传布西方文化于国内为宗旨"（该刊《简章》第二条），蔡元培任主编。《旅欧杂志》共出版 26 期。编辑人员有蔡元培、汪精卫、李石曾等。

《空间研究法》，《旅游杂志》第三期（1916 年 9 月 15 日）；

《空间研究法·附篇》，《旅欧杂志》第七期（1916 年 11 月 15 日）；

《空间研究法·附编》（续），《旅欧杂志》第八期（1916 年 12 月 1 日）；

《女权问题》（署名竞生），《旅欧杂志》第七期"纪事"栏（1916 年 11 月 15 日）；

《死后问题》（署名竞生），《旅欧杂志》第七期"纪事"栏（1916 年 11 月 15 日）；

《上蔡元培先生书附呈教育部书》，《旅欧杂志》第九期（1916 年 12 月 15 日）。

《空间研究法》为张竞生早期学习和研究的一些哲学心得。他认为，哲学上探讨空间和时间问题，唯物派和唯心派都存在缺陷，只有空间，没有时间，文章分为四说：

第一说 世界仅有空间，并无时间。

｜说明｜空间造成，或主物资；或主气力，时间造成；或主一时，或主长久，均不深较。总之，空字于此，非是佛说，乃物理学中有规则可求之物也。

第二说 时间不过空间运动时一形容词，非有实物。

第三说 吾人不能独认空间之存在，又当兼认时间者，因为便于计算语言做事等等，非时间实际之存在也。

第四说 哲学及科学研究法，仅事空间，毋庸时间。

《女权问题》表达的是对女性从事社会工作的一种展望："余思女子四十五岁以上者，始许执政，则其经验富，其天然事已消灭，或就消灭，私用感情少，家政有子女代理，如此为美。"

《死后问题》是针对巴黎大学生物科教习侣东德君的文章《死后问

题》中提出的"一人死后，其一人之精神即全灭，并无能再存在之理。此非迷信者所欲闻而信也"，联想到我国的灵魂之说，"吾国灵魂之说，现由某部份竭力提倡，彼等或以全为世道人心上立论。若然，其情可怜，而其愚亦可悲。盖吾人于世道人心上，岂不能从科学中寻出一天然道理，以救济耶。而何必作此欺人自欺之术也"。

《上蔡元培先生书并附呈教育部书》是对即将执掌北京大学的蔡元培建言并呈教育部，在北大设立哲学专校与哲学专科事宜。全文如下：

子民先生道鉴。

敬启者：先生以哲学名家，长大学，大学之兴也有日矣。此灌输哲学于吾国之秋也。某不揣愚陋，辄草一稿，呈教育部，言其方略。今附上内言所拟课程，其主要目的则在沟通哲学科学为一途，思想与实行为一向。又言苟哲学专校费巨，而大学预科师范学校及中学校师乏，未能一时举办。然在大学校内，附设哲学专科，则为事不容缓。盖附设费省，仅重聘数教习，即足开坛。而学生毕业后，或再入哲学专校，或出为诸校之师，此举关系前途非浅，云云。未审尊见何似，若有万一可采，于先生所长之大学校为之先倡（某前在此大学，未立此科，今以尚未设立为言），实为学术之光也。引领燕云，驰慕无似。肃此敬候大安！

呈教育部书如下：

为请设哲学专校，与哲学专科于各大学校内，及普通哲学于各大学预科师范学校，并普通哲学演讲于中学校事。

窃维思想为事实之母，哲学者，即求如何而能善于思想之道也。希腊盛时，斯学昌明，故其文物灿然可观；罗马尚武，废置不讲，遂致欧洲中叶沦于兼并之风，几等于蛮夷之列；降及近代，哲人复起，继古研新以成今日之文化。由是观之，世事隆替，全关斯学之兴废，彰彰可证。吾国此道，伏羲而后，世有所明，但未能扩而大之耳。扩大之术，此生之所以欲披陈之也。

古今来中西以哲学名者数千人，其大名鼎鼎者亦有数百。曰维新派者，曰唯物派者，其学说虽互有短长，但其理论精密莫外。自法哲孔德（A.Comte）有哲学实证派之倡，遂合哲学与科学为一途。迨美儒忍思①（James）有哲学实行派之说，竟使思想与实行同一辙。哲学界于兹，又增一异彩，诚能于诸派中集其长而去其短，取唯心派之微妙，唯物派之实着，使哲学与科学同时并进，思想与实行双方用功。生所谓扩大之道，即在是矣。

若其进行方法，则设哲学专校，以养成博学之士，而预为师资。于大学校内立哲学专科，以养成宏通之才，备为世用。各大学预科以及各师范学校，则设哲学普通科，每星期数课，以造就善于思想之人，使其后来无论习何科学，及任何职业，措施无不得宜。于中学校则兼设普通哲学讲演，每星期二三次行之，以浚发少年之心思。苟哲学专校费钜，而大学预科师范学校及中学校师乏，未能一时举办，然在大学校内附设哲学专科，则为事不容缓。盖附设费省，仅重聘数教习，即足开坛，而学生毕业后，或再入哲学专科，或出为诸校之师，此举关系前程非浅。

至生所拟课程，与欧美诸大学校哲学科有不相同者其主要目的，则在沟通哲学及科学为一途，思想与实行同一向。故分门为七。（一）论理学，（二）哲理之算学、机械学、天文学，（三）哲理之化学、物理学，（四）哲理之生物学、生理心理学，（五）哲学之地理历史学、社会学，（六）中西哲学史之关于人伦道德宗教及科学者，

① 今译威廉·詹姆士（1842—1910），美国哲学家、心理学家。

（七）哲理之美术学，及体育学，是也。哲学专校，其课程特别高深，并附设机械天文化学物理生理心理诸学试验室；大学校内之哲学专科，其课程比哲学专校稍次；大学预科及师范学校，则为普通哲学之教授；中学校之课程，又比大学预科及师范学校者为次。

此其概略也，聊以献其管见而已。若夫审详之道，想大部分定必有良画嘉猷。总之凡吾国人苟从中学校而上出身者，能均具有哲理之科学智识，则吾国之文化，从兹可方驾欧美而无愧矣。此念虽奢，但此希望不可无，且其事甚平易可行也。伏希钧座察覈施行，以光学术，毋任彷徨待命之至。①

从书信行文方式来看，此信没有落款和时间，当不是真的寄发给蔡元培，而只是张竞生借《旅欧杂志》这一平台来表达个人设想与建议而已。不过蔡元培应该可以读到此信。蔡元培于 1916 年 10 月 2 日登邮轮从法国马赛启程回国②，11 月 8 日到达上海，12 月 26 日接受教育部任命为北京大学校长，1917 年 1 月 4 日就任，1 月 9 日发表就职演说。1921 年蔡元培聘请张竞生任北京大学哲学系教授，应该与此信（文）有一定关系。

1916 年 11 月 19 日，旅法学界在巴黎中国学会举办黄克强（黄兴）③

---

① 张培忠、肖玉华主编：《张竞生集》第九卷，生活·读书·新知三联书店 2021 年版，第 4—6 页。

② 见高平叔撰著：《蔡元培年谱长编》第一卷，人民教育出版社 1999 年版，第 616 页。但这个时间与《旅欧杂志》第二期（1916 年 10 月 1 日）"旅欧华人近况"中所说"蔡子民君于去岁（即 1915 年）十一月一日由马赛航海归国，任北京大学校校长"的说法并不一致。

③ 黄兴（1874—1916），原名轸，改名兴，字克强，一字廑午，号庆午、竞武，湖南长沙人。中国近代民主革命家，中华民国的创建者之一。1916 年 10 月 31 日病逝于上海。

追悼会。"云惨淡欲雨，风萧飒冻人，秋情无限，肃杀为心。是日也，为追悼黄克强先生之会，倍觉伤神矣。下午三钟开会，遂读汪精卫先生等十八人从波铎（波尔多）来书，及各祭文挽联等毕，由张竞生君演说。"（详见《旅欧杂志》第九期"旅欧华人近况"栏，1916 年 12 月 1 日）演讲高度表彰了黄兴为"实行家之最著者也"，"是构造民国之良匠"，吾辈书生，应以先生为模范。全文如下：

> 略谓吾国革命党分二派，一为思想家，一为实行家。黄先生实行家之最著者也。处专制之朝，有能以革命之思想提倡，其功已不可没。但不有实行，则思想为空言无补，故实行家更难能可贵。广州之役，先生与诸义士，岂不知事难底成，但至【置】死生于度外，而实行之。卒成湖北之响应，汉阳之战，余有十余陆军友人从先生勠力，在沪上语余曰：黄先生坐椅上办公，数日不息，临阵必以身为士卒先，弹丸如雨，漠如也。不自知身为元帅，惟知是一个革命党人，事虽无成，非其过也。故吾辈今日之追悼先生，一为先生是构造民国之良匠。吾辈既是民国之人，则必爱此构造民国者。故先生当受吾辈之追悼。一为先生是实行家之巨擘，吾辈书生，常多理论而少事实，故追悼先生，即是以先生为模范云云。[①]

从巴黎大学毕业之后，由于受到第一次世界大战期间德军进攻巴黎的影响，张竞生转而考进甲昂大学攻读博士学位。

民国八年（1919）1 月 18 日，巴黎和会在凡尔赛宫召开。在和会上，日本夺取到的山东权益被《巴黎和约》明文规定下来，中国外交在巴黎和会失败。

---

① 《在黄克强追悼会上的演讲》，张培忠、肖玉华主编：《张竞生集》第九卷，生活·读书·新知三联书店 2021 年版，第 3 页。题为编者所加。

1919 年 4 月 8 日，张竞生以《关于卢梭古代教育起源理论之探讨》（法文版）① 为题的论文通过答辩，并被授予哲学博士学位。这篇论文，正如其题目所示，主要是探讨卢梭教育思想与古代教育思想的传承关系。

《关于卢梭古代教育起源理论之探讨》共七章，分别是：

第一章　古代思想家对卢梭的影响

第二章　古代思想家及卢梭的教育理论与方法

第三章　智力教育

第四章　道德教育

第五章　宗教教育

第六章　政治教育

第七章　女子教育

论文还包括了张竞生本人所作的《序言》，说及自己选择卢梭为研究对象的缘由与目的：

中国的知识界和政治界对卢梭的名字并不陌生。中国最优秀的作家之一严复先生，就翻译过卢梭的《民约论》②，这本书在中国所有的书店和所有的图书馆里都可以找得到。

《爱弥儿》一书至今尚未获得同样的荣耀，但也并非默默无闻。一本题为《世界哲学家传》的书，就摘录了《爱弥儿》的一些片段，而且对书的内容作了总体的介绍。我本人在五年前也曾翻译了《爱弥儿》的一些章节，刊登在一本名为《教育杂志》的刊物上。

曾有一段时间，这位法国哲学家的思想，尤其是自由、平等、

---

① 2012 年，张竞生博士论文的中译本由张培忠编，莫旭强译，暨南大学出版社出版。以下所引用的论文内容，皆据此版本。

② 一译《社会契约论》。——译者注

博爱的思想，在中国传播得如此之快，如此之猛，使得我们可以大胆地提出：卢梭的思想既然可以在十八世纪成为法国大革命的前奏曲，它跟中国发生的辛亥革命也绝不会毫无联系。

在这种情况下，客居法国六年的我，充分利用这来之不易的机会，对卢梭的作品进行广泛而深入的研究，可以说是理所当然的事情。

要达到这一目标，锁定一个专门而又较少有人涉足的题目展开研究是至为重要的，因为这样的研究可以对卢梭的作品从多方面展开探讨，有助于加深对它们的理解。这可是一道难题，设想一下：从圣-马克·吉拉丹①（著有《卢梭生平及作品》）到在可怕的第一次世界大战中战死沙场的皮埃尔-莫里斯·马松②（著有《卢梭的宗教观》），法国有关卢梭的研究可谓汗牛充栋，数不胜数。

我在就某个主题探索卢梭思想根源的过程中，觉得收获颇丰。不过，困难也还是存在的：我们探索其根源，追溯到哪儿为止呢？限于近代吗？已故的马松先生似乎已经把话都说尽了。追溯到中世纪？在巴黎大学中世纪史专家皮卡维先生的指导下，我们曾跃跃欲试，忙乎了一阵子。但后来我们觉得，这样一种探索，恐怕难以收到丰硕而肯定的效果。于是，我们把研究方向指向古代，这一次，幸运之神向我们招手了，我们得到了里昂大学夏博教授和戈勃罗教授的鼓励和慷慨指导。

在本书里，我们将努力去明确卢梭思想的古代源头，对于其中

---

① 圣-马克·吉拉丹（Saint-Marc Girardin，1801—1873），法国政治家和文学评论家。——译者注

② 皮埃尔-莫里斯·马松（Pierre-Maurice Masson，1879—1916），法国作家。——译者注

一些源头，我们会直接列举古代思想家的名字和著述，而对于另外一些源头，我们将以历史考证的方法，揭示卢梭的学说体系跟古代思想家相同之处。①

《关于卢梭古代教育起源理论之探讨》第一、第二两章是总论，阐明了古希腊、古罗马思想家对卢梭的深刻影响。论文一开头就写道："卢梭在《信仰自白》中向我们讲述，他刚满七岁，就读完了母亲留下的所有小说。从七岁到十一岁（1719—1723 年），他阅读了其他的书，完成了第二阶段的教育。这期间他读的书有勒苏俄的《教会与帝国史》、博素埃的《论宇宙史》、普鲁塔克的《名人传》、纳尼的《威尼斯史》、奥维德的《变形记》、拉布吕耶尔的著作、丰特奈尔的《大千世界》和《死者对话录》，以及莫里哀的一些剧本"。在所有这些书中，他最喜爱普鲁塔克的《名人传》。通过普鲁塔克，他认识了那些"古代的名人"，并逐渐形成了他爱自由爱共和的思想，也奠定了他日后有关教育思考的基础。"卢梭的《爱弥儿》，就是普鲁塔克《论教育》的放大本。普鲁塔克的智慧和训诫，比如说一名教师对待学生应该具有温柔、善良和宽容之心的训诫，在卢梭那里得到完美的回应"。除了普鲁塔克，古希腊古罗马思想家中对卢梭影响极大的还有柏拉图。柏拉图的《理想国》是他最为推崇的典籍之一。他甚至认为，《理想国》是一本优秀的教育论著而不是政治论著，这是一种独到的见解。

张竞生认为，卢梭教育理论的要点是提倡"顺应自然而生活"。"顺应自然，那是一种完美的教育所必不可少的，因为大自然给你指引的总是一条直路。如果在人身上出现了变形的现象，那是教育的失误特别是

---

① 张培忠、肖玉华主编：《张竞生集》第六卷，生活·读书·新知三联书店 2021 年版，第 6—7 页。

社会的失误所致。"这种思想明显受到柏拉图主义和斯多葛学派关于人的天性是善良的阐述的影响，因为从"人的本性是好的"这一原则出发，可以推论：没有什么能比顺应自然而生活更好的事情了。教育也应该如此，受教育者应该成为一个"自然的"成人，而不是"人为的"成人。

博士论文前两章在对卢梭教育思想的古代源头进行清晰的总体理论梳理后，张竞生分别用智力教育、道德教育、宗教教育、政治教育、女子教育五章对卢梭教育理论的形成进行详细分析，以历史考证的方法，揭示卢梭的学说体系与柏拉图、普鲁塔克、亚里士多德、法沃里努斯、西塞罗、色诺芬、瓦罗等古代思想家的相同之处。

在张竞生心目中，卢梭是一个伟人，是一位天才。然而，张竞生的博士论文并不满足于仅仅寻找和理清卢梭教育学说的源头，对卢梭思想的局限性论文中也不乏笔墨。这是因为，尽管是天才也会有其局限性，尤其是时代的局限。在博士论文第二章的结尾处，他就对卢梭有关公共教育的想法提出批评。论文中写道：（卢梭认为）"公共教育的目标是培养一种排他的民族性，根本不考虑各民族之间必须建立起政治上的联盟，特别是经济上的联盟"。张竞生批评说："这种绝对的排他主义最终会演变成危险的民族主义，会在任何时候破坏国与国之间的和平。""假如个人是人们称之为国家的某一具体社会的成员，那么，所有这些国家一起，就构成一个更大的社会，那就是整个人类社会。有社会就必然有义务……人的义务即将通过组建国际社会而以具体的形式固定下来，这一国际社会的组建，乃是我们刚经历过的可怕的战争的幸运成果。缺乏整体观念的本位主义，使最伟大的思想家所构想的公共教育蒙上一层灰，也使他们的思想局限于一国一邦，看不到更大的空间。"①

---

① 参见莫旭强译本《译者序》，暨南大学出版社 2012 年版。

从里昂大学毕业后，张竞生有一段时期曾到德国、瑞士、比利时、英国等欧洲各国游历，前后约有近一年的时间。

1919 年 5 月 4 日，五四运动在北京爆发。

1919 年 9 月 1 日，张竞生到中华民国驻法京巴黎辖法兰西全境总领事馆（时任总领事为廖世功）报备专业、学位学历等事宜，领事馆出具证明。

民国九年（1920） 32 岁

4 月 6 日，张竞生参加华侨协社各团体及国际和平促进会在巴黎哲人大厅召开的关于华工问题的讨论会。是日下午一时开会，首由主席张溥泉（张继）① 述开会词，后由主席请到会者自由发表意思。于是，张竞生、李书华② 相继演说，"词颇恳切"。（《旅欧周刊》③ "旅欧新闻"消息：《和平促进会　记六日之各团体大会》，1920 年 4 月 17 日）

4 月 24 日，张竞生应华侨协社邀请，在该社作题为《希腊哲学之刻苦派与勤工俭学之精神》演讲。（《旅欧周刊》中"旅欧新闻"栏消息：《华侨协社之哲学演讲》，1920 年 5 月 1 日）

是年春，张竞生的潮州同乡，广州国会议员、粤军代表邹鲁④ 等人

---

① 张继（1882—1947），原名溥，字溥泉，河北沧县人。中国国民党元老。曾任中国国民党中央监察委员、司法院院长，国史馆馆长等职。1947 年在南京病逝。

② 李书华（1890—1979），字润章，河北昌黎人。著名物理学家。1913 年留学法国，1918 年获巴黎大学硕士学位，1922 年获法国国家理学博士学位。曾任北京大学教授、副校长、代理校长，国民政府教育部部长等职。

③《旅欧周刊》，1919 年 12 月 13 日创刊于法国巴黎。

④ 邹鲁（1885—1954），字海滨，广东大埔人。1905 年加入同盟会，国民党元老，1949 年去台湾。

举荐、邀请张竞生担任潮州金山中学校长一职。① 张竞生后来回忆道：

> 当一九二〇年，我在法国大学结业时，我由潮州各属的议员联
> 名聘为潮州金山中学校长。这间中学拥有丰富的产业，又素以腐败
> 著名。当时执省政的陈炯明极想把它并入官办。但潮人恐归官办，
> 校产必为官僚所吞食，一如以前的韩山师范学校一样，所以潮属议
> 员对陈的提议拒绝，而仍主张照旧一样为公立，而以我这个潮州第
> 一个博士为校长做"挡箭牌"。我因为潮人的关系，就即答应，但
> 只许暂住校数个月短期，目的专为整理腐败的校务后，即行离去。
> （《浮生漫谈·辜负潮州父老》）②

9、10 月间，张竞生从法国启程回国。在邮轮颠簸一个多月之后，
他约于 11 月中旬到达香港，后转道广州领取金山中学校长委任状，面见
粤军总司令、广东省省长陈炯明，并向陈炯明提交了一份建设广东的施
政建议书，着重提出从广东开始实行避孕节育，限制人口发展，提高人
口素质。该提议引起陈炯明的不满，斥张竞生为"神经病"，因此拟撤销
金山中学校长的任命。后在邹鲁等人的斡旋之下，陈炯明方才答应委任
张竞生为金中代理校长。

> 当船到香港，例须入广州领校长的文件，我在船上用一些旧纸

---

① 关于张竞生从法国毕业回国之时间，有多种说法。据《邹鲁年谱》中称：（1920
年）春举荐学成归国的张竞生担任省立潮州中学（今汕头金山中学）校长。事
实上，其时张竞生并未从法国回国。陈炯明于 1920 年 8 月 12 日在福建漳州
誓师，率驻闽粤军回粤驱桂，10 月 29 日攻克广州。11 月 4 日，邹鲁任广东
省政务厅厅长，11 月 10 日，陈炯明接任广东省省长。（见《陈炯明年谱》与
1920 年 11 月 13 日《申报》消息）同时，结合张竞生《浮生漫谈·辜负潮州父
老》中的回忆来看，张竞生最早也应该是在 1920 年 11 月中旬以后才到达广州。
② 张培忠、肖玉华主编：《张竞生集》第五卷，生活·读书·新知三联书店 2021
年版，第 145 页。

写上许多条陈，其中最突出的为限制人口，提倡避孕一件事。把这些条陈当面交给陈炯明，我这个校长的地位就即动摇，因为陈的子女成群，又见我所写的纸张字句都极潦草，不是如当时上大都督的那样整齐严肃的文书。他事后向那位力保我的潮属议员兼财政厅长邹鲁说，张某恐如你那位侄儿吧？邹的侄儿是美国留学生，归国后犯神经病。陈意是指我或许也有神经病的，所以他不想任我为校长。但那时地方势力极大，我仍然以潮州公众名义的聘请，走马上任。（《浮生漫谈·辜负潮州父老》）①

11 月 29 日，孙中山与伍廷芳、唐绍仪等由上海回到广州。

12 月初，在广州逗留期间，张竞生与国民党广州特设办事处干事长张继一同拜见孙中山，并向孙中山请教关于"系统"的问题。张竞生1961 年所撰写的回忆录曾这样写道：

当我第一次从法国留学十年回广州时，适孙先生任大总统，正在积极举行北伐统一中国，我与张继专诚【程】晋谒。孙先生知我新从欧洲归来，格外欢喜。在来晋谒之前，我已经准备一个专题，即"系统"的问题。我说："我觉得欧洲人比我们中国人，无论学问上与做事上，都较有系统地去干，这是什么缘故呢？"我说到此时，顺口念出 system 这个欧字。孙先生听此大为兴奋。他本有大演说家的口才，这次对我们更加发挥他的天才，滔滔地把这个"系统"问题一直说到两点多钟。（《中山先生关于"系统"的一番话》）②

同月，张竞生到潮州金山中学赴任。

---

① 张培忠、肖玉华主编：《张竞生集》第五卷，生活·读书·新知三联书店 2021年版，第 145 页。

② 张培忠、肖玉华主编：《张竞生集》第五卷，生活·读书·新知三联书店 2021年版，第 363 页。

民国十年（1921） 33 岁

5 月 5 日，孙中山在广州就任中华民国非常大总统。

从 1920 年 12 月至 1921 年 9 月，张竞生任金山中学校长期间，大刀阔斧地进行教学改革。张竞生深知愚昧不能使中华民族繁荣昌盛，决心以金山中学为基地，将它办成知名的中学。而要办好学校，选聘称职教师为第一要旨。因此，他不讲情面，辞退不称职教师，聘请几位留学生来金山中学任教，提高教师素质。此外张竞生还做了如下事情：

第一，反对男尊女卑，提倡男女平等，男女同校。1921 年 4 月 12 日广东省颁布《男女同校令》之后，金中招收第一批女生 8 名。

第二，整顿学校纪律，培养读书风气。他认为要吸收外国文化，首先要掌握外语。他聘请几名外语老师，而且还要求理论课的科任老师用英语授课。由于他的倡导，金中学风一新。

第三，不畏权势，清理校产。金山中学原为地方学校，校产甚多，但多为豪绅所把持，从中渔利，如不整顿清理，金中经费将成为问题。历任校长为此头痛，但因惧怕恶势力，不敢出面清理。张竞生不顾个人得失，立意清理，虽因此得罪豪绅，被迫到任九个月而辞职，但却为金山中学争回了校产，保留了办学的经济基础。

任职金山中学校长约两个月之后，即 1921 年 2、3 月间，张竞生呈文《改普通中学制为分科中学或选科中学制的商榷书》致广东省教育调查会。文章列数普通中学制不能不改变的诸多理由，并提议改制为分科中学或选科中学制。

不佞做了二个月中学长，才知此种普通中学制不能不改变的其中理由甚多，仅就大且要者说起则是：

（一）现时的普通中学课程太不适用于社会上实用的学问。

（二）现时的普通中学教授法对于学生均是一样，致全不能发达各个学生独具的才能。

（三）现时的普通中学功课时间太多，有伤学生脑力。

就第一条说，则今日的中学生所学的皆是虚泛不切实的十余样普通学问，以致毕业后除少数升学外，其余多是一种高等流氓，因其所学不能适用于人生问题之故。

就第二条说，高才与低能、喜文与喜实的学生同在一堂，同受一样的教授，以致两无裨益。

就第三条说，每星期多至三十余点钟的功课，镇日在讲堂里忙碌，甚少自习功夫，更少运动时间（指各种习练、游戏、散步、竞赛等），以致身弱神疲，不独不能兼通诸科，甚至一科不识。所谓孩子太贪多取水果，以致捧力不支，全行失去，到底两手空空。普通中学的害处如是，请看分科中学的好处。

于第一、第二年级的中学生，施以普通中等学问后，到第三年级，则令各学生就性所近，择习一专科。就吾潮山海之利而言，则当设农林、水产二专科；又为许多毕业生去做教习、绅士、工商打算，则当设教育、法政、工商专科；又为学生升学打算，则当设大学预科。

我已说分科中学的好处，我更当说选科中学的好处了。分科与选科相同处，均是在第三年级办起，其不同处，则分科是专习一科，不去兼及他门。选科乃是选习一科外（科目同上分科），尚须必修数门（如吾国言，当定为国文、英文、算学、中国历史地理四门）。在分科与选科的年级，上课钟点当少，每星期的普通中学三十余钟点（约三十六），应改少为二十余（约二十四）。至时间配置法，分科的则注全力于一科，选科的则一半习其选科，一半习必修科。

此种办法有五利益：

（一）是学生毕业后有一切实学问得能担任世务。

（二）是各学生均能就才所长与性所近而学习。

（三）上课时间减少，学生精神有所专属。

（四）是上课时间既减少，聘请教习，钟点便少，所有薪水可移为购置各种实验费与聘请价值稍高的专科教习所用（就本校言，每年招二班学生，每班每星期平均三十六钟点功课，今改四班为分科或选科，则每星期每班仅二十四点，共省去四十八点，每点每月五元计，则每月省请教习费二百四十元，以此移为购置实验费及聘请价值稍高的专门教习，想可足用）。

（五）是在无高等专门学校的地方（如今日吾潮言），则此分科或选科中学制更不可少。

吾所希望的是，把此法于今年在本校办起。又，除在本省教育委员会请愿，望其令各中学校照办外，并预备将来在北京教育部请愿，望其令全国中学校照办。

入手办法：从速编辑分科及选科中学的课本，但是教习既系专门人才，当能自编讲义。至应设何种专科，须依其校所处情势而酌定之。又，须限制必达学生人数若干以上，始许开办此种设施。各学校当能筹措得宜，不必吾多谈了。[①]

6月8日，《教育公报》对张竞生条陈予以批复。

教育公报批复

批潮州金山中学校长张竞生条陈中学校制应交教育调查会以备参考　第二百三十号　十年六月八日

请愿书已悉，所陈改良中学校学制各节尚有见地，应送交教育

---

① 张培忠、肖玉华主编：《张竞生集》第九卷，生活·读书·新知三联书店2021年版，第7—8页。

调查会以备参考，此批。（附注）原条陈见本期附录门。①

此条陈及《教育公报批复》刊于 1921 年 7 月 20 日出版的《教育公报》（1921 年第 8 年第 7 期）。

任职金山中学校长期间，张竞生经常在汕头报纸发表讨论制育的文章，提倡计划生育和优生优育，因此被人攻击为"卖春博士"。

7 月 23 日，中国共产党第一次全国代表大会在上海（后移至嘉兴南湖）召开。

7 月，教育部通令各地速设女子中学或于相当学校附设女子中学部。

9 月 28 日，孔子诞辰日。因在金山中学的改革与整顿遭遇极大阻碍，加之受金中一学生在韩江游泳溺毙事件的影响，张竞生辞去金山校长一职。辞职之际，张竞生有《临别赠言》（后刊于 1921 年 11 月 15 日金中月刊《进化》第一卷第一号）：

> 别矣金中学生！吾与诸君，聚首数月；时时言去，至今始能！非敢忘情金中；实望跳入世界旋【漩】涡，与之偕亡！或到西北旷野之区，寻殖民地！勉哉诸君！努力学业，砥砺品节！别矣金中职教员！认真进行，以竟全力！别矣校佣，夜学勤习，以成美格！别矣金中细户！我虽去，而继之者整顿宗旨不少变！别矣潮州父老！维持厚德，感激不忘！别矣岭东青年！国事驰驱，不背后约！别矣汕头报界！吾回时，将不忍看岭东之陆沉！别矣别矣！亲友仇雠！同一握手！前途珍重！
>
> 九月二十七日 ②

---

① 张培忠、肖玉华主编：《张竞生集》第九卷，生活·读书·新知三联书店 2021 年版，第 9 页。

② 张培忠、肖玉华主编：《张竞生集》第九卷，生活·读书·新知三联书店 2021 年版，第 10 页。

对于辞职原因，张竞生后来在《浮生漫谈》中有过回忆：

> 到金中后我大行整顿，辞退了许多素来声名不好的教员，聘请许多好教员。可是大风潮也就起来了。那些被辞退的教员，暗中勾结一些学生，借故就在校内对我动武，向广州打电报及发传单，说我有神经病（迎合陈炯明的词句），又诬我为"卖春博士"（指我在汕头报提倡避孕节育的事），总之闹得满城风雨，一塌糊涂。

> 我本意已不想长期做金中校长。逢了这场的风潮，又悲哀国事的腐败与我家庭无聊的环境，我初想跳海自杀，继而转念到新疆去牺牲，或者仍辟一个新天地。我终于不得省方的同意，而乘轮远扬了。（《浮生漫谈·辜负潮州父老》）①

时隔多年之后，当年张竞生在金中最早招收的 8 名女生之一的唐舜卿撰文《忆张竞生任校长时期的潮州金山中学》，回顾张竞生在金中时期实行的多项改革措施，其中也提到张竞生去职的原因：

> 某次上体育课时，教员俞侠民未请示学校就同意学生下河游泳，致学生林邦任不幸溺水死亡，张校长因此遭到学生家长的指责。此前，因上任后辞聘的人员中有若干名是客家籍教师，有人认为是歧视客家人，故有一些客家籍学生闹事，酝酿反对校长。于是，张校长在府学宫前举行孔子诞辰仪式后便引咎辞职，自撰《告学生书》，校务由教务长李春涛代理。他离校之日，学生们列队到车站送行。十天之后，省教厅派黎贯校长前来接任。（《汕头文史》第 19 辑，2007 年 12 月，第 146—149 页）

10 月中旬，从金山中学辞职之后，张竞生应北京大学校长蔡元培之邀北上进京。临行之前经广州，受孙中山先生惠邀便餐。

---

① 张培忠、肖玉华主编：《张竞生集》第五卷，生活·读书·新知三联书店 2021 年版，第 145—146 页。

在出发前，经过广州，被中山先生惠邀便餐（我前在辛亥革命南北议和时，曾被中山先生任命为南方议和团秘书）。在座的有吴稚晖 ① 与张继，孙先生特请吴好好宣传北伐的必要，而反对陈炯明与吴佩孚的联省自治，实则为军阀割据的阴谋。孙先生又嘱我到北京时与蔡校长及北大一班师生介绍孙先生主张北伐的真正意义。（《"北大"回忆》） ②

10 月 22 日，张竞生正式被聘为北京大学哲学教授。蔡元培为张竞生签发聘书：

敬聘张竞生为本校教授。

国立北京大学校长　蔡元培

中华民国十年十月二十二日

第二百二十号

在北京大学期间，张竞生担任《论理学》《唯实派》《行为论》《行为论史》《孔德学说研究》等课程，并兼任本科和预科法文课程教授，还将《论理学》更名为《普遍的逻辑》。（据北京大学档案馆藏《国立北京大学职员录》 ③ ）同时，他还在北京中法大学 ④ 和孔德学校 ⑤ 兼职授课，主要讲

---

① 吴稚晖（1865—1953），原名朓，后名敬恒，字稚晖，江苏武进（今常州）人。早年参加同盟会，自称无政府主义者。国民党四大元老之一，中央研究院院士。

② 张培忠、肖玉华主编：《张竞生集》第五卷，生活·读书·新知三联书店 2021 年版，第 353 页。

③ 另据《国立北京大学职员录》中所载，张竞生在北京大学期间住址初为米市大街青年会，后为前什刹海北河沿 18 号。

④ 中法大学，李石曾于 1920 年将西山碧云寺原有的法文预备学校扩充为中法大学贝尔德文学科（一说西山学院）。

⑤ 孔德学校，原为孔德女校，为蔡元培与李石曾联合马裕藻、马衡、沈尹默等人于 1917 年在北京东城方巾巷建立，1918 年 1 月正式招生，开始只招收女生，后来又招收男生，遂改名为孔德学校。

授实验哲学和孔德哲学。1923 年 10 月入学中法大学的陈毅也曾听过张竞生的课。（见《我所知道的陈毅求学时代》，黑龙江大学中文系资料室编辑《陈毅同志诗词选辑》，第 339 页）

11 月 22 日，张竞生在《北京大学日刊》第 898 期发表通信《哲学系张竞生教授致本校教员学生函》（写于 11 月 20 日），提出对北京大学教育教学的改革主张，主要包括减少教学时间，减轻学生负担；改变注入式的教学；教师应将图书馆缺乏的教学资料或参考书籍公之于众等等。

在此期间，张竞生与时任北京大学图书馆主任李大钊过从较密。1921 年 11 月 17 日，马克思学说研究会在北大成立，吸引了包括张竞生在内的许多教师学生参加。多年之后，张竞生在《浮生漫谈》和《"北大"回忆》中专文谈及李大钊，对其表示了深深的敬仰之情：

> 我虽则有一些时期，跟随他同行，可恨我那时太落后了，不能一直跟随他走。到今日，他殉义若干年后，我始知他所信仰的学说之伟大。我实在觉悟太缓了，实在对不起我这位伟大的故友。只有时不时想及他为人的温和、赴义的勇敢，而对他无穷的敬仰。（《浮生漫谈·和李大钊同事时》）①

> 李教授给我们深刻的印象是他有精悍的体格、刚强的意志与温和的表情。他待人接物都出以一片至诚，毫无虚伪的态度。他说话极少，但他所说的都是有的放矢，有言必中。例如我们谈到胡适所主张的"少谈政治，多谈问题"时，李教授反驳说："问题——尤是社会问题，能够脱离政治吗？"谈到胡所喜介绍的美国实用哲学时，李笑说，这不过是美国的一种商品吧！可是当他谈到社会

---

① 张培忠、肖玉华主编：《张竞生集》第九卷，生活·读书·新知三联书店 2021 年版，第 162 页。

主义——共产主义时，李教授则口如悬河，滔滔不绝了。(《"北大"回忆》) ①

民国十一年（1922） 34 岁

2 月，广州政府北伐军在桂林大本营誓师，孙中山称"民国存亡，在此一举"。

3 月，世界基督教学生同盟定于 4 月 4 日在清华大学召开第 11 届年会。这一消息激起北京知识界的反对。3 月 21 日，李大钊、刘复、陶孟和、邓中夏、谭熙鸿、张竞生等人发起非宗教运动。张竞生密切配合李大钊，印发《发起词》，在校内外号召大家签名。

4 月 19 日，美国提倡避孕节育的著名学者山格（Margaret Sanger）夫人 ② 应邀来北京大学作关于《生育制裁的什么与怎么》③ 的演讲，胡适

---

① 张培忠、肖玉华主编：《张竞生集》第九卷，生活・读书・新知三联书店 2021 年版，第 354 页。

② 山格夫人（Mrs. Margaret Sanger，1879—1966），亦译为山额夫人、桑格夫人、珊格尔夫人等，美国计划生育运动创始人。曾于 1922 年、1936 年两度来华。

③《生育制裁的什么与怎么》为胡适译法，有另一种译法为《生育制限的什么与怎么》。1922 年 4 月 20 日，即桑格夫人演讲后的第二天，《晨报副刊》即分 8 期（1922 年 4 月 20—24 日、26 日、28—29 日）连载山格夫人著、祁森焕翻译的《生育制限的过去现在和将来》。在 4 月 20 日那期上有"记者识"曰："山格（Margaret Sanger）夫人是新马尔萨斯主义的鼻祖，是提倡生育制限（Birth-Control）最力的人，八年以来，为此事入狱数次。至最近一年中，始能成立'生育制限协会'，赞成者已有五万人之多。夫人此次到日本讲演以后，便道来中国游历，并在北京大学演讲，题为'生育制限的什么与怎么'，讲稿另录。兹将夫人去年为日本《改造》杂志所著此篇，由祁君译出，先行披露，务望有志研究者诸君特别注意。"所以，从其英文 Birth-Control 来看，译为"生育制限"则更符合原意。

任翻译，张竞生陪同。该演讲后由胡适翻译，全文刊登于《晨报副刊》1922 年 4 月 25 日第一、二、三版。

5 月 9 日，孙中山在广东韶关誓师，准备北上讨伐"非法"总统徐世昌。6 月 3 日，由张竞生草拟，蔡元培、胡适等北京大学教职员二百余人联名向全国发出专电，吁请孙中山与徐世昌同时下野，以免再生战事。据胡适 6 月 2 日日记载："（晚）七时，张镕西（张耀曾）① 邀吃饭……今晚上蔡先生提起孙中山的问题，他想邀在座各党的人同发一电，劝孙中山把护法的事作一结束，同以国民资格出来为国事尽力。席上，诸人因往日党派关系，多怕列名。我劝蔡先生拟稿即发出，即邀李石曾、张竞生等列名，以友谊劝他。蔡先生说，今天本是石曾、竞生发起此议，他明日即发此电去。"（《胡适日记全编》第三册 1919—1922，曹伯言整理，安徽教育出版社 2001 年版，第 683 页）

5 月 10 日，非宗教运动大同盟成立大会在北京大学召开，张竞生在会上作主题发言，呼吁大家团结起来，扫除宗教毒害。张竞生与李大钊、李石曾、邓中夏、谭熙鸿等十五人被推选为干事，负责日常事务，推动活动的深入开展。

暑假 6、7 月间，张竞生前往日本度假。6 月 21 日，他从日本九州写给胡适书信一封，索要《努力周刊》②。张竞生后来在《浮生漫谈》中曾经提及：

---

① 张镕西（1885—1938），原名张耀曾，号镕西，笔名崇实，云南大理人，白族。辛亥革命先驱，法学学者，中国同盟会会员，曾任北京大学法科教授、段祺瑞内阁司法总长等职。

②《努力周刊》，1922 年 5 月创刊于北京，主编胡适。1923 年 10 月停刊，共出版 75 期，是一个宣传改良主义的刊物。

我于一九二一年 ① 到日本的别府 ② ——是一个温泉区，过了数个月的暑假生活，终日除了入温泉池之外，就独自个人在山阜中看云，观察鉴赏在天上各种云气的变动。当早晨时，雾气把山与人笼罩得一块，人与山也变成与云一气了。最好看的是晚间的红霞，满天满山放出千万样的光彩。（《浮生漫谈·暑假期与云、山、海》）③

8 月 1 日，张竞生与胡适、李大钊、马寅初等十七人被选为《北京大学社会科学季刊》社会科学组编辑员。8 月 19 日《北京大学日刊》刊登消息：八月一日讨论会决定："王雪艇、陶孟和、胡适之、蒋梦麟、朱经农、张竞生、朱遏先、黄辅馨、何海秋、周更生、燕召亭、陈惺农、高一涵、张慰慈、李守常、顾孟余、马寅初为社会科学组编辑员。"

8 月 15 日，民权运动大同盟在位于北京烂缦胡同的湖南会馆举行成立大会，出席会议有 400 多人。该会确立"伸张民权，铲除民权的障碍"的主张，并决定创办《民权周刊》。大会选举张竞生为主席，李大钊、李石曾、邓中夏等十五人为执行委员。据史料记载：

一九二二年北方发生直奉战争，直系获胜，恢复的旧国会宣言制宪，北京各界人士认为有在宪法上争取确立民权（包括人民权利和自由，尤其是集会、结社，言论、出版，游行示威和罢工之自由）的必要。发起组织"民权运动大同盟"，进行广泛的争取民权运动。发起人为李煜瀛（石曾）、王法勤、王用宾、胡鄂公、焦易堂、彭邦

---

① 显而易见，张竞生此处所说的 1921 年，实属记忆有误。从他写信给胡适索要《努力周刊》及其他情形来看，应该是 1922 年，而 1921 年暑假他仍然在潮州金山中学任校长。

② 别府，位于日本大分县东海岸，该地区温泉众多。在已有的张竞生传记中，未见有关于张竞生赴日度假的记述。

③ 张培忠、肖玉华主编：《张竞生集》第九卷，生活·读书·新知三联书店 2021 年版，第 186 页。

栋（以上五人是国会议员），李大钊、王士杰、高一涵、皮宗石、周
鲠生、张竞生、马叙伦、黄侃、马裕藻（以上北大教授），邓中夏、
杨钟健、朱务善、范鸿劫、黄日葵、范体仁、杨副时、高君宇、李
世军、韦青云、许孝炎、邓文挥、范予遂等（以上各大、专学校学
生），刘相臣、许腾霄（以上商人），刘华、吴汝明（以上工人）等，
于是年八月十五日在湖南会馆开成立大会，到会四百余人，由张竞
生主席，选出李大钊、李煜瀛、邓中夏、胡鄂公等十五人为执行委
员。决定发行《民权周刊》，经费由李煜瀛等捐助。民权运动大同盟
成立后，首先与中国劳动组合书记部联合，发起劳动立法运动，拟
定劳动立法大纲十九条。又联合北京学联向国会请愿，并由李石曾
出名，招待宪法起草委员会委员，陈述大同盟主张；并由张竞生、
邓中夏、范体仁等分别著论在北京《晨报》《京报》及《民权周刊》
上发表。其次，是发起取消治安警察法运动，由高一涵撰文列举治
安警察法对人民集会、结社、言论、出版及示威游行等的无理限制
是违反"约法"，不是"民国"应该有的恶法，要求废止。同时商同
学联对此举办示威游行，向黎元洪递上请愿书，要求废止此法。此
外对于北京学联驱彭运动及一九二三年京汉路"二七"大罢工惨案
均积极支援。对京汉路"二七"惨案，《民权周刊》尽量记述并著论
声讨，大同盟曾发阳、蒸两电声援。大同盟在一九二六年"三一八"
惨案后被迫停止活动。①

在此期间，张竞生不仅积极参与各种校内外的活动，也经常举办学

---

① 见中国人民政治协商会议全国委员会文史资料研究委员会编：《文史资料选
辑》（合订本）第二十一册（总六十至六十二），中国文史出版社 1986 年 12 月
第 1 版，第 311 页。

术讲座或演讲，主要有：

11 月 20 日，《北京大学日刊》第 1112 号刊登消息《爱因斯坦公开演讲》："兹为爱因斯坦博士演讲之先导，特选择关系于相对论各题，分别定期公开讲演。……"专题演讲共七讲，主讲人包括丁西林 ①、何育杰 ②、高叔钦 ③、夏浮筠 ④、王士枢 ⑤、文范村 ⑥、张竞生。

12 月 13 日，张竞生在北京大学第二院大讲堂作题为《相对论与哲学》的讲演。⑦

12 月 17 日，在北京大学成立二十五周年庆祝大会上，张竞生作题为《现在和将来的行为论》的演讲，由校长蔡元培主持。

12 月 22 日，《北京大学日刊》第 1137 期发布《北大广东同乡会布告（第六号）》，谓接到张竞生等十人联名来函，称秘鲁驱逐华侨三万余

---

① 丁西林（1893—1974），原名丁燮林，字巽甫，江苏泰兴人。剧作家、物理学家、社会活动家。其时为北京大学物理系教授。他演讲的题目是《爱斯坦以前之力学》。

② 何育杰（1882—1939），浙江宁波人。近现代物理学家、教育家。其时为北京大学物理系教授。他演讲的题目是《相对各论》。

③ 高叔钦（1877—1947），原名高鲁，号叔钦，福建长乐人。天文学家。早年追随孙中山参加同盟会，曾留学比利时布鲁塞尔大学，时任中央气象台台长。他演讲的题目是《旧观念之时间及空间》。

④ 夏浮筠（1884—1944），原名夏元瑮，字浮筠，浙江杭州人。著名学者夏曾佑之子。中国近现代物理学家、教育家，其时为北京大学理科学长。他演讲的题目是《爱斯坦之生平及学说》。

⑤ 王士枢（1886—1959），原名王仁辅，字士枢，江苏昆山人。时为北京大学数学系教授。他演讲的题目是《非欧几里特的几何》。

⑥ 文范村（1883—1946），原名文元模，字范村，贵州贵阳人。早年留学日本、德国，归国后历任北京师范大学、北京大学等校物理系讲师、教授。他演讲的题目是《相对通论》。

⑦ 事实上，爱因斯坦最终因故并未如约到访北京大学。

人回国，为此北大广东同乡会于本日下午四时半在（北大）第三院大礼堂召开特别会议，商议对策。

是年，张竞生自编讲义《普遍的逻辑》，作为北京大学印刷课教材印行。教材共两章，近5万字。具体章节为：

第一章

第一节　发凡

名学——因明——论理学——普遍的逻辑

第二节　普遍的逻辑

认识的——知识的——意识的——普遍的逻辑

第三节　思想的公例

相同——相灭——不中立——相关

第四节　事情的公例

联属——并存——因果——相关

第五节　记号的公例

跳跃——绵延——齐一——相关

第二章

第一节　定名

唯实主义——唯名主义——唯意主义——叙述主义

第二节　造句

感情的——推理的——意志的——组织的

第三节　命题与演式

归纳法——演绎法——推算法——创造法

民国十二年（1923）　35岁

1月16日，北京《晨报》刊登一则新闻《谭仲逵丧妻得妻，沈厚培有妇无妇》，并有编者按语与沈厚培①致书《晨报》全文。事由北大教授谭仲逵（即谭熙鸿）而起。谭熙鸿原配夫人陈纬君②因病于1922年3月18日去世，留下年幼的一双儿女。1922年6月24日，张竞生与蔡元培、李大钊等十人联名在《北京大学日刊》发表《谭陈纬君夫人行状》（落款时间为1922年6月23日），以旌表陈纬君美德，寄托哀思之情。不久之后，谭熙鸿与从广东来北京求学的陈纬君的妹妹陈淑君相恋并订婚、结婚。沈厚培以陈淑君与自己已有婚约在先为由撰文谴责谭、陈。其后陈、沈互有申辩，此事经媒体炒作之后，社会反响甚大。

1月17日，蔡元培因教育总长彭允彝干涉司法独立，非法要求逮捕北大兼课教师、财政总长罗文干，愤而欲辞去北大校长的职务。

2月，张竞生的《行为论的学理与方法》在《国立北京大学社会科学季刊》第一卷第二期上发表。此文为张竞生北京大学二十五年纪念会"学术演讲"的草稿改缀而成。

3月4日，同为北京大学教授的胡适在《读书杂志》上发表文章《一个最低限度的国学数目》，大力提倡国学研究。

4月29日，张竞生在《晨报副刊》发表《爱情定则与陈淑君女士事的研究》，公开为陈淑君辩护：

> 就理而论，陈女士年已二十余，已有自由择人的权力。无论她所改选的或好或歹，他人原无置喙的余地。只缘处在这个新旧观念互相冲突的社会，批评的人，一眼看她的新式上好处，一眼又看她不守旧式规矩的不好处。以致误会丛生，指摘频至。遂使可怜弱女，

---

① 沈厚培，具体生平不详，今鲜有关于此人的相关资料。据笔者所见，此人或为广东番禺人，时为广东法政学校学生。
② 陈纬君乃汪精卫妻子陈璧君二妹。

心迹难明。或者她竟为这个无情的社会牺牲品也未可知。凡人具有同情心，我不忍见陈女士的受屈太深。我更不愿爱情定则的永久遭殃。我尤不愿沈君及一般人的终久误会不解。所以郑重写出此篇，使人知道爱情的变迁，自有变迁的理由。使人知道夫妻是一种的朋友，可离可合，可亲可疏，不是一人可专利可永久可占有的。希望此后，用爱或被爱的人，时时把造成爱情的条件力求改善，力求进化。那么，用爱的不怕被爱的有所变迁，被爱的也不怕用爱的有改志了。①

张竞生在文中提出爱情的四项定则：

爱情的定则，有由于生理的、心理的及社会的不同，原是一种极繁杂的现象。节要说来，约可分为下列的四项：

（一）爱情是有条件的。

（二）爱情是可比较的。

（三）爱情是可变迁的。

（四）夫妻为朋友的一种。

对于撰写此文的动因，张竞生后来在《浮生漫谈》中提及：

当我为北大哲学教授时，我就在一本《美的人生观》上主张我所谓的情人制。恰巧有同事（一位教授）于其妻死后和小姨发生关系。小姨是与人有婚约的。她的未婚夫闻知，从广东跑到北京，大办交涉，几乎要把这位教授置于死地。我看不过了，就在《晨报》上发表我所谓的"爱情定则"……（《浮生漫谈·怀念情人》）

张竞生此文发表之后，社会舆论哗然。《晨报副刊》编辑孙伏园围绕

---

① 张培忠、肖玉华主编：《张竞生集》第二卷，生活·读书·新知三联书店2021年版，第13页。

此事组织策划了系列讨论。从 1923 年 5 月 18 日至 6 月 25 日，《晨报副刊》共刊文 36 篇（其中讨论文章 25 篇，信件 11 篇），包括鲁迅、周作人（署名荆生）、许广平（署名维心）、梁国常、梁镜尧、冯士造等参与讨论。另有其他报刊如《学灯》等也有一些文章参与讨论。

5 月 1 日，张竞生在《晨报副刊》第 111 号发表《劳动界的四个兵略》。文章针对当前劳动界与资本家之间的斗争提出四点策略：

第一，要战胜资本家，劳动界就该探取"争工作主义"，把一切紧要的工作，通过争到手里头，以便将来杀死敌人的命脉。所谓不合作，所谓罢工，仅当看做一时的示威，不可视为永久的政策。这是劳动界应取的第一种兵略。

其次，要达到争工作的目的，不可无一种完善的组织。先当争逐一切的工廛，及许多利用工人的器械。给后从劳动界的自治上，经济上，教育上，政治上，给予充分的势力。"凡一切的举动，及无谓的牺牲，均不可极力避免"。这是劳动界应取的第二种兵略。

第三，既有一个完善的组织了，同时应取一种备战的目的与计划。对于和平及苟安的条件，不可不一概拒绝收纳。这是劳动界应取的第三种兵略。

末了，作战的计书与条件一有把握，即当对敌人施行总攻击。其法在极力联络士、农、工、商、报界，以及兵士、妇女界，与一切表同意于劳动界的机关，务使彼此协力合作，一致把资本家包围夹攻起来；切不可自相残杀，以授敌人离间的机会。这是劳动界应取的第四种兵略。①

---

① 张培忠、肖玉华主编：《张竞生集》第四卷，生活·读书·新知三联书店 2021 年版，第 59—60 页。

5 月 14 日，北京大学研究所国学门召开会议，商议筹备成立风俗调查会一事。

5 月 19 日，《北京大学日刊》第 1243 期刊登《研究所国学门启事》，称"为筹备风俗调查会事"。启事云：

> 风俗为人类遗传性与习惯性之表现，可以觇民族文化程度之高下，间接即为研究文学、史学、社会心理学之良好材料。晚近以来，欧西学者，于此极为重视。一八七八年，英国首设民俗学（Foeklero）会于伦敦。现美、法、意、瑞、土等国，亦均设立团体，从事探讨。我国学者，记述民众事故，大抵偏重礼制。间论风俗，琐碎不全，能为有系统之研究者盖少。前者，歌谣研究会会员常惠君，曾有组织民俗学会之议，而未果行。近顷张竞生先生亦提议及此：拟就风俗调查表商定在本学门设立风俗调查会，先事文字上之调查；并约定歌谣研究会会员，协力合作。已于本月十四日在本学门开筹备会一次，议决先自北京一隅试行调查。兹以兹事体大，端赖群力，再订于本月二十四日（星期四）下午四时，在本学门第二研究室开第二次会议，继续讨论进行方法。校内外诸君有乐乎此者，届时惠临，无任欢迎。
>
> 十二，五，十八 ①

5 月 20 日，张竞生在《时事新报》副刊《学灯》上发表《"驳张竞生君爱情的定则……"的反驳》，对余瑞瑜、梁绽才 1923 年 5 月 6 日在《学灯》上发表的《驳张竞生君"爱情的定则与陈淑君女士事的研究"》一文予以反驳，指出余、梁二君误会和曲解了自己的本意。

---

① 此启事与稍后 6 月 15 日《北京大学日刊》启事之标题相类，《张竞生集》未收。

5 月 24 日，北京大学风俗调查会成立。会议推举张竞生任主任委员，并通过了张竞生拟定的《风俗调查表》，决定从北京开始试行调查，并征集风俗器物，筹建风俗博物馆。

5 月 30 日，《北京大学日刊》第 1252 期刊登张竞生拟写的《风俗调查表》①，指出风俗调查的旨趣之一"为研究历史学、社会学、心理学及行为论，以至法律、政治、经济等科学上不可少的材料。调查人如肯尽心做去，不独于自己的见识及学问的贡献上两有利益，并且为假期中最好的消遣品"。而调查内容分为三类，包括"环境""思想""习惯"。

6 月 12 日，《北京大学日刊》第 1263 期刊登张竞生所拟的《风俗调查会简章》：

名称：本会定名为风俗调查会。

宗旨：调查全国风俗（或与中国有关系的国外风俗），作系统的研究；并征集关于风俗之器物，筹设一风俗博物馆。

会员：凡志愿研究风俗者，皆得为本会会员。

搜集：

（1）实地调查：调查以具体的事实为根据。本会特刊一种风俗调查表分发同志，俾各就地协助调查。

（2）器物：关于风俗之各种服、饰、器用等物（或其模型、图画及照片），本会当随时征求或收买。

（3）记载的材料：关于风俗之各种记载，本会当随时搜罗，以资参考。

---

① 除了在《北京大学日刊》刊登之外，《风俗调查表》在 1923 年 7 月 7 日《晨报副刊》与 1923 年 12 月《东方杂志》第二十卷第二十四号上也同样全文刊登。

　　整理：汇集各地之调查报告及捐助或采购之器物，作下列之整理：

　　（1）编目　（2）分类　（3）陈列　（4）报告①

　　6月14日，张竞生以调查会名义在《北京大学日刊》第1265期刊登启事，发动学生利用暑假时间开展实地调查："风俗调查，为研究历史学、社会学、心理学、行为论，以及法律、政治、经济等科学上不可少的材料；但须实地调查，方可责实征信。暑假在即，同学诸君定多言旋，正可借用休业时间，就地分别调查。此不唯于自己的见识及学术上的贡献，两有裨益，抑亦暑假中一种最好的消遣。"不过，风俗调查会的第一次征集活动并没有产生太大反响和成效，仅收回《风俗调查表》31份，收集风俗物品200余件。

　　6月15日，《北京大学日刊》第1266期刊发《国立北京大学研究所国学门风俗调查会启事》：

　　　　风俗为人类遗传性与习惯性之表现，可以觇民族文化程度之高下；风俗调查，为研究文学、史学、社会学、心理学、行为论，以及法律、政治、经济等学不可少之材料。本会自本年暑假前成立，决定调查方法三项：

　　　　（一）书籍上之调查；

　　　　（二）实地调查；

　　　　（三）征集器物（筹设风俗博物馆）。

　　　　实地调查一项，业经制成表格，分发会员及北大同学，暑假归里时，就地调查，惟兹事体大，须赖群力合作，方能收效。海内热

---

① 张培忠、肖玉华主编：《张竞生集》第九卷，生活·读书·新知三联书店2021年版，第19页。

心此事诸同志，如肯相助为理，调查之事，无论担任一村或一镇，均所欢迎；所需表格，请到本会索取（函索亦可）。倘能惠赠各地关于风俗之各种器物或图片、照片者，照章给予名誉上之酬报。此启。①

6月20日、22日，张竞生在《晨报副刊》上发表近两万字长文《答复"爱情定则的讨论"》上篇与续篇予以回应。这也是张竞生爱情观的一个总结。此文发表后，关于"爱情定则"问题的讨论就此结束。

> 我在数年前已经留心研究爱情的问题了，但所拟就的爱情上几个定则，终未拿出来向人讨论。及到近来感触了陈淑君女士的事情，使我觉得有宣布的必要。可是，处在这个不懂爱情的社会，乃想要去向那些先有成见的先生们，讨论一个真正的改善和进化的爱情，使他们明白了解，自然是事属为难。又要将一个被嫌疑的女子作为举例，使他们不生误会曲解，当然是更难之又难了。我前次原文所重的为定则，所希望讨论的也在定则，至于陈淑君女士事，仅是一种举例。不意许多讨论人对于定则的解释，多不能脱离俗见的范围；对于举例，多是感情用事，甚且嬉笑怒骂，借题发挥，以致彼此间误会丛生。我固不要讨哪方面的好意思，但也不愿讨哪方面的恶感情。②

张竞生针对与他讨论的文章，分为四项答复：

（1）爱情是无条件的；

（2）感情、人格、才能，固可算为爱情的条件，但名誉、状貌、财产，不能算入；

---

① 张培忠、肖玉华主编：《张竞生集》第九卷，生活·读书·新知三联书店2021年版，第20页。

② 张培忠、肖玉华主编：《张竞生集》第二卷，生活·读书·新知三联书店2021年版，第102页。

（3）爱情条件比较上的标准；

（4）爱情定则，适用于未定婚约之前，但不能适用于已定婚约，或成夫妻之后。①

7月18日，上海《民国日报》的《妇女评论》第一百期刊登署名"褚松雪"的"谈话"《我的离婚略史》。② 作者在文中哀悼自己的不幸婚姻，表达了有志于革命、奉献于社会的远大志向。正因这篇文章，张竞生与褚松雪开始了书信往来。张竞生后来在《美的情感——"恨"》（1927年4月15日《新文化》月刊第一卷第三期）一文中提到这一经过：

> 一晨上我在某报副刊中见到一篇为我们所要求者的女子文字。此作者为楚崇石（即褚松雪——编者注）女士。大意是伊看不起伊丈夫不争气，愤而脱离家庭关系，只身从遥遥的南方到山西教书以自给。末后叹惜婚姻由兄命牵累到这境地，并誓愿今后为社会而牺牲等语。此时的我，竟引起了非常的同情心。
>
> "同是天涯沦落人，相逢何必曾相识"。我也因不愿意在家庭过了无聊的生活而出来的，我也因婚姻不得志而摆脱的，我也想为社会奋斗而生存的。一切的境遇俱同，难怪我即时起了同情心，立刻就写一短信去安慰她，并向她诚实地说我简略的身世。③

---

① 张培忠、肖玉华主编：《张竞生集》第二卷，生活·读书·新知三联书店2021年版，第103页。

② 据禾塘考证，稍早之前，褚松雪于1923年4月15日在天津《新民意报·女星》第八期也曾发表《我的离婚》一文，署名"松雪"。但从褚松雪与张竞生后来的文章来看，张竞生所读到应该是指《妇女评论》中的这一篇。见蠹鱼书坊印行《蠹鱼》（第二卷第一期）"褚问鹃诞生一百二十周年纪念专号"《褚问鹃著述年表》。

③ 张培忠、肖玉华主编：《张竞生集》第二卷，生活·读书·新知三联书店2021年版，第161—162页。

在《浮生漫谈·怀念情人》中，张竞生也提到：

> 在这个文战抢攘中，有一日，《晨报》①上登出一位女士，自述她逃开不争气的小官僚丈夫，独自走到北方为小学教师。在我眼前出现了一个娜拉。我悲哀她的身世凄凉，遂与她通一封信，不意由此我们变成了情侣。②

在褚松雪后来的文章中有两处提到张竞生跟她的通信缘起：一处是在《花落春犹在》(第一册，台北中外图书出版社 1983 年 7 月初版) 中：张竞生 (在书中化名黄适) 听到北京大学山西籍的学生谈起褚松雪在山西阳高县为扩充教室，顶着巨大的压力把庙里的泥菩萨搬离的事 (即所谓的"打偶像")，所以特地写信给褚松雪，想认识她；另一处是《生命的印痕》(收录于《女作家自选集》，耕耘出版社 1943 年版) 中：

> 那时候，天津出版了一种《女星》周刊，内容很丰富，主编李峙山先生是一位思想前进的女子。我深深到后来她的言论的感动，便也写了些东西去。由投稿通信，而成为志同道合的朋友。

> 写作的兴趣，一天天浓厚，投稿的方向，也由《女星》到上海《民国日报》的副刊。信从各方面寄来，都是未经识面的文字之交，内中一位是研究哲学的，他的学问的光辉，使我的眼睛眩耀起来，他也在与封建势力搏战，社会上对他攻击得非常猛烈。由于同情遭遇的一点因缘，便引起了少年期久伏在心头的"奇士"的感觉，终于坠入情网。

褚松雪，笔名褚问鹃、问鹃女士、松俦女士、一舸女士等。1896 年

---

① 此处张竞生的记忆有误，褚松雪的《我的离婚略史》应该是发表于《民国日报》，而不是《晨报》。

② 张培忠、肖玉华主编：《张竞生集》第五卷，生活·读书·新知三联书店 2021 年版，第 79 页。

8 月 27 日 ① 生于浙江嘉兴南门姚家埭一书香门第。1917 年父母双亡，由哥哥包办婚姻，嫁给了一官宦子弟张传经（字伯纶），婚后随夫迁往北京。因志趣不投，二人于 1921 年秋离婚。离婚后，褚松雪独自前往山西省阳高县办学校。也正是因为《我的离婚略史》一文的发表，从此与张竞生结下了"剪不断，理还乱"的一段情缘。在与张竞生互通书信时，褚松雪正主持刚刚建立不久的阳高县立高等小学校（女校）。

是年暑假，张竞生前往哈尔滨度假。

1923 年下半年，在北京大学新学期开学之后，张竞生在哲学系开设"风俗学"课程，主要内容是讲授风俗学的大纲与定则，研究风俗学的方法，比较各地的不同风俗等。

9 月 6 日，《晨报副刊》刊登褚松雪的《读"纯阳性的讨论"答协中君》。

9 月 15 日，天津《新民意报·女星》刊登褚松雪的《对于现代女子教育的怀疑》，署名松雪。②

10 月 5 日，直系军阀曹锟通过贿选当上中华民国大总统，并于 10 日就职。

10 月 10 日，孙中山发表"讨曹令"，坚决不承认曹锟政府。

10 月 13 日，《晨报副刊》刊登褚松雪的《十二年双十节的感想》，署名松雪。

11 月 14 日，上海《民国日报》副刊《觉悟》刊登褚松雪的《诗经

---

① 关于褚问鹃的出生日期，说法不一。据张竞生次子张超先生所言，1994 年褚问鹃去世时，其子黄嘉（即张应杰，张竞生与褚松雪所生）所发讣告上写的日期为 1896 年 8 月 27 日。（详见蠹鱼书坊印行《蠹鱼》第二卷第一期，"褚问鹃诞生一百二十周年纪念专号"《褚问鹃的出生日期》）

② 褚松雪的文章发表时间和所刊刊物部分来自禾塘辑录的资料，见蠹鱼书坊印行《蠹鱼》（第二卷第一期）"褚问鹃诞生一百二十周年纪念专号"《褚问鹃著述年表》。

上妇女的地位观》。

12 月 15 日，天津《新民意报·女星》刊登褚松雪的《离婚问题》（演讲稿）。

是年冬天，在张竞生的帮助下，褚松雪从阳高县立高等小学辞职赴京，准备就读北京大学研究所国学门研究生。

这是民国十二年冬，那一晚上我觉得分外兴奋，"奇女子"快来了，"奇女子"快来了，我那日何止这样默念千百遍。我眼几望穿了，才见京绥车中有一位由信中所约定穿的服装的女郎下来。在这样相见之下，我真喜之不胜，而伊则面上竟无现出特别的神情。伊那种不动声色对我的一瞥，使我觉得奇女子应有这样严重冷酷的态度！而使我觉得伊仍然是一个奇女子者，伊网篮内有一古斑的长剑。孤身女子，在这样荒凉的去处而能以长剑随身，我想竟然结得一位剑侠了。（张竞生《美的情感——"恨"》，《新文化》月刊 1927 年第一卷第三期）①

1923 年底，志同道合的张竞生与褚松雪互相吸引，遂同居。

三年以前，我们彼此的思想很接近，并且他是满怀不合时宜，我也抱一腔孤愤，而且又都是国民党的同志。他在北大教授中，是激烈分子，提倡"新武化"主义，主张"美的死法"，鼓励青年们要作壮烈的牺牲。我看他性情刚直，意志坚强，是个有为的青年，必能提携着同走革命的道路。（褚松雪：《与张竞生君脱离关系的经过》，原载《中央副刊》②1927 年 4 月 30 日）③

---

① 张培忠、肖玉华主编：《张竞生集》第二卷，生活·读书·新知三联书店 2021 年版，第 163 页。
② 《中央副刊》为武汉《中央日报》副刊。
③ 张培忠、肖玉华主编：《张竞生集》第二卷，生活·读书·新知三联书店 2021 年版，第 167 页。

民国十三年（1924） 36 岁

1 月 16 日、17 日、26 日，《北京大学日刊》第 1387 期、1388 期、1396 期刊登了张竞生拟定的《北大风俗调查会征集各地关于旧历新年风俗物品之说明》[①]（写于 1924 年正月十四日 [②]）。

我们相信调查的事业要一点一滴的做起。我们相信风俗调查的事业，记述以外，要从物品的搜罗做起，然后才能得到好多的材料来研究。我们相信关于物品的搜罗，一定是受研究社会学、民俗学、心理学，……种种学者所渴望，而且乐于帮助的。

现在旧历新年快到，我们想借这个机会，开始征集物品。在这个机会上，我们预计最重要的收集是各地的"神纸"。"神纸"就是"纸马"。这东西，我们全国各地都有。我们民族的大部分到了新年有两件事：一件是吃着玩着，另一件是敬神。他们的神，画在这"纸马"上，形状不一；我们可以从它颜色形容上推想出我们民族所崇拜的"神"是什么东西，是怎么回事；最重要的，还在各地的异同研究各地人民思想和心理。

我们同时要收集的便是"春联"，"红笺"（桃符的蜕相），花纸，即北京之"年画"（如街上的画棚子和串胡同吆喝的"画咧，卖画儿！"），灯笼画，冬青，柏枝……"春联"的词句，某地最通行或特用的是什么，或是某地某种人家最通行或特用的是什么，都要每种有一二件实物（或不能得到实物则请另纸把它写出也可）。

[①] 这份《说明》，后来还陆续在《北京大学研究所国学门周刊》1925 年第 1 卷第 10 期、《京报副刊》1925 年第 28 期、《北京大学研究所国学门月刊》1927 年第 1 卷刊登。

[②] 此处的"正月十四日"，应该是公历元月十四日。

　　我们希望学校内外诸位先生为我们到家乡去搜罗一下，惠寄敝会！到那时，把全国各地的"神纸"和一切关于新年的风俗的东西都聚集在一起，陈列起来，真是一件有趣味而且有意义的事呵！至于物品价值的偿还，我们也是很愿意的；诸位先生愿意捐赠，我们更是欢迎感谢的！

　　我们的精力财力都很单薄，满想办成一个"风俗陈列馆"总难实现；现在热烈的希望诸位先生帮助；凡是各地的服饰、器具，……一切关于风俗的特别物品，都请见赐，尤愿得有详细的说明，假使那东西太大或太重，能为我们制成模型，或是摄成影片（最好照成正、背、左右两侧多面的），就再好没有了！各种物品，有些需缴代价的，我们只要能力所及，总可收纳；但请先行通知，商量一下。这是我们长期的要求于诸位先生的。我们更热烈的（希望）诸位先生，在这最近期间内帮助我们特别的部分的征集成功！

　　　　民国十三年正月十四日国立北京大学研究所国学门 ①

　　这次征集活动，历时半年多，收获颇丰，其中包括调查表 64 份，"神纸" 580 件，花纸 151 件。

　　2 月 16 日，《晨报》第二版刊登张竞生、李大钊、蒋梦麟、胡适、周作人、郁达夫等 47 位北大教授联名发表的《国人力促恢复中俄邦交——北大四十七教授之公函》(此函写于 1924 年 2 月 15 日)。2 月 18 日，上海《申报》第 11 版以《北大教授请复中俄邦交》为题再次发表此函。

　　3 月初，张竞生在北京大学发起组织成立"审美学社"。3 月 2 日《晨

---

① 张培忠、肖玉华主编：《张竞生集》第九卷，生活·读书·新知三联书店 2021 年版，第 21—22 页。

报副刊》第3—4页、3月8日《北京大学日刊》第1414期第3页分别刊登《"审美学社"启事》。关于成立"审美学社"的初衷，他在《启事》中说道：

> 我国这样的社会丑极臭极了！我人生活无聊极和痛苦极了！物质与精神都无新建设，腐败的旧势力还是依然膨胀！挂招牌的新文化呢，也不过是一些萎靡不振的中国式人生观，和那滑头滑脑的欧美式学说，一齐来欺骗诱惑我们可爱的青年！我们极不愿使这些怪现象继续生存下去，遂想建立这个"审美学社"。一面，注重"美的人生观"，一面，编辑有系统的"美的学说"和提倡各种"美的生活"……①

张竞生"将这些美的观念从研究便当上分析起来，得了数条细目"，而"这些细目原是属于一个'整个的美'，本来不能分开，不必分开，也不可分开的"：

（一）美的衣食住

（二）美的体育

（三）美的职业

（四）美的科学

（五）美的艺术

（六）美的性育

（七）美的娱乐

（八）美的人生观②

---

① 张培忠、肖玉华主编：《张竞生集》第九卷，生活·读书·新知三联书店2021年版，第242页。

② 张培忠、肖玉华主编：《张竞生集》第九卷，生活·读书·新知三联书店2021年版，第26页。

这则《启事》，被视为张竞生美学观念的总纲，也是他考察人生与社会的初步心得。

3月15日，张竞生与李大钊、胡适等60位北京大学教授因教育部所制定的国立大学条例一事联名致函校长蔡元培，着重对在包括北京大学在内的国立大学校设立董事会提出反对意见，函请校长向教育部严重交涉，根本取消。17日，《北京大学日刊》第1421号刊登这份北大教授致校长公函。

5月15日，北京大学研究所国学门风俗调查会召开会议，议题是审查调查会简章。

此后，张竞生组织老师并指导学生开展"北京风俗"的调查，其中以1925年4月30日至5月2日对北京城外妙峰山进香风俗的调查最具影响。这是中国现代民俗学史上第一次有组织、有目的、有计划的专项田野调查。调查组成员包括顾颉刚①、容庚②、容肇祖③、庄尚严④、孙伏园⑤五人。其后五人分别撰文将调查成果在《京报副刊》1925年5月13

---

① 顾颉刚（1893—1980），名诵坤，字铭坚，号颉刚，江苏苏州人。历史学家、民俗学家，古史辨学派创始人。

② 容庚（1894—1983），原名容肇庚，字希白，号颂斋，广东东莞人。1922年，经罗振玉介绍入北京大学研究所国学门读研究生，毕业后历任燕京大学教授、岭南大学中文系教授兼系主任、中山大学中文系教授等，古文字学家、考古学家。

③ 容肇祖（1897—1994），字元胎，广东东莞人，容庚的三弟。1922年考入北京大学哲学系。历史学家、民俗学家。

④ 庄尚严（1899—1980，一说1985），原名庄严，字尚严，号慕陵、默如等，河北大兴人，出生于吉林长春。1920年考入北京大学哲学系。曾任台北故宫博物院副院长。文物学家、书法家。

⑤ 孙伏园（1894—1966），原名福源，字养泉，浙江绍兴人。现代散文家、编辑。

日至 8 月 27 日间 "妙峰山进香专号" 刊载（第 147 号、157 号、163 号、171 号、210 号、251 号），共计六期。顾颉刚在第一期的《引言》中道：

> 这一次，我们五人，承北京大学研究所国学门风俗会的嘱托，到妙峰山调查进香的风俗。从阴历四月初八至初十，去了三天，得到的材料很不少。（《京报副刊》1925 年 5 月 13 日第 147 号）

对于这次田野调查，正如张培忠所言：

> 风俗调查会组织的这次妙峰山调查，是我国早期民俗学和民间文艺学研究，从书本走向实际，从单一探索走向综合研究的关键一步，对于中国民俗学的建设，具有重要的开创性意义，标志着中国民俗学的发展进入了一个自觉的崭新的阶段。如果说顾颉刚是这次调查的灵魂人物，张竞生则是这次调查的领军人物。①

5 月底，张竞生的讲义《美的人生观》作为北京大学哲学系教材印行。全书共四章，具体章节如下：

导言

第一章

　总论

　第一节　美的衣食住

　第二节　美的体育

　第三节　美的职业，美的科学，美的艺术

　第四节　美的性育，美的娱乐

第二章

　总论

---

① 张培忠：《文妖与先知——张竞生传》，生活·读书·新知三联书店 2008 年版，第 308 页。

第一节　美的思想

第二节　极端的情感，智慧，志愿

第三节　美的宇宙观

结论

5 月 27 日、28 日《北京大学日刊》第 1787、1788 期刊有《张竞生启事》：

> 我的《美的人生观》讲义，定于本星期内出完，希望考《行为论》诸君，取做参考书用。
>
> 五月二十六日 ①

7 月 5 日，《晨报副刊》发表李溶②的《评张竞生先生〈美的人生观〉》（写于 1924 年 6 月 25 日）。文章说："（我）觉得该书中所说的话实在是太神秘，太支离，根本上已经错误，毫无科学的根据。"并列举《美的人生观》中的几点问题予以批评。

8 月 27 日，《晨报副刊》（第三、四版）发表周作人的《沟沿通信之二》（署名开明，写于 8 月 25 日），对张竞生《美的人生观》中"美的性育"项下的"神交法"提出质疑：

> 张先生的著作上所最可佩服的是他的大胆，在中国这病理的道学社会里高揭美的衣食住以至娱乐等的旗帜，大声叱咤，这是何等痛快的事。但是有些地方未免太玄学的，如"内食法"已有李溶君批评过，可以不说，我所觉得古怪的是"美的性育"项下的"神交法"，张先生说，"性育的真义不在其泄精而在其发泄人身内无穷的

---

① 张培忠、肖玉华主编：《张竞生集》第九卷，生活·读书·新知三联书店 2021 年版，第 28 页。

② 李溶，浙江兰溪人，时为北京大学教育系学生。

情愫"。这是他所以提倡神交的理由，其实这种思想"古已有之"。《素女经》述彭祖之言曰："夫精出则身体怠倦，耳苦嘈嘈，目苦欲眠，喉咽干枯，骨节解堕，虽复暂快，终于不乐也。"《楼炭经》云"夜摩天上，喜相抱持，或但执手，而为究竟"，进至他化自在天则"但闻语声，或闻香气，即为究竟"，把这两段话连起来，就可以作张先生的主张的注解。神交法中的"意通"是他化天的办法，"情玩"是夜摩天的，即使降而为形交也当为忉利天的，再其次才是人的。这是张先生所定的两性关系的等级，在我看来那"天"的办法总是太玄虚一点了。①

不过，周作人从整体上还是比较肯定《美的人生观》。文章说道："总之张先生这部书很值得一读。里面含有不少很好的意思，文章上又时时看出著者的诗人的天分，使我们读了觉得痛快。"

褚松雪与张竞生同居两三个月之后，因生活矛盾等问题，褚松雪离家出走。不久之后发现身怀有孕，是年秋她又回到张竞生身边，两人重新言归于好。

当这位女士离开我时，我初则以为过失在我，每想及此，总是对她这次的决绝抱了无穷的苦恼。

好了，有一晚，仆人通知我有一位女客在客厅待我，我从楼上下来，使我惊喜出天外，原来就是她！

她冷淡地对我说，此来是解决她腹内的胎儿问题，或许我有意保存，或者由她打下。我劝慰她，说我先前的错误与别离后的相思，我恳求她继续旧缘。到后，她要求我二条件：一是同居；二是我须

---

① 张培忠、肖玉华主编：《张竞生集》第十卷，生活·读书·新知三联书店2021年版，第139页。

与家中结发妻离婚。我就即刻答应了。窥她意思或许有第三条件是彼此结婚。但她是不肯出口的，况且她对她先前的丈夫尚未经过离婚的手续。(《浮生漫谈·怀念情人》) ①

不久，张竞生与褚松雪举办了婚礼 ②，并租住在北京什刹海 18 号。

10 月 23 日，冯玉祥发动"北京政变"，囚禁曹锟，改组内阁，并电邀孙中山入京主持国家大计。

同日，张竞生与褚松雪的儿子张应杰出生。

我们就同住在什刹海旁边，当冯玉祥军队入北京这一日，我们的小孩也就出世了。我往后，又再租一小屋居住，她们母子时来聚餐，我也时常到她们那边去。那样分居在我意或许增加彼此的情趣，就这样极和气地住了一年余。中间也曾经到哈尔滨去避暑。(《浮生漫谈·怀念情人》) ③

11 月 5 日，废帝溥仪被逐出紫禁城。

11 月 10 日，孙中山发表《北上宣言》。

是年，张竞生与褚松雪曾联袂到天津向学校中的大专生演讲，张竞生演讲的题目是《冒险的美趣与快乐》，褚松雪演讲的题目是《离婚问题》。

---

① 张培忠、肖玉华主编：《张竞生集》第五卷，生活·读书·新知三联书店 2021 年版，第 80 页。
② 根据张竞生后来在美的书店的同事与友人彭兆良的记叙，张竞生与褚松雪确实举办了婚礼。不过，张竞生在后来写的半自传体的回忆录等文章中，一直称褚为其"情人""情妇"，似乎并未正式在公开场合和文字中承认褚松雪为其妻子，可见二人之婚变在张竞生心中阴影之重。
③ 张培忠、肖玉华主编：《张竞生集》第五卷，生活·读书·新知三联书店 2021 年版，第 80 页。

民国十四年（1925） 37 岁

1 月 4 日，《京报副刊》头版头条刊登消息：

一九二五新年

本刊之二大征求

青年爱读书十部

青年必读书十部

或许是应主编孙伏园的函约，不少名家诸如胡适之、汪精卫、沈兼士、周建人、顾颉刚等人都予以响应，其中包括张竞生。

2 月 27 日，《京报副刊》第 73 号刊登张竞生所选"青年必读书目"：

（1）建国方略（孙中山著）

（2）红楼梦

（3）桃花扇

（4）美的人生观（张竞生著）（夸口夸口，玩笑玩笑!）

以下六本为译本，能读原文最好：

（5）科学大纲（英丹森著）①

（6）创化论（法柏格森著）②

---

① 《科学大纲》（*Outline of Science*），英国著名生物学家、博物学家兼科普作家约翰·阿瑟·汤姆生（John Arthur Thomson，1861—1933）爵士主编的四大本科普巨著。汉译《科学大纲》第一、二册由商务印书馆于 1923 年 4 月出版（并分别于当年 10 月、次年 3 月再版），第三、四册于 1923 年 10 月、1924 年 1 月陆续面世，后作为"汉译世界名著丛书"之一于 1930 年编入《万有文库》第一集，分订为 14 册，译者包括任鸿隽、竺可桢、胡先骕等 22 人。

② 《创化论》，即《创造进化论》，法国哲学家亨利·柏格森（Henri Bergson，1859—1941）所作。最早的中文译本为张东荪根据美国密启尔的英译本所翻译，商务印书馆 1919 年 10 月出版。

（7）结婚的爱（斯妥布士著）①

（8）相对论浅说（爱斯坦著）②

（9）社会问题详解（共学社出版）③

（10）互助论（克鲁泡特金著）④

从 1 月 14 日起，至 1 月 21 日止，《京报副刊》分 7 期陆续刊登张竞生《美的人生观》中的《美的思想》篇，具体如下：

1 月 14 日第 30 号，《〈美的人生观〉后序——并答周作人诸先生》

1 月 15 日第 31 号，《美的思想（续）——〈美的人生观〉第二篇第一节》（未完）

1 月 16 日第 32 号，《美的思想（续）——〈美的人生观〉第二篇第一节》（未完）

1 月 17 日第 33 号，《美的思想（续）——〈美的人生观〉第二

---

① 在张竞生的译法中，斯妥布士译为司托泼夫人，即玛丽·司托泼（Marie Stopes，或译为玛丽·斯托普斯，1880—1958），原名为玛丽·查罗蒂·卡密查尔·司托泼（Marie Charlotte Carmichael Stopes），植物学博士，英国节制生育的首倡者，与其丈夫于 1921 年在伦敦创建首个节制生育诊所。《结婚的爱》（*Married Love*）较早的中文译本为胡仲特译，开明书店 1924 年出版。

② 即阿尔伯特·爱因斯坦（Albert Einstein，1879—1955），德国犹太裔物理学家。

③《社会问题详解》是日本社会思想家、国家社会主义的倡导者高畠素之（1886—1928）的著作。最早的中译本是盟西译，上海共学社 1921 年 4 月出版。

④ 克鲁泡特金（1842—1921），俄国地理学家、无政府主义运动的最高精神领袖和理论家。《互助论》是克鲁泡特金用无政府主义观点写成的一部社会发展史，1902 年发表。书名全译是《互助：一个进化的因素》。最早的中文译本为周佛海翻译，商务印书馆 1919 年 12 月出版。

篇第一节》（未完）

　　1月18日第34号，《美的思想（续）——〈美的人生观〉第二篇第一节》（未完）

　　1月20日第36号，《美的思想（续）——〈美的人生观〉之一节》（未完）

　　1月21日第37号，《美的思想（续）——〈美的人生观〉之一节》

　　2月3日，张竞生在《京报副刊》第50号发表《山格夫人来信》。这是张竞生将山格夫人的来信翻译成中文，并发表了由此引发的个人对制育问题的一些感想。

　　2月9日，《京报副刊》第56号刊登张竞生的《再谈制育》。此文是针对1925年2月5日《京报副刊》第52号上发表的署名砲砲的文章《制育的理论与实际》而作，文章强调他此前所说的制育并非绝育，"凡肯制育者多用了避孕的方法，虽有时偶然生育，其终身结果总不会超过所预期的数目，比不制育时的必然生育数终是较少，这个即是达到制育的目的了"。

　　3月12日，孙中山在北京逝世。

　　5月1日，张竞生作为北京大学代表出席在北京召开的国民会议促成会。

　　是年，国民军首领冯玉祥、胡景翼、孙岳电请孙中山北上。中国共产党向孙中山建议，发表北上宣言，正式提出打倒军阀及军阀所依存的帝国主义，并提出"开国民会议，取消不平等条约"两大主张。但段祺瑞先到北京，张作霖拥段为临时执政。段只主张开官僚政客式的善后会议，反对召开国民会议。……不幸在筹备召开期间，孙中山逝世。但该会终于1925年5月1日在北京开成。出席者为工、农、商、学、民众团体、各党派代表、各大学代表和华侨代表等，共到会170余人。中共代表李大钊……国民党代表汪兆铭……北京大学张竞生、顾孟余……（详见山西大学《中共党史名词解释》编写小组编：《中国共产党历史名词解释》上册，1980年10月，第35—36页）

5月，张竞生的讲义《美的人生观》作为"审美丛书"之一由北京大学印刷课代印出版。全书共二章七节，8万余字。其目录如下：

导言

第一章

　　总论

　　第一节　美的衣食住

　　第二节　美的体育

　　第三节　美的职业，美的科学，美的艺术

　　第四节　美的性育，美的娱乐

第二章

　　总论

　　第一节　美的思想

　　第二节　极端的情感，智慧，志愿

　　第三节　美的宇宙观

结论

6月11日，张竞生在《晨报》第2253号第6版"时论"栏目发表《对梁启超先生提案的修改及我的作战计划》（写于1925年6月10日）。此文是针对梁启超《我们该怎样应付上海惨杀事件？》（刊载于《晨报》1925年6月10日）而写的。针对梁启超所说"若在上海以外各租界各自和英人宣战，在他们可以说罚不当其罪，在我们则势分力薄，倒反会把上海松劲了"，张竞生从"对外宣传"和"对内宣传"两个方面提出了他个人的作战计划。

7月1日，中华民国国民政府在广州成立（1925年7月1日—1926年12月5日也称为广州国民政府时期），汪精卫任国民政府主席。

从9月4日开始，至10月31日止，《京报副刊》陆续分30期刊登了张竞生《美的社会组织法》各个篇章，具体时间和章节如下：

9月4日，第259号，《情爱与美趣的社会——〈美的社会组织法〉导言》（未完）

9月5日，第260号，《情爱与美趣的社会（二）》（未完）

9月6日，第261号，《情爱与美趣的社会（二）三　婚外制（续）》

9月7日，第262号，《情爱与美趣的社会（三）三　婚外制》（未完）

9月8日，第263号，《情爱与美趣的社会（四）三　婚外制》（未完）

9月9日，第264号，《情爱与美趣的社会（五）三　婚外制（续）》

9月10日，第265号，《情爱与美趣的社会（六）四　新女性中心论》（未完）

9月11日，第266号，《情爱与美趣的社会（七）四　新女性中心论（续）》

9月14日，第269号，《爱与美的信仰和崇拜——〈美的社会组织法〉第二章》

9月15日，第270号，《爱与美的信仰和崇拜·二　诸种赛会（续）》

9月16日，第271号，《爱与美的信仰和崇拜·二　诸种赛会》（未完）

9月26日，第281号，《美治政策——美的社会组织法第三章》（未完）

9月28日，第283号，《美治政策》

9月29日，第284号，《美治政策（2）工程部——美的北京》（未完）

9月30日，第285号，《美治政策（2）工程部——美的北京（续）》

10月8日，第292号，《美治政策（3）教育与艺术部》（未完）

10月9日，第293号，《美治政策（3）教育与艺术部（续）》

10月10日，第294号，《美的国庆节》

10月13日，第296号，《美治政策（4）游艺部》（未完）

10月14日，第297号，《美治政策（4）游艺部（续）》

10月15日，第298号，《美治政策（5）纠仪部》（未完）

10月16日，第299号，《美治政策（5）纠仪部》（未完）

10月17日，第300号，《美治政策（5）纠仪部（续）》

10月23日，第306号，《美治政策（6）交际部》（未完）

10月24日，第307号，《美治政策（6）交际部（续）》

10月25日，第308号，《美治政策（7）实业与理财部》（未完）

10月27日，第310号，《美治政策（7）实业与理财部（续）》

10月29日，第312号，《美治政策（8）交通与游历部》（未完）

10月30日，第313号，《美治政策（8）交通与游历部（续）》（未完）

10月31日，第314号，《美治政策（8）交通与游历部（续）》

9 月 24 日，《京报副刊》刊登孙伏园的《评〈美的人生观〉》(署名伏园)，表达对张竞生的《美的人生观》一书以及张竞生所做工作的肯定。

> 凡读过张先生著作的，我想不但是我，即使平时无论如何消极的人，也会一变而为兴致勃勃的罢。这个原故是极容易明了的：现在论坛上大抵是盛气的批评、冷酷的指摘，不追求原因而但激于目前罪恶所迸发出来的谩骂；如果有人骂，把批评、指摘、谩骂这些工作让与别人去做，自己却省下功夫来，从事于十年以后，百年以后，乃至千年以后的大计划，所说的话都是建设的、积极的、引导的；这个人所应受的报酬如果不是盛大的欢迎，试用该是什么呢？
>
> 混在龌龊的现在中而不愿自拔的人不用说了；不满足于现在而愿有所作为的，大抵只有三条路可走：第一是迷恋往古，第二是毁坏现状，第三是建设方来。迷恋往古的或者不是全无好心，但是这种极少数的人，这样少数又转辗被摧残损害，所余的真是有限得很了。张先生是代表这三派的人。对于他的《美的人生观》，我只有一句批评，就是代表这三派的工作的开始。①

10 月，《美的社会组织法》作为讲义在北京大学陆续印行完毕。全书共四章，约 9 万字。具体章节如下：

导言

第一章

　情爱与美趣的社会

　情人制

---

① 张培忠、肖玉华主编：《张竞生集》第十卷，生活·读书·新知三联书店 2021 年版，第 154 页。

外婚制

新女性中心论

第二章

爱与美的信仰和崇拜

附 美的国庆节

第三章

美治政策

附 组织全国旅行团计划书

第四章

极端公道与极端自由的组织法

结论

附 中国妇女眼前问题

11月7日、9日,《北京大学日刊》第1801、1802期连续刊登张竞生的《"壮游旅行团"启事》(写于1925年11月6日),号召大家加入"壮游旅行团"。张竞生称:

求学问最要与最切实的方法就是"身到"。身到,则一切俱到了,身不到,则一切俱不到,最多仅能领略些模糊恍惚之状而已。真的,旅行第一的利益就是身到;其次,他身所接触到的为"大自然"的真学问。此外,他尚可以得到三项的利益和乐趣。

(1)由旅行可以得到健康……

(2)由旅行可以得到美趣……

(3)由旅行可以得到情感……①

---

① 张培忠、肖玉华主编:《张竞生集》第九卷,生活·读书·新知三联书店2021年版,第35页。

11月9日，晚八时，"壮游团"在北京大学第一院召开成立大会，与会者六十余人，大会推选张竞生为主席。

11月12日，《北京大学日刊》第1805期发布《壮游团成立通告》：

本团于本月九日晚八时假北大第一院三十八教室开成立大会，到会者计有六十余人，公推张竞生先生为主席，讨论简章六条如下：

（一）名称——本团定名为壮游团

（二）宗旨——本团以强健身体提高美趣为宗旨

（三）团员——凡赞成本团宗旨者得加入为本团团员

（四）组织——本团设团长一人，文牍会计庶务各二人，办理本团一切事宜，于每学期之始开大会公举之

（五）团费——每次旅费多少临时由会计酌定通知缴纳

（六）团址——本团团址首设北京大学哲学系同学会会所

附则——本团简章有不适宜处得由大会修正之

简章议定后，遂公举张竞生为团长，乌以峰、赖道纯二君为文牍，毛坤、林树松二君为会计，温克威、张家鼎二君为庶务，并筹备第一次壮游事宜。九时半遂散会。①

11月13日，《北京大学日刊》第1806期发布《壮游团启事》，定于15日作第一次壮游之举，地点为北京西山。

11月13日、14日，《京报副刊》第327、328号连续两天刊登了张竞生的《"壮游团"启事》（即在《北京大学日刊》上刊登的《"壮游旅行团"启事》，落款时间为1925年11月11日）。

11月25日，《北京大学日刊》第1816期发布了张竞生撰写的《壮

---

① 张培忠、肖玉华主编：《张竞生集》第九卷，生活·读书·新知三联书店2021年版，第36页。

游团往游圆明园启事》。全文如下：

> 在这个破碎荒园之内，可以见到那些恍惚近似古希腊的残基，断址，折柱与败垣。在这个冷风□□，弱阳衰黄之时，故宫遗迹，往事重忆，更引起人万分感动凄凉。在这个大平原中，墙篱与池围的旧迹隐约尚存，境象清白，气魄尤现伟大，使我们游后，同时自然起了把这座旧时名园改为将来"国校"的希望。
>
> 朋友们来与我们同游吧！此园有诗料，史材，图案与建筑物，可以歌，可以泣，可以起舞，可以努力兴起建设的热情。我们带些冷食：就在园内最美趣的"西洋楼"内野餐，能有酒醉也无，鲸饮一番更痛快煞人也么哥！游期定为本星期日即二十九号早八点在西直门外，"直颐汽车处"等齐，坐汽车到海甸西头转赴。游园后有暇并到左近"清华学校"参观。此行费用甚省，晚可步行十二里入德胜门。①

12 月 10 日，《京报副刊》第 353 号刊登了张竞生的《快救东省》，后并附有孙伏园按语。针对日本增兵东三省，张竞生呼吁："好国民！有血性的国民！危险的时期到了！各人当做应该做的事，决心到东省去，与日本人决一胜负，使他们知我国尚有人，不全是张作霖时代的东三省顺民。若他年辽鹤归去，城郭依然，人民无恙，则今日为东省尽力，即为全国尽力，也即为亚洲的和平尽力！"

12 月 24 日，《北京大学日刊》第 1841 期发布了张竞生撰写的《壮游团前海溜冰会》。文章内容如次：

> 他们先皇陛下的荷塘，平民化后叫做前什刹海者，现在看（来）

---

① 张培忠、肖玉华主编：《张竞生集》第九卷，生活·读书·新知三联书店 2021 年版，第 38 页。

"冰化"了，一片白茫茫的冰洋，周围老柳肃肃如侍卫拱护，只是那夕阳红光返照，万道金线从冰面涌起四出折射，使这个灰色世界，冷酷冬气，变成为极乐的消遣场；吐气地，欢喜天，同时又逗起我们溜冰的兴趣了。更堪美的是月明星辉，寒夜迢迢，人类似已死完了，我们三五成排作广寒宫里仙人跳舞状，其美趣与乐况更不能以笔墨形容，惟有身当其地者才知个中人滋味！现在这海的北沿十八号藏有中西式冰鞋四双，星期一与五，下午二时起可以借用，夜会临时约定。凡不会溜者学习二三次定能阔步，如婴儿初学行时一样的可乐。①

民国十五年（1926）　38 岁

1 月 5 日，张竞生的《介绍一个大问题——男女关系》发表于《京报副刊》第 375 号。此文是针对美国来华的青年和平运动代表韩德先生（Mr A. Hunter）在北大第三院公开讲演一个"男女关系问题"所作的阐发，希望能够"今请从我们起始吧！把性一问题，从生理、心理及社会三方面好好地做有系统的研究。这是我们要实在享用性的高尚生活不可少的必备"。

1 月 19 日、20 日、21 日，《北京大学日刊》第 1801、1802、1803 期上发布《壮游团启事》，号召团员购置冰鞋，学习溜冰。

2 月 2 日，临近寒假，张竞生在《京报副刊》第 403 号第 6—7 页上刊登性史征文启事：《一个寒假的最好消遣法——代"优种社"同人启事》。

---

① 张培忠、肖玉华主编：《张竞生集》第九卷，生活·读书·新知三联书店 2021 年版，第 40 页。

一个寒假的最好消遣法

——代"优种社"同人启事

张竞生

阴惨惨的天气，虎虎虎的北风刮得人心冷胆寒！校课不用上，闲来愈觉得无聊赖。市场戏园跑一遭儿，情绪更纷乱，常常因此触景而悲伤。青年的悲哀！悲哀的青年如流水，一去不复回！悲哀！无伴侣的悲哀，有伴侣的也不得意而起了悲哀！

劝君莫悲哀，诸君采用下头的消遣法，即把笔提起来，详详细细写你个人的"性史"，做起一个有系统的记述，包管你打破个郁闷的年关。

你竭力记起几岁时头一次知道两性的分别，其时的情况如何？仅仅觉得一个虚泛的念头，或感到一个需要的安慰？只凭妄想就算了，抑且有种种把戏的接洽？

你几岁春情发生？精几时有？月经何时来？初次的情状如何？之后又怎么样？那时对于异性什么心理？含羞吗？外拒而内迎吗？喜欢人谈婚姻与交媾的事情吗？

你曾手淫或别种"自淫"否（如用器具摩擦或以阴阳具摩擦外物）？何时起始？次数几多？怎么使你生了这个动作（或听别人说过，或看书刊起的，或不知不觉中发现，或因生殖器痛痒而按擦等）？结果于身体发生什么妨碍：头痛、眼昏、神惰、意怠、背酸软、神经刺激、交媾力不振作、阳萎、阴衰，诸如此类，以及记忆力减失、聪明与记忆力日衰等事，至少有无一件感觉到否？于手淫前后有无愧悔这件事情不应该做么？

你曾梦遗否？怎样梦遗法？似与人交，抑无因而至？遗精多少？每月次数多少？有定期否？梦遗与手淫有无关系（如不手淫就不免梦遗，梦遗了就不想手淫，或一经手淫就无梦遗，或手淫后更多梦遗之类）？你曾与同性（即男和男、女和女）恋爱过否？曾用阴阳具接触过否？又用什么方法接触？或仅看做一种精神的恋爱吗？你现在对于这个嗜好如何？此外还有别种方法接触？或仅看做一种精神的恋爱吗？你现在对于这个嗜好如何？此外还有别种变态的出精法吗？如与母鸡公狗交，如与……你喜欢用口或用手使对手人的生殖器出精吗？

你曾嫖妓否？如你是女人，曾否有过浪漫的性生活？曾受何种生殖器病？治疗状况如何？现在愈否？

你现在娶未？几岁婚娶？有子女也无？还曾用何种手续避孕否？未婚前及到现在曾否知道些"性教育"？看何种书？有什么实行？新婚时或与人初次交媾时的情况如何？

你算到今日曾与若干人交媾？无或和谁？请详细写出来。你一向的性量大小、兴趣厚薄、次数多少，请详细写出来。你喜欢哪样的交媾法？从春宫图看来，或由自己创造，详细写出来。与你交媾的对手人性欲状况、性好、性量、性趣等，请代为详细写出来。

以上所举不过略示其大概而已，尚望作者把自己的"性史"写得有色彩、有光芒、有诗家的滋味，有小说一样的兴趣与传奇一般的动人。但事情当求真实不可杜撰，因这是科学研究。

至于这个征求的本意，不是与人开玩笑，也不是使人白献丑，更不是诲淫与伤什么风、败什么俗。不！不不不！这个征求有三个大好结果的希望。

第一，"为学问而学问"，性的学问比什么学问都重要。这个学问弄好了，人类所得到的利益当然不可胜数。我们这个征求，即为供给这个"性学问"的材料，以便达到这个学问的成立。大家对于这个学问的贡献，都有一份的义务，自然说不着白献丑、开玩笑那些事了。

第二，我们希望各人的"性史"来集一块，使各人一看，当然龙颜不免大惊，或且凤脸更加大喜，以为自己改良警策的张本。故我们这样征求，不是诲淫，乃是引导人入于"性的正轨"。

第三，各人对性有什么缺陷处，如心理方面、生理方面或习惯方面的种种变态。我们希望从"心理分析法"的解释，及卫生学的救治，并及各种"好习惯"的养成，务使失恋者、性病态者、要得一个好伴侣者、对于性不满足的夫妻者、要避孕者或要生子者，诸种人皆得了一个满足的效果。这是移风易俗最大的关键与人类得到好行为最重要的方法。

来！来！来！给我们一个详细而且详实的性史，我们就给你一个关于你一生性的最幸福的答案。你给我们的材料，我们给你方法两相益，两勿相忘！

注一：应征的发念已在数年前。那时恐怕道学家的势力太大了，所以待得今日才发表，或者尚不免得开罪许多人。

注二：应征求者切要写明男或女、年岁、籍贯、职业、通讯处。姓名真假听便，纵写真名，我们决定代为秘密，当用假名传出。

注三：我们谨问有些人能同我们合译 Havelock Ellis 所著的《性心理》[①] 六大部书否？

暂时通讯处：北京——北京大学收发科，转张竞生 [②]

2 月 8 日，《京报副刊》第 409 号刊登江波的《对于〈一个寒假的最好消遣法〉的疑点与妄度》与张竞生的回应文字。

---

① 全名为 Henry Havelock Ellis（1859—1939），一译埃利斯，又译霭理斯，英国科学家、思想家、作家、文艺评论家。著作涉及多个学科，其代表作有七大卷的《性心理学研究录》《性心理学》等，对 20 世纪中国性教育思想家有深刻影响。

② 张培忠、肖玉华主编：《张竞生集》第三卷，生活·读书·新知三联书店 2021 年版，第 1—3 页。

2月22日，《京报副刊》第423号刊登《征求性史的讨论》，包括署名"行者"与金满成致张竞生的信以及张竞生的回应文字。"行者"在信中向张竞生提出"不知你取到吾们的作品以后，是发表作公开的研究的呢？或是作私人秘密的研究的呢？"的疑问；张竞生答复曰："'性史'的稿子，当然应公开研究。不过我想由我们整理后才发表，希望得到一个较有系统的效果。"金满城则在信中表达自曝性史的勇气："以我不怕我现有的爱人见此便与我翻脸，我终于毅然决然写了这篇东西。一切革命的事业，不用几个很胆大的，破除社会上一切传统的成见的人作先锋是不行的。竞生先生，是我，——真名真姓的金满成——先你自己当众宣示他的性史之一部分了！多么荣耀阿！"张竞生在答复中表示对金满城的高度肯定。

2月27日，《京报副刊》第428号发表张竞生的《两件较大的答案》，以回应社会上对自己的诸多批评，一是关于"疯子"的问题："究竟这个疯人是谁？原来就是我！我闻地球许多地方要陷害一个人，就硬诬他是疯子，我不幸竟在中国亲尝这个滋味，虽然，我有时聊自宽慰说：'其疯不可及也。'但有什么方法使人不疑我为疯呢？使人信我的疯胜于彼不疯的万万倍呢？可是我真不疯吗？我有满腔热情，使寡情者惊，无情者怒。我是情感派，喜欢说话，且所说的皆实话，不肯如世人的戴一副假面具，心口不相应。我嘴太快，喜议人短长。况兼疾恶如仇，以致常不能容人。又我理想常过高，实行常过猛。既不能奉承人，也不愿人奉承我。这些皆是我受疯名的因由。呜呼，我其终于疯乎！"一是关于《美的社会组织法》印刷、钉装，及纸张不美的问题①："依我偏见，我们

---

① 1926年2月27日，《京报副刊》刊登刘邓安的《一个极小的问题》，指出："这部《美的社会组织法》虽然内容美不胜收，而这书的印刷、装订、纸张实在说不上美，这好像和张先生的主张不很符合罢？"故张竞生有此回应。

应少印美装的书，而当多印平装的书为相宜。（1）因平装也能使书美，洁白的报纸印刷得整齐，使人一见如晤对乡下美女，虽无锦罗脂粉也觉得天真可爱了。（2）价钱便宜易于普及。这层关系不少，现时书价太贵，买书一事变为奢侈品，以致爱书者不能多购，不爱书者自然自以为不必购。由此生出二层极坏的结果：一面使思想不能随出版物的便利去广布，一面则书贾虽因居奇得重利，但究竟因书价太贵了，售路不好终致生意萧条不能推广其营业，而社会上转受买书不便当的痛苦。故我极祷祝今后私人印书者切勿喜美装，俟其书在社会上确有相当的位置后才用美版和盛装未迟。若论书贾方面，我想应由政府取缔其一切平装的出版物的价目使依一定的市价出卖，不得擅定高价以取利。如此人人买的【得】起好书。欢喜书者又得尽量购取。书贾方面虽取利薄，但得多卖，其结果与厚利而少卖同样有益可取。此外，如有一种艺术及专门的书籍只为一班阔人及特别阶级看，则无妨精版与重价。"

3月7日，《京报副刊》第431号刊登白苹致张竞生书信《对于征求性史的忧虑》①以及张竞生的《答白苹先生》。白苹信中建议张竞生应该特别鼓励女性把虚伪的羞耻丢开，踊跃加入这次性史的征求，与男性合力来建造一座完全的灯塔。张竞生答复道：

> 女子们不是天生来就有虚伪的羞耻，不过受了男子的压迫，遂使伊们心内最喜欢的事，口中常最不肯说出来。可是你应记得"沉静猫，抓破橱"，伊们外面虽种种假作态，底里实是一团热火烧到丹田通通红了。您若知道此中苦楚，就即了然女子们不肯来与我们合作，究竟是我们男子的罪过。我们男子见了稍大胆的女子就

① 此文收录于张培忠、肖玉华主编：《张竞生集》第三卷，生活·读书·新知三联书店2021年版，第6页。

疑伊有私意了。若伊们唧唧哝哝向我们说情话，谈性史，不被人们疑为疯，便被诬为大逆不道了。所以我们这次的征求，结果如果女子不肯来凑趣，其过不在女子的自身，乃在社会的太看女子不是人！①

3月10日，上海《新女性》杂志第一卷第三期上发表了署名慨士的《什么是神交——评〈美的人生观〉》（写于1926年1月1日），对张竞生《美的人生观》中所说的诸如"神交法""避孕法"等进行探讨与质疑。

3月18日，北京发生"三一八"惨案。

3月28日，《京报副刊》第452号刊登褚松雪的《哭死难诸女烈士》，署名松雪。

4月10日，《新女性》杂志第一卷第四期刊登张竞生的《三点声明》（写于3月5日），作为对于《什么是神交——评〈美的人生观〉》（署名慨士）一文的回应：

> 第一应声明的，"神交"之评，慨君所说的与前周作人先生的相似，我既已在本书序文上答复，现在似无重赘的必要了。可是尚有二事的补足：（1）不才学识窄狭，当草本书时，所谓夜摩天、他化自在天等旧说，并未闻见。实则，我写我"自己天"而已。这个自己天竟与《如起世经》的诸天相合，真是出我"意表之外"了。但自问不敢掠人之美为己有，更不敢如慨君所说："换了一副面孔说出来罢了！"（2）在本书上，我随处留意"灵肉一致"，一面神交，一面自然可以交媾，不过我想泄精愈少愈好，而要于不泄精中得到性欲的满足，我想惟有用我的"神交法"而已。

---

① 张培忠、肖玉华主编：《张竞生集》第三卷，生活·读书·新知三联书店2021年版，第7页。

第二点的声明：新优种学，即是以"胎儿本位"，及"肉体根本"为出发点，与旧的以精虫卵珠及精神的遗传性不相同，所以我说旧的（即 Galton 派）为有神秘性。至于我的优种学，乃是遗传与环境，精神与物质一致进行。我并无反对遗传，不过我看"遗传仅在形体，而不在其精神，仅在其行为的倾向，而不在思想的前定"。（同书五五页）精虫卵珠，也不过一种肉体，合成为胎儿，与胎儿期所得于母亲的物质聚起来，就叫做"先天"。这样先天的解释，才避免了神秘性。究竟，"生命"是什么？我将于拙著《美与男女关系》说及，同时也希望能够解释些优种的道理和方法。

第三点的声明：避孕法虽有数十种，但都是全靠人的艺术方法去应付，才有效力。我在《美的人生观》第二版上说明"用海绵球浸些薄醋"，当男子觉得将射精时才放入阴道，如此，海绵纵有孔，精虫被醋所困也无能为力了。自然海绵球以其质软及孔密者为佳，合赘于此。①

4 月，张竞生经过精心整理，从性史征文的二百多篇文章中遴选出七篇，结集为《性史》（第一集），最初由北京优种社出版②，书底不刊版权。具体目录如下：

序…………………………………………张竞生

我的性经验………………………………一舸女士 ③

---

① 张培忠、肖玉华主编：《张竞生集》第三卷，生活·读书·新知三联书店 2021 年版，第 108—109 页。

②《性史》是中国的第一部性学著作，但就目前所见，国内各大图书馆都无法找到其最早的版本。该书在被冷落了二十多年之后，于 1951 年被译成日文，1968 年又被译成英文，定名为《中国最早的现代性教育论述》。

③ 一舸女士，即褚松雪。

每一篇之后都有张竞生所写的针对性的按语，如关于"第三种水""如何协调夫妻双方性生活""手淫"以及如何避孕等问题的解读或说明。

在《性史·自序》中，张竞生言道：

> 我开头来学金圣叹批《西厢记》的口气，说这部《性史》不是淫书，若有人说它是淫书，此人后日定堕拔舌地狱。这部《性史》断断不是淫书，断断是科学与艺术的书。这个可以用许多事实来证明，岂是淫书？其中所指示的乃一切至美至善的方法！岂有淫书主张壮年男女每星期仅交媾一次就够了？岂有淫书反对种种不正当的交媾与非法的出精？②

关于出版《性史》的初衷，张竞生后来在《十年情场》中也有过阐述：

> 我当时是哲学博士，北京大学教授。在我未出《性史》之前，我已在社会上蜚声我的《爱情定则》与《美的人生观》了。就当时

---

① 江平，即金满成（1900—1971），四川峨眉人。文学翻译家，编辑。译著有《红百合》《剥削者》《金钱》等，曾编辑上海《民众日报》副刊、《新民报》副刊《葫芦》、《新蜀报》副刊，1949 年以后曾在人民文学出版社任编辑。

② 张培忠、肖玉华主编：《张竞生集》第三卷，生活·读书·新知三联书店 2021 年版，第 14 页。

说，我的经济极优裕，对于傥来物的钱财我是看不上眼的。那么，是为名吗？这也不是。我那时纯粹是一个书呆子；说好些，是一个学者，只是发表自己的意见，并未想到在社会得到什么名誉与什么不名誉呢。

那么，是什么动机呢？近来有些人以为我是巴黎长期的学生，习染了法国的淫风。看《性史》如猪狗的苟且，尽情地任它发泄出来。又有人疑我是一个"大淫虫"，荒诞淫逸。《性史》就是现身的说法！

我敢说，这些都不是事实的。那么是哪种动机呢？当然此中有许多动机。

第一，我当时是"北大风俗调查会"①主任委员。在调查表中由我编出了三十多项应该调查的事件，其中有性史的一项。会员们（都是教授）在讨论之下，觉得性史的调查，恐怕生出许多误会，遂表决另出专项。所以我就在北京报上发出征求的广告了，这个可见性问题在我们当时看来，也是风俗的一门，应该公开研究的。

第二，我当时受了英国大文豪蔼理士（Havelock Ellis）那一部六大本世界闻名的性心理丛书极大的影响。在这部书中，蔼氏于论述各种性的问题后，就附上许多个人的性史。因为要成为一种科学，当有这件科学的证据做材料。那么，假如性也要成为科学，当然要先有性史做材料。性史就是"史"，就是性的材料愈多愈好，不管它

① 《歌谣周刊》在编辑过程中因为需要而决定成立"北大风俗调查会"。该会1923年5月由北大研究所国学门组织成立，张竞生任主任委员。参加活动的主要人员有容肇祖、顾颉刚、常惠、董作宾、孙伏园、容庚等。该会做了几件歌谣研究会没有做过的事情：一是举办风俗物品陈列展览；二是印发风俗调查表；三是进行庙会风俗调查；四是制定《风俗调查会简章等》，为我国民俗学和民间文艺学的形成奠定基础。

是正常的，或是变态的，都应一齐包括，搜集起来，然后就其材料整理，推论它的结果，而成为一种科学的论据。我当时抱着这个野心想在我国人性行为中，做出一点科学的根据，所以我也学蔼氏先从性史搜集材料了。

第三，确是我在法国习惯了性交的解放与自由后，反观了我国旧礼教下的拘束，心中不免起了一种反抗的态度，所以我想提倡性交的自由。在我当时以为这样可以提高男女的情感，得到美满的婚姻。而且我痴心由这样春情奔放，可以生出身体强壮、精神活泼的儿女。当然我所希望的性交自由不是乱交如禽兽一样的无选择性的。我在《性史》出版之前，已经发表我的情人制了。在一本《美的社会组织法》中我所希望男女的结合是一种情人制，不是如我国那时的婚姻制。我以为性交能得到自由发展就可帮助情人制的发展，就是把旧时婚姻制打垮了。(《十年情场·提倡性交的自由》) ①

张竞生的同事彭兆良② 后来曾有这样的描述：

他虽然以《性史第一集》一书，大名轰传国内，但他著作的兴趣并不在此。在《性史第一集》以前，他还曾以《美的人生观》《美的社会组织法》二书，驰名文坛。编辑《性史第一集》，只是一种偶然机会。那时他在北大讲风俗学，因讲风俗而从事采访奇风异俗——却发见那些怪诞的风俗中十之九含有性的重要原【元】素，而且大都由于原始人性知识愚昧所致。他以为如果一般人性知识开

---

① 张培忠、肖玉华主编：《张竞生集》第五卷，生活·读书·新知三联书店 2021 年版，第4—6页。
② 彭兆良（1901—1963），文学翻译家、作家。曾任美的书店编辑。受张竞生之托，负责牵头翻译霭理斯心理学著作。

明了，风俗也许可以敦厚。（兆良《记张竞生》,《茶话》1947 年第
19 期，第 33 页）

尽管张竞生在《性史·自序》中称"这部《性史》断断不是淫书，
断断是科学与艺术的书"，但《性史》的出版在社会上引起轩然大波，被
视为洪水猛兽而被大加挞伐。而社会上各种冒张竞生之名出版的低俗读
物一时泛滥成灾，如章克标 ① 曾言："利之所在，众所向往，群趋之恐不
及，于是伪造盗印的就多了起来，许多不明来历的出版社、印书馆印造
了此书，还冒用张竞生的名字，出版了《性史》第二集、第三集乃至到
了十几集，还有性质相同的《性艺》《性典》《性史补》等等题目的事，一
哄而起，通过特殊的发行渠道，在社会流散，成为灾祸，引起了很大反
响，都归罪与【于】张竞生了。……张竞生被群众奉赠了'性欲博士'
的头衔，好端端的哲学博士一变而为'性学博士'了。" ② 而张竞生也因
此不敢再出版《性史》第二集了。

> 我因得到这些恶反应的消息后，使我惊惶起来了。我眼巴巴地
> 看到这本书被社会认做是一种淫书了。与我所希望的为性学的材料，
> 完全得到相反的结果了。这真是凄惨！使我受了极大的打击！在初
> 版只印出一千本后，我就向书店通知不可重版。至于《性史》第二
> 集稿已发出，书店先给我一千大洋，我也即时退回稿金，收回稿件，
> 不敢再出版了。说到《性史》第一集因好销路之故，各处都盛行翻
> 印，所出本数不知若干，有说可有一二万本呢。但因这书未取得法

---

① 章克标（1900—2007），浙江海宁人。作家，文学翻译家。早年留学日本，曾
任职编辑、中学教师。1980 年被聘为浙江省文史研究馆馆员。著有杂文集
《风凉话》、小品文集《文坛登龙术》等。
②《张竞生与〈性史〉》,《章克标文集》下卷，上海社会科学院出版社 2003 年
版，第 492 页。

律上的版权，我是无法禁止翻印的。计我出版那千本书，得到版税二百余元，都把全数分赠那些寄稿者，我自己并无得一分文呢。但在那班反对党的，说我得到数十万大洋哪！

在我当时收到各处寄来《性史》的稿件，约有二百余篇。因为不敢再出第二集（在此集发出的七篇），先前所预定陆续发行若干集的计划，就根本打消了。这个便给予了上海当时的文氓一个好机会。大约在第一集出版没有数个月的时间，上海市就发现了假冒我名的《性史》第二集了。我当然极不喜欢的。经过多方调查得知是某小书店所出版。我向他们交涉，他们初不肯示弱，彼此遂闹到法庭。《性史》第一集虽然取不到法律的保证，但假冒我名，确是犯法。他们被法官申斥之后，遂托人向我调解，结果被判罚五百元，并约以后不准再版。谁知他们愤恨之余，继续假我名出到《性史》若干集，但都是极秘密出版的。我虽多方调查，总查不出印行的书店。我迫不得已，只好向报上大登启事，但效果甚微，因为国人在当时看报甚少，在外省看上海报的更少。故社会上误认一切《性史》若干集，都是我出的，我的罪名更加严重了！（《十年情场·第二集〈性史〉不敢出版》）①

对于《性史》第一集的出版，张竞生后来也有所反思：

究竟《性史》第一集的错误在什么地方呢？第一，在印出单行本。我在上说出我介绍性史，乃是仿效蔼理士的。可是蔼氏所附的性史，乃仅作为参考的材料。他在正文中，专行讨论各种性的问题，遂使读者得到性的真正的智识。在他所附的性史中，虽则离奇古怪，式式俱有，但善读者，看它不过是一种参考的资料罢了，并不正视

---

① 张培忠、肖玉华主编：《张竞生集》第五卷，生活·读书·新知三联书店2021年版，第8页。

它的内容为独一的宝贝。况且蔼理士为慎重起见（大概也受英国法律所约束吧），定他的性心理丛书为"私行本"，就中国意义说是"秘密本"吧，就是要成年人始许买得，也就是说未成年的儿童是不准买阅的。这个限制可说是大学生始允购买，那些中学生是无权取得的。这个限制虽属外面，因为它在社会上仍然是一种公开书本，在上海大马路那时的英文书店便是公开出卖的。虽然无这个"私行本"的限制，中学生或普通人也多是买不起这部性心理丛书。因为它是六大本（也可分开买），价钱是每本要数个大洋元呢。但因有这个法律上的限制与高价的书钱，所以青年人是极难看到而受到性史那一部分的影响。反观我的《性史》第一集是什么情形呵？价钱不过三毫，人人可以买得起。况且只有性的叙述，并无科学方法的结论，当然使读者只求性史的事实（也可说是天然的史实当然免不了许多淫逸的毛病），而不知道哪种性史是好的，哪种是坏的了。(《十年情场·第二集〈性史〉不敢出版》)①

在《十年情场·我应该痛改前非》中，张竞生还说道：

第二错误是照《性史》本义说是应当为"报告式"的文字，就是简单地素质地叙出怎样个人性的行为。不论它是正态与变态，总是据实直书不加渲染。如记某人与禽兽性交，只说是有这种行为，不必渲染怎样与那样的描写文章。那么，看者不过见到有这样事，并未为它所冲动，更不必有去仿效的危险了。但在《性史》第一集中未免有"小说式"的毛病——尤其是那篇小江平的董二嫂②，使人

---

① 张培忠、肖玉华主编：《张竞生集》第五卷，生活·读书·新知三联书店2021年版，第96页。
② 指《性史》中收录的江平的《初次的性交》。

看后不免飘飘然如阿Q了。因为用小说式去描写，无论是怎样正经的性交，就不免涉入于淫书的一类了。

总之，我在当时已知《性史》所犯的错误了，但因社会上的责骂与禁止，使我无法纠正我的错误。在后我到上海开美的书店时尽是介绍蔼理士的学说，至于该书所附的性史与我国人的性史一件不敢介绍①。但可恨太缓了，性学淫书被人们混视为一途了，我虽努力改正我的错误，已来不及了。"性学博士"的花名与"大淫虫"的咒骂，是无法避免了。时至今日，尚有许多人不谅解。我的自责，我的忏悔，也极少得到人的宽恕了。

朋友们，听它吧！听它命运的安排吧！我是习哲学的②。哲学家应有他的态度：就是对不应得的名誉与毁谤，都不必去关心。但自痛改过与竭力向上，这些是应该的。夜深了，朋友们暂别吧。再看我怎样在上海开美的书店时那种磨难吧。我怎样在那时介绍真正的性科学，也终于失败的故事吧！（《十年情场·我应该痛改前非》）③

5月10日，《新女性》第一卷第五期发表张士林写给张竞生的信《通讯：对于"三点声明"的疑问》（写于4月6日），对张竞生《三点声明》中的说法提出商榷。

5月11日，《北京大学日刊》刊登《性育社启事》：

---

① 美的书店主要经营蔼理士的《性心理学研究录》（七部）、《性的道德》《性的教育》《性心理学》，和蔼理士著，彭兆良或金钟华翻译的《爱与艺术方法》《视觉与性美的关系》《触觉与性美的关系》《性冲动的分析》，以及《性育小丛书》等书籍。

② 张竞生1912年留学法国，1919年通过《关于卢梭古代教育起源理论之探讨》论文答辩，获得里昂大学文学院哲学博士学位。

③ 张培忠、肖玉华主编：《张竞生集》第五卷，生活·读书·新知三联书店2021年版，第10页。

《性史》第一集，因故不能依期出版，有买他【它】的预约券者，请向原书局缴券领会【回】原钱。以后如有出版，定价特价三角，以答雅意。

1926 年 5 月 11 日 ①

5 月 27 日，北京警察厅开始查禁《性史》。（上海《申报》1926 年 5 月 28 日第 5 版）

6 月 18 日，《民国日报》第 3730 号刊登张竞生的演讲《美与俭》，提出"我们之所谓美，乃以俭朴为主脑"的主张。

6 月 23 日，张竞生离开北京大学，去往广州。据广州《民国日报》（1926 年 6 月 25 日第 5 版）消息《广大今日请张竞生演讲》载：张竞生因出版《性史》触怒北京军阀政府，于前日安抵广州，广东大学学生会邀请张竞生在该校大礼堂进行三次演讲：《恋爱与革命》（25 日下午 7 时）（说明恋爱与革命是相成相长的，没有恋爱的社会，极难产生真正的革命的。所谓儿女英雄，与所谓英雄儿女，原是一物。但英雄常被儿女所误，乃因不晓得爱情之故）；《性的真义》（26 日下午 7 时）（说明性的正态，与恋爱的意义，提倡性的正态与升华）；《中山先生的多育说与制育和优种学的讨论》（28 日下午 7 时）。

7 月 17 日，张竞生到达汕头 ②。同日下午，到潮州金中附小参观。

---

① 张培忠、肖玉华主编：《张竞生集》第九卷，生活·读书·新知三联书店 2021 年版，第 33 页。

② 张竞生到达汕头的具体日期，也存在另一种说法，即《晶报》中半闲的《性学化之潮讯》中称张竞生最迟于 7 月 1 日就已经寄寓于汕头高级中学，并在汕头女子中学校作题为《表情的艺术》之演讲。因资料缺失无从查考，仅从该通讯可知演讲分为八节：一、服饰，二、化装，三、表象，四、动作，五、言语，六、对象，七、学术，八、结论。据此说法，张竞生当于 6 月底（转下页）

（潮州《金中周刊》第 135 期"附小纪事"）

　　7 月 18 日上午，张竞生在潮州金山中学为师生作题为《在那时做那事》的演讲，并赠送《美的社会组织法》一册予金中图书馆。张竞生演讲内容经黄光远、杜绍文记录整理，刊登在《金中周刊》1926 年 7 月 21 日第 133 期。演讲是针对因为现在大多数学生，以至于一般人，不度德，不量力，而只顾骛远所发："我们须知站在什么地方，碰着什么时候，就应当做什么事情，以学生方面而论，现在中学生在校求学，应做什么事情呢？大概可分为学问、办事、情感三种。"其结论是："中学生是创作者，富有情感，对于学问办事性欲三端，当努力的使其情感化，而成为情感的学问，情感的办事，情感的性欲。我敢断言一句；非情感便无从得到真正的学问，做起伟大的事业，享受美满的性生活。"（潮州《金中周刊》第 133 期"本校纪事"，1926 年 7 月 21 日）

　　据褚松雪说法，张竞生"在《性史》畅销之后，他十分高兴，常以中国的 Ellise（即霭理士——编者注）自居，要到各处去周流讲道。北大考毕（当指学生课程考试后学期结束——编者）即南下。"结合《金中周刊》的消息，张竞生于 7 月 17 日到达汕头，"在汕头招学生讲授'美的性育'。乃听者寥寥，不能成班，于是到广州，上书国民政府，要求设立'考试局'而自为局长。不得要领，又谒广大校长褚民谊①，求为教

　　（接上页）从广州到汕头，在汕头曾招学生开班讲授"美的性育"。而《金中周刊》所说张竞生于 7 月 17 日到达汕头，或可能张竞生在 7 月 1 日在汕头招收学生开班未果后，亦曾再度离汕去往广州或他地，于 7 月 17 日再返汕头。具体情形待考。

①　褚民谊（1884—1946），原名明遗，字重行，浙江吴兴人。同盟会会员。曾代理广东大学（中山大学前身）校长。1938 年后随汪精卫叛国投敌，1946 年以汉奸罪被判处死刑。

授，亦无结果。愤极！遂回上海……"（褚松雪《与张竞生君脱离关系的经过》，刊于武汉《中央副刊》，1927 年 4 月 30 日）

张竞生在《十年情场》第二章"我竟守身如玉"中回忆说：

> 这是一九二六年与一九二七年的事了，我因在北京大学教了四五年书，照例可请假与照领薪水到外国再行游学一二年，但当我到上海不久，大贼头张作霖打入北京，派了刘哲为北大校长，宣布一切教职员欠薪截止给发，一切蔡元培校长在北大的规制都被推翻了。我只好留在上海与友人合资开了美的书店。（《十年情场·在上海开美的书店》）①

由此综合判断，张竞生应该是于 1926 年 6 月 23 日离开北京② 到达广州，于 7 月 17 日到达汕头，同日下午到潮州，18 日到潮州金山中学。在汕头招生失败后返回广州，后于 8 月底 9 月初去往上海。

7 月，蔡元培正式请辞北京大学校长职务。又因北大评议会、学生会、教职员全体以及北京国立九校校务讨论会的恳切挽留，蔡元培遂未能辞去校长名义。

8 月 24 日，上海《晶报》③ 第 3 版刊登《性学化之潮讯》（半闲自汕头寄），称张竞生从广州回到汕头后，曾寄寓汕头高级中学，在室中"每不

---

① 张培忠、肖玉华主编：《张竞生集》第五卷，生活·读书·新知三联书店 2021 年版，第 11 页。

② 另据金满城于 1928 年 4 月 23 日撰写的《张竞生博士》（1928 年 4 月刊于上海《民众日报》副刊《民间》）中所说；张竞生于十五年六月下旬即 1926 年 6 月下旬离开北京。

③《晶报》原为上海《神州日报》的副刊，随《神州日报》附送。因其为三日刊，故报名为三个日字合成的"晶"。1919 年 3 月 3 日该报由余毂民（大雄）接管，并开始独立发行。1930 年左右改为日刊。主要撰稿人有周瘦鹃、严独鹤、徐卓呆、袁寒云、包天笑等。

穿裤，校役咸不敢近"。此后，半闲在《晶报》9月12日第3版发表短讯，称：前记张竞生博士室中每不穿袴，甚确。盖时已暑假，校中员役只数人，正博士试行"美的社会"之机会。惟博士出卧室，仍下体裹一毛巾。校役窃笑，以为张博士骑马。

8月30日，《晶报》发表了爱娇 ① 的《论不着裤子的张竞生》。文章对半闲在《性学化之潮讯》所说的张竞生在室内不着裤子、提出裸体说之类，认为这一行为符合他平时的行事风格。

8月，天津南开大学校长张伯苓首先在南开学生中宣布《性史》为淫书，禁止学生阅读。不久，他又说服警察局在天津查禁《性史》《情书一束》《女性爱》《夫妇之性的生活》及《涤明篇》五种"淫书"，各种报章杂志纷纷发文声讨张竞生，指责张博士宣扬淫秽，污浊社会，毒害青年云云。张竞生遂被冠以"性博士"之名。

9月5日，周建人在《一般》② 杂志第一卷第一期发表《关于〈性史〉的几句话》。文章指出："《性史》全书一四〇面，除在首尾的是张先生的序和赘语外，内有性经历的自述七篇；各篇是独立的，并没有统系上的关联。所以本书不是有系统的科学的著述，只是几则论料（data）的结集。"并指出张竞生按语的错误之处，最后认为：

> 在这样的社会状态下，张竞生先生的《性史》编印出来了，并且闻说还预备二集、三集的陆续出下去，不知共有几册。从已出版的第一册看起来，虽然尽有着科学上的错误和许多主观的偏见，一看知道

---

① 爱娇，包天笑（1876—1973）的笔名之一。

② 《一般》，月刊，上海立达学会创办的综合性刊物，开明书店发行。1926年9月5日出版"诞生号"，1929年12月5日出至第九卷第四号终刊，共出版36期。第一、二卷由夏丏尊主编，第三卷起由方光焘主编。

编者对于这工作实在不是老练的工人。但他的仿效圣叹评《西厢记》
的态度，竭力说明这不是淫书和大呼性的关系是科学的，也是艺术的
等等，不能不说是对现社会的一种反抗，至少也能够给维持风化的绅
士们一个不舒服。总括的说起来，《性史》这书的重要，在科学方面
并不多，在"爱的艺术"这种运动方面或者比较些的有意思。①

9 月初，张竞生应上海艺术大学校长周勤豪②（据褚松雪说法）邀请
担任学校教务长。据上海《申报》1926 年 9 月 4 日第 3 版刊登的《上海
艺术大学开学通告》和《上海艺术大学招考男女生》来看，时任校长为
吴稚晖，总务长周勤豪，教务长张竞生。另据叶正亚《〈新文化〉上的广
告》（刊于《语丝》1927 年 3 月第 124 期）一文中称："张竞生是去年夏
来上海的，一到上海，便任上海艺大教务长，请张继作校长。"据上海
《申报》1926 年 9 月 28 日第 12 版消息《上海艺大欢迎张新校长》：

> 江湾路上海艺术大学校长吴稚晖自就任以来，对于该校颇能极力
> 拥护，惟近因事忙，且不久有欧洲之行，为此不能兼顾，恐与该校前
> 途发展有所阻碍，故特提出辞职。兹经该校校务会议决，知吴君辞意
> 甚坚，故遵从其提议，另请名望素孚之人继任此职。闻由该校创办人

---

① 张培忠、肖玉华主编：《张竞生集》第三卷，生活·读书·新知三联书店 2021
年版，第 27 页。

② 周勤豪（1895—1952），字钟杰，广东潮阳人。早年留学日本东京美术学校学
习西洋画。1922 年与陈晓江创办东方绘画研究所，1925 年改名东方艺术学
校，教授油画。后与上海艺术师范大学合并成立上海艺术大学，一度任校长，
1928 年停办。周勤豪夫人刘慕慈为著名画家刘海粟的八姐。（关于周勤豪生年
也有多种说法，一是 1893 年，据徐国卫编著的《触摸历史：中国西洋画的开
拓者》，山东人民出版社 2010 年版；一是 1901 年，据马海平主编的《上海美
专名人传略》，南京大学出版社 2012 年版。由周勤豪为刘海粟姐夫的身份来
看，周勤豪生年至少应该在 1895 年以前。准确说法还有待进一步考证。）

周勤豪、教务长张竞生、音乐系主任傅彦长为代表前往聘请张溥泉担任此职。已于本月二十五日下午三时在该校开欢迎大会云云。

可见，张竞生是应上海艺术大学周勤豪（也是学校创办人）之邀担任该校教务长。数日后，即在吴稚晖辞职之后，由张竞生提议并出面邀请张继担任校长。周勤豪则兼任副校长。

9 月 24 日《申报》消息：《上海艺大新聘教务长》："上海艺术大学新聘张竞生博士任教务长。张博士已于日前到校任职当召集学生谈话。"（上海《申报》1926 年 9 月 24 日第 22 版）谈话兹记录如下：

> 我关于艺术不多研究，但我对"上海艺大"很喜欢帮忙。我晓得这个学校财政是不甚宽裕，不过钱是一件事，办学又是一件事。我觉得只要有方法，就是少点钱，也是行的。我的意思：第一办事，人不虚设，钱不浮用，请一个教职员，有一个教职员的用处。他们如很能尽职，能负责，那功效就大了。学校经济，本不是我的事。不过我们既在一块，就如家人一样。谁有意见，都可发表。所以我今天以教务长资格，也来谈谈，请同事各位先生原谅。第一，课程。我希望各种功课都要有联络，方有益处。如果彼此不发生关系，那就极难有系统了。就以文学说，它也是最要紧的。我不客气的说一句，你们的国文如果不好，就难免被人轻视。况且文学也是艺术，只要研究得有意趣，很可说艺术借文学而益进的。在学校未请得好文学教员以前，我愿意每星期教文学两小时，并且希望大家每星期做文章一篇，送我来改。但过多也恐怕我无改正的时间，至于一篇那是顶可以的，其余我再教一点美学，第三①，我希望同学

---

① 不知道这篇谈话记录是否有删节，如果没有，则此处第三应为第二，下文中的第四、第五依次应为第三、第四。

组织一个旅行团。一则可以消遣，二则以自然界为模特儿，范围较大，尤其于卫生有绝大利益。我见北京有些学生，终日伏案，而得肺病者实在不少。那简直不是学生，是学死的。这是何等悲哀的一件事呵！我所说的旅行团，或远则到杭州西湖，宁波普陀，以及各处名胜。就是在近郊的地方，过了数点钟的蹀躞，都是好的。至于旅行的补助，我们学校方面，一定可以尽力帮助。第四，学生要有组织。有的办学的人，最怕学生有组织，因为学生有了组织，就可与学校当局为难。但是我希望我们这组织，不是专门捣乱的，是联合志同道合的同学，来研究学问的。如遇学校行政有不对的，不要怕，你们学生也可以讲讲。我见多少学潮都是起初不表示各人意见，及至积之既久，误会越大，以至弄到一发不堪收拾。第五，学校最要紧的是谈话会。这个名辞，或者以后再定。我想师生要得到合成一块，故至少每礼拜要谈话一次，俾便各发表意见，一定可以融洽师生情感。因为我们学校要办得好，一定要有家庭化，使学生师长如家人父子一般。那决不会有甚么隔阂了。末了，说及政治，我不是来运动你们加入的。不过艺术界也是人，世界有改革，艺术也应有改革。艺术与社会要生密切关系。我们研究艺术，固然是为自己，也要为他人。固然"为艺术而艺术"，也要"为社会而艺术"。对于社会，一定要有表示，有牺牲，那艺术越见有价值。中国从前学艺术者，多半是自私自利的，所以被人看得不重要。我希望大家力矫积弊，使艺术与社会联络一致，艺术范围那就广大了。总之，学校要办得好，一方要他家庭化，一方要他到自然化，而第三方面要他社会化。我极望把这三点努力做到。（上海《申报》1926年9月24日第22版）

9月25日，《语丝》周刊第98期刊登吴鸿举与周作人（署名岂明）关于《南开中学的性教育》的书信往来。吴鸿举在信中认为"在中学时代的学生是不应看《性史》这一类书籍的"，周作人则回复说南开中学办公文给京津警察厅要求禁止《性史》《情书一束》等五种"淫书"，这种做法本身可见南开中学对于学生的性知识方面存在问题，除了"一切禁止"别无什么办法。

10月9日，《语丝》周刊第100期刊登王华甫与周作人（署名岂明）关于《南开与淫书》的书信往复。王华甫和周作人针对南开学校以及校长张伯苓的做法提出批评，为《性史》辩护：

> 南开校长的垄断专制的手段，和陈腐不堪的思想，我们领略了已不止一次了，举个例：在南开大学中办理最好的矿科，不是为了他的专断而至于停办吗？南开学校里的学生，不是受了他的压迫，而不能自由读书，集会和谈话吗？校长把学校视为私产，从而施之以专制和压迫，也正如从前的皇帝视天下为私产从而施之以专制和压迫一样。入了张伯苓的南开，就好似入了始皇帝的秦国：教你怎样你就得怎样。你觉着外国人欺侮中国人的可恨，同胞们的喊声很利害，可是你可不敢响应。否则，便给你个"开除学籍"。面子点儿，令你自行退学。不用说你在学校里提倡开会，就是你在学校外任何会中出席过几次，给他知道了，也是要借上个"吃饭不擦嘴"的过失，而请你出校的。（王华甫）

> 这五种"淫书"，除《夫妇之性的生活》外，我大抵都曾经看过，觉得并没有什么；据"他们"说，我已经"老"了，头脑呢我自己也觉得很有点旧而顽固，但是我并不觉得这些书的害甚于洪水猛兽。老实说，我并不因为认识张竞生、章依萍诸君而想替他们辩解，我不说这些书于科学上或文学上有怎么大的价值，我也不想拿去给自家的或友人家的子女读，然而我也不觉得怎么可怕，自然更没有"查封"之必要。（岂明）

10 月初，张竞生再赴北京，将褚松雪与张应杰接到上海，暂居上海艺术大学校内。此后两人因为家庭生活问题及志趣不投经常出现纷争。褚松雪因热心于社会事务与政治活动，开始与上海的共产党组织接触，后来在国民党上海市党部工作。因无暇顾及孩子与家庭招致张竞生不满，最终在一次严重的冲突之后，褚松雪于 1927 年 1 月 22 日不辞而别，独自一人去往武汉，积极投身各种政治活动。对于脱离关系的原因，两人各执一词，张竞生撰文说道：

> 自褚某某脱离我与二岁小孩关系后，外间不明真相，致有种种的谣传。其实褚氏此次举动，原因复杂，举要：则伊与我情感不好；其次，其受情人的诱惑（有伊的情书可证）；第三，则伊怕在上海租界被拿；第四，则因在上海无事可做；第五，则因小孩与家务的麻烦，我们对于党见的参差，乃原因中之最末者。前当伊就上海市党部妇女部部长时，初则我确实不赞同，因伊受一二假国民党的共产派所包围，恐其身败名裂耳。……我与褚氏既忝一日为伴侣，自然希望其不为赤化。至于伊肯为国民党尽力，则为我所极端欢迎，虽因小孩家务事的关系，而使伊不能整日在外奔走闲谈，但伊于可能之内，皆有充分的自由，自然说不到我对伊党的工作有压制的事情。总之，褚氏此遭举动，完全不为党见而起，此中隐情说来太长，我将作一长文以记之。悲哉！三年同住，一旦分离，二岁小孩，已无母亲，人孰无情，谁能遣此。褚氏固别有心肝与志气者，我哀其志，悲其遇，壮其抱负而叹我们的无缘。言念及此，心碎神迷，谨陈概略，以明真相而已。（《张竞生特别启事一》，《新文化》月刊第一卷第二号，1927 年 2 月）①

---

① 张培忠、肖玉华主编：《张竞生集》第二卷，生活·读书·新知三联书店 2021 年版，第 139 页。

后来张竞生在《新文化》月刊第一卷第三期（1927年4月）发表《美的情感——"恨"》，则带有明显的偏激与非理性的感情色彩：

伊来北京时，满牙堆积黄屎，伊眼睛几张不开，满身粗皮，数月不洗澡，头发尘垢到臭气不可向迩。下身流白带，流到裤底如一片大饼干，而尚不肯换。脚趾是将第二趾盘在大趾上以便装脚小，伊有一件粉红的长袍，一迹一迹皆是渍痕，这些皆是怪女子的标帜！

伊到北京时，除些诗词外，仅有一部《六法大全》。伊每对人与对我说话时，皆含有一种讼师的口吻，我那时尝戏呼伊为"讼师"，这是怪女子的学问！

伊在家少时的花名为"阿猫"，这真名称其实。猫者为至不忠诚而易于变脸的动物。无论家主如何爱他【它】，若遇他【它】不喜欢时，就给人一深刻的爪痕。这是怪女子的武器！

伊十七八岁时，尝携歌妓逛船以取乐。伊有男子脸与男子性情。喜欢唱昆曲，但所唱的不是旦乃是净的曲本。伊极喜欢女性，遇一女子美貌者其垂涎之状比男子对之更甚。伊常向我谈及伊怎样在学校使二女教习互相争醋的趣史，故我料伊必喜欢"同性爱"，虽则不肯对我明白说破。这是怪女子的嗜好！

伊极喜欢多数的"面首"但不为情感而为给伊玩耍及办事的作用。伊曾与韩国男子二三人极长期游逛于包头镇绥远之间。伊所要的男子，须具有女性与比伊年少，最好是十七八岁的小白脸。（伊则年约三十左右）无学问而肯受其指挥者。伊也爱屈某（详情容后），因为屈的阴险，能四出乞怜，代伊寻求位置。伊又要与广东李结婚，和上海陆通情，及与北京山西许多情人继续旧好，为的是看男子作玩具。总之凡能供给伊鞭挞的便为好男子，这是怪女子的行为！①

张竞生《美的情感——"恨"》发表后不久，褚松雪就作出了回应，在 1927 年 4 月 30 日武汉《中央副刊》上发表《与张竞生君脱离关系的经过》，指出两人分手的原因是张竞生"性情暴戾，遇事专制，不尊重对方的人格"，"他不愿意参加社会运动，也设法不令我去参加"，云云。

10 月 17 日，《狂飙周刊》第 2 期发表高长虹②的《关于性》一文，表示出对周建人的支持，对张竞生的批评。

目前关于性一方面好说话的人，大概要数张竞生、章锡琛、周建人了。张竞生是最飞黄腾达的一个，而性的知识也最浅薄。章锡琛便诚恳一些了，可惜还很好名，常以权威者自居，如能再诚恳一些时，则实际上也还会再好一些。最近科学的还是周建人的文字，他可以给人一些关于性的科学的常识，这在目前是很难得到的。

张竞生最欢喜的，而且也是最受人欢迎的，除关于性的夸张的述说外，便是节外生枝，又谈哲学，又谈社会学，又谈艺术，又借用了这些来谈性。实则哲学从来便是说谎，何况并不高明的哲学。社会学也是根本没有那么回事，连本身的地位都占不住，又何能用以帮忙别的科学。艺术呢，不是从事艺术工作的人很难明白它是什么东西，更不能够把不明白的东西来引申到别处去。张竞生所最得意的"艺术的"，"艺术的"那一个用语，我们实在不知道那是什么意义。我们知道"艺术的"是没有像他那样用法的。做学问，总要

---

① 张培忠、肖玉华主编：《张竞生集》第三卷，生活·读书·新知三联书店 2021 年版，第 164—165 页。
② 高长虹（1898—1954？），本名高仰愈，长虹为笔名，山西盂县人。现代作家。曾发起组织"狂飙运动"，创办《狂飙周刊》等杂志，是鲁迅倡导组织的"莽原社"的重要成员。

自己有一些把握才好去宣说，即使办不到这一步，那也要说什么便严守着本题。张竞生如想谈及艺术时，最好对于近代的艺术再下一番工夫，否则，不但于性是无助，而且连艺术也拉下水里去了。

11 月 5 日，张竞生在《一般》杂志第一卷第三号发表《读〈关于性史的几句话〉》一文对周建人的《关于〈性史〉的几句话》予以回应，认为《性史》"就性的事实说，当然是科学的事，但对付性的方法，完全是艺术的"，而周建人对《性史》的批评存在误会。同期《一般》杂志上还发表周建人的《答张竞生先生》，继续批评《性史》的伪科学性。

11 月初，张竞生筹划成立"旅沪潮州学会"，并在 11 月 7 日上海召开的成立大会上，被选为执行委员，任临时主席。但"旅沪潮州学会"遭到部分与会人员的反对与抵制。首先是上海《申报》1926 年 11 月 10 日第 20 版刊登消息《旅沪潮州学会开成立大会》，紧接着，《申报》1926 年 11 月 12 日第 1 版刊登一则声明《否认包办式之旅沪潮州学会》：

> 迩有少数旅沪潮人，私集党与，谬称某某学校代表，阴自成立旅沪潮州学会，同人等一致否认。特此声明。林少弢、黄本英、姚学渠、蔡文玹……方俊等八十四人同启。

同日，《申报》第 1 版还刊登两则消息，其一，《潮州各界注意》：

> 本月七日，旅沪潮州学界假座大西洋开同乐会，同人等以属美举，欢然赴会。讵开会时。临时主席张竞生君竟宣布改为潮州学会成立大会。同人等以不合手续，有涉少数人包办嫌疑，要求改为筹备会。讵为一部分会众所不许，不得已自动宣告退席。关于该会一切行为。同人等概无与闻。特此声明。诸惟公鉴。林少弢、黄本英……同启。

其二，《上海各高校潮州全体同学启事》中称：

> 同人等对于少数人非法成立所谓旅沪潮州学会，认为不合手续。

为旅沪潮人利益计，一致要求改组，谨此布闻。

11 月 10 日，张竞生参加上海新亚印刷公司于大西洋菜社举办的开幕式，参与者还有叶灵凤、胡愈之、欧阳予倩等各界人士百余人。（《新亚公司宴客志盛》，上海《申报》1926 年 11 月 12 日第 17 版）

11 月 13 日（农历十月初九）晚，张竞生参加上海歌星、影星黎明晖 ① 在上海俭德储蓄会新会所篮球房举行的十八岁生日宴会。参与者还有蔡元培夫妇 ② 等。（吉诚：《黎明晖二九寿宴记》，上海《申报》1926 年 11 月 17 日第 17 版）

11 月 23 日，张竞生在《申报》"出版界消息"栏刊登广告：《〈新文化〉月刊出版有期》：

> 法租界新亚公司自开幕以来，于印刷编辑两部，积极进行。编辑部由新文化社发刊《新文化》月刊，请张竞生君为编辑主任，撰述者有孙福熙、陈学昭、华林、江平、马宗融、彭兆良等三十余人，定十六年一月一号出版。内容分社会建设栏、文艺杂记栏、性育美育栏、批评辩论栏，封面画插图由陶元庆担任。装订美丽，定价每册二角五分。

11 月 28 日，《狂飙周刊》第 8 期发表高长虹的《张竞生可以休矣》，继续支持周建人对张竞生的论战。

> 科学是为人类而工作的，是为真理而工作的。所谓趣味者，乃

---

① 黎明晖（1909—2003），中国早期影星、歌星。20 世纪 20 年代著名作曲家黎锦晖之女，儿时曾主演过歌剧《葡萄仙子》《可怜的秋香》，1936 年主演《清明时节》（与赵丹主演）等。

② 查《蔡元培年谱长编》，关于 11 月 13 日的这次活动并无记载，不过蔡元培其时确实在上海，并于 11 月 10 日在上海南京路大东旅社为张菊生之子证婚，11 月 14 日后参加苏浙皖三省联合会。

迎合少数人心理的法术，非科学家所宜顾及者也。科学蔑视人们的趣味！

《性史》是淫书，真而又真的淫书，与科学无涉。张竞生如不欲辨【辩】护淫书吗，则回头另起去做点科学的工作好了。如欲辨【辩】护淫书吗，则张竞生休矣。沉默也是表示之一，我们要等候张先生的表示。

我更希望周建人先生更勇敢地为科学作战！

一九二六，一一，七

11月，张竞生计划筹办新文化社，创办《新文化》月刊。社址位于上海法租界内萨坡赛路丰裕里（今黄浦区淡水路214弄）94号。

12月2日，张竞生以新文化社名义在上海《申报》1926年12月2日第3版发布《新文化》月刊出版预告和征文广告：

敝社为提倡新文化运动，发刊《新文化》月刊。由张竞生先生主编，分社会建设栏、美育性育栏、文艺杂记栏、批评辩论栏。欢迎外界投稿。酬资每千字自三元至十元。创刊号定一月一号出板【版】，内容：社会栏有吴稚晖等"妇女承继权"十余篇；美育栏有华林、张竞生《罗马古迹》《裸体研究》；性育栏有张竞生、彭兆良等《怎样对付处女》，霭利思《性心理》译文等四篇；文艺栏有张继、江平等《情感化与群众化的艺术》等五篇；批评辩论栏有编者雪侣女士等《性育讨论》等六篇；附图有陶元庆图案七幅。

12月3日、4日，《申报》第1版、第2版连续发布《张竞生启事》：

现市上所卖《性史》第二集系假我名，内容恶劣，价钱奇贵。我已预备在上海将假造者控诉了。

12月7日，张竞生于上海艺术大学教务长一职不辞而去。（《上海艺术大学教务长去职》，上海《申报》1926年12月9日第8版）

12 月 20 日，上海美专部分同学在校方支持下组织同学会，并请张竞生到校演讲《艺术与革命》。（陈洁：《上海美专音乐史》，南京大学出版社 2012 年版，第 205 页。另见上海《申报》1926 年 12 月 21 日第 8 版《美专风潮昨讯》）

12 月 24 日，张竞生为《北大广东同乡会年刊》撰文，题为《为北大广东同乡会年刊作》。此文于第二年，即 1927 年刊登于《北大广东同乡会年刊》第 3 期。文章中说道：

> 就我所知道的北大学生，仍然保存广东人的特性即富有创新性与诚实性而少有官僚性与流氓性。因为广东人的本性甚好，而"北大"的环境也不劣，此中人地相宜的要点可得而言者有以下几点：
>
> （1）广东人大都性情刚强，但其短处则在暴燥【躁】，今来北京读书可以养成北方人沉重的品格。
>
> （2）广东民族自中原移来已有若干千年，以致风俗习惯完全与别地不同而自成为一种风气，今来北京可以与各省人物多接触。
>
> （3）广东气候湿热，不宜于大用脑之人，北京则干燥而且冷长热短，故最适合于读书。
>
> （4）虽则是北京为官僚居留所，住居此地久者不免于染些腐败与迟滞及无是无非的恶习惯；但"北京大学"为几年来新文化发源之地，广东人到此读书，不但不怕会沾染官场的习气，而且可以养成真的性情，最下的尚可成为新流氓。

同日，《晶报》第 2 版刊登署名爱娇的《张竞生承认不着裤子》。文章是对此前即 8 月 30 日《晶报》上的《论不着裤子的张竞生》一文的呼应，也是对张竞生在《新文化》杂志上所提倡的制室衣的回应。

12 月 27 日，《晶报》第 2 版刊登署名爱娇的《裁判张竞生夏丏尊笔墨官司》。文章称：

　　近来新文化朋友，在出版的杂志上，喜欢批评人家的出版物，还用一种近乎轻薄的口吻。果然呢，现在的出版物，不无错误之处，有人指出他的错误，也是很好的。像商务印书馆那种大公司，出版物既多，当然要成为众矢之的了。前两天，关于《性史》的讨论，周建人和张竞生两位先生，先打起笔墨官司来，后来张竞生寄了一篇《答周建人先生关于性史的几句话》的文章，到《一般》杂志上去，《一般》杂志的主干夏丏尊登了出来，却在他的原文里写别字的地方，注着"原文""原文"好几处，这是要使读者知道张竞生先生的善于写别字。张竞生先生生气起来了，便在他自己新出的《新文化》杂志上，登了一篇《调笑一般只所谓主干也者》以反抗辩正，而且说他所写的并非别字。这是张夏两位新文化家的最近笔墨官司。

　　据我旧文化家的裁判，讨论作品，当重理论，不应该毛举细故。张竞生先生偶尔写几个错别字，何必给他"原文""原文"的注出来，你又不是他的学校中国文教员。这事夏丏尊先生你不该了。至于张竞生先生呢，写几个别字，也就写几个别字，付之一笑吧。

12 月 30 日，《晶报》刊登张竞生针对爱娇一文的《反诉状》。

　　事因贵判"爱娇"对"民"与夏民丏尊一案判断不公，硬派民善写别字。今附黏民在《新文化》证文一纸，证明民实在不善于写别字（文实在无粘），除段字系他人抄误应由民负责外，余字皆由"夏民"不识民博雅解放，而爱娇判文如此，似犯受贿或偏听之嫌疑。现在海上一班"文氓"文明别字，串通勾结，专在各报散布谣言。请贵机关于受状时，应予慎重，以免上当。民浪漫性成，毁誉昔已不计，只缘文人重字，古有明训。若夏民得胜，则民为大学教授，而竟善于写别字，恐被一班学生驱逐。每年数千元收入白丢，岂不可惜？又尝闻某著名博士说：一字发现与发现一粒星并重。民

已为段字失了一粒明星之价值，而夏民竟要使民失却"七星"之光
彩，为此迫民不得不恳请贵机关恢复民之光耀，实为德便。谨状。

状律师"铲民"状已在案，如有别字，由日报负责。

民国十六年（1927） 39 岁

1月1日，元旦。张竞生主编的《新文化》月刊创刊号出版。创
刊号设有"社会建设栏""性育栏""美育栏""文艺杂记栏""批评辩论
栏""杂纂"6个栏目。张竞生在创刊号发表6篇文章，分别是：

性育栏：《怎样使性欲最发展——与其利益》（张竞生）①、《如何
得到新娘美妙的鉴赏与其欢心》（张竞生）

美育栏：《裸体研究——由裸体画说到许多事——为晓江氏女体
速写而作》（张竞生）

批评辩论栏：《新淫义与真科学》（张竞生）、《调笑"一般"之
所谓主干也者》（张竞生）

杂纂：《性史之史》（待续）（张竞生）

《怎样使性欲最发展——与其利益》所讨论的是发展性欲的方法：

我今来贡献你们一个使性欲最发展之方法，比服什么灵药都好，
它不但使性欲发展而且把身体与精神皆得到好处。这个方法应分几
层来讲：

第一，食物当然为先着，应食滋养料的物品，尤当多食奈【耐】
消化的滋养料，如上海的豆芽菜与粗饭，兼些肥肉类的东西。但切
不可多食肉类，多食则全身变为脂肪质的胖子。你们知道太胖的人，

---

① 此文原为在上海国民大学所作的演讲，但目前并未查证到此次演讲时间及其
详情。

身体不好而且房事极不济，他们如猪一样喜欢睡眠，一到床中就呼呼然，这真使他的同眠人难堪哪！

第二，食这些较难消化之物后，最要在多运动，一切运动法都好，并当注意于阴部与臀部之运动。运动后当把全身，尤其是性官部分洗得极干净。最好是冷水浴，浴后把全身，尤当注意于性官部分擦得极热。若能多踢球，多赛跑，最好是游泳，能在冷天时游泳，更使性官强健，骑马乘自由车者更能使阴部发展。

第三，新近为我所发明者就在腹式呼吸，丹田呼吸，及性部呼吸，与性官强健和灵动有密切关系。我今特将此法详细些说出来。[①]

《如何得到新娘美妙的鉴赏与其欢心》是张竞生为别人当证婚人时的演讲词，发表时与原稿稍有出入。文章以较为戏谑的口吻对新婚的男女提出了一些关于房事的建议，并对所谓的验"处女膜"提出批评：

今日医学昌明，知这个要求并不十分可靠。有些女子月经来时太利害能把子宫膜冲破。尤多的是一班女子作了各种剧烈的运动与工作，往往把这层膜破坏。甚且因跌倒，而损失及这个保障。反之，有处女膜的也未尝见得是正经，有些女子的处女膜，任怎样的交媾总不会破。甚至生过产后，还是依然如旧！故劝你们新郎，今后应该改观念。遇有处女膜者，你们固然欢喜新娘白璧无瑕。但遇无处女膜时，总要细心考查其因由何在，不可就此与新娘失欢。若知新娘确与人有染，你们于肉体上应当庆幸有人为你们打破难关，使你们坐享便宜。因为处女膜的存在，自然上正为使第一个男子种种不便宜与使女子种种的留难，至于交媾的快乐，不在处女而在女子的

---

① 张培忠、肖玉华主编：《张竞生集》第三卷，生活·读书·新知三联书店 2021 年版，第114—115 页。

"老练"也。于心灵上，你们新郎应知前此之事于你何与。但求今后伊能真爱你就好了。伊能爱你与否不在处女膜有无，而在彼此的情感。而遇这些与人尝经偷情的女子，你们更当尽心恢复情感，这是一件情感竞争上更有趣味的事情。若你们新郎有这样态度，包管新娘感激流涕，懊悔前时无主宰，再安排新生命为新郎享用！①

《裸体研究——由裸体画说到许多事——为晓江氏女体速写而作》是张竞生为陈晓江②所作《女体速写》画册写的序，将《女体速写》与陈晓江的《西方极乐世界图》作了对比，并肯定了前者价值更高。

《新淫义与真科学》是针对周建人文章的回应：

> 总之，我自认不是科学家，但是常识家。常识是科学的基本，故我不是科学家仅有科学家的味道吧【罢】了！又我不是科学家，自夸是一个小小的哲学家。若使我由小变为大的哲学家时，自能使各科学成为系统而时发现新道理来。哲学家，被"中国的科学家"眼光看起来，不免是"假科学家"，但他实在比科学高一等也。末了，惭愧说！我是假科学家。骄傲说！我是广义的艺术家。我看一切事物皆是生动变迁的。一切定则皆是相关的。无有一件事物永久不变，而同在一件事物中，随了各人的聪敏智慧与时间空间及速力的关系而可变为无数的现象。所谓科学的定则为事物万世不易的条理，应合万人一样的口调，皆是傻的蠢的科学家死守成法的瞎说。这样假的科学家充其量不过人云亦云而已，而最危险的他不但不能增进科学的成功，而且大大阻碍科学的发展。他们遇有一件新的推

---

① 张培忠、肖玉华主编：《张竞生集》第三卷，生活·读书·新知三联书店 2021 年版，第 122 页。

② 陈晓江（1894—1925），原名陈国良，字晓江，浙江镇海人。毕业于上海美术专门学校，曾任教于北京国立美术专门学校西洋画教授。

测与他们所背熟的科学定则不相同者，就要大嚷起来说这不是科学！这不是科学！说这是假科学！假科学！说这不如无科学！无科学！我若干年来就是痛恨这一班不长进的"中国式的科学家"。我已在拙著《美的人生观》说及怎样得到"美的思想"了。我极望一班少年科学家应该改变这样中国式的科学家的态度，庶几由此可以得到一个真的科学家，即以常识为基础，以哲学为依归，是以艺术为方法。但此难以一般"中国式的科学家"道也！①

《调笑"一般"之所谓主干也者》是张竞生对夏丏尊在主编的《一般》杂志第一卷第一期和第三期上刊登周建人《关于性史的几句话》及张竞生对周建人之文的答复。文章时有贬损自己之意的"调笑"。②

《性史之史》再次强调了《性史》"不是淫书"："因为本书目的乃在给人一些性学大纲，而使人利用科学方法以便达到最大的性趣。大胆说一句：我教人怎样就能使女子出'第三种水'的方法，于我人交媾上起

---

① 张培忠、肖玉华主编：《张竞生集》第三卷，生活·读书·新知三联书店 2021 年版，第 127 页。

② 针对张竞生的"调笑"，《一般》杂志于 1927 年第二卷第一期上发表署名"本志校者"的《纠正张竞生先生的调笑》一文，为夏丏尊辩护，声明夏丏尊并无贬损张竞生之意。文章中说："当夏先生把张先生的大文发排的时候，就对校者再三叮嘱，说张先生的来信有不许更动一字的话，校对时应特别慎重，不能有一个错字。因此校者不得不十分小心，把原文一字一字的磨勘。但磨勘到'固意''一叚'等字句的时候，觉得张先生的用字，与普通人颇有不同，当然不敢妄改，但恐夏先生及读者要疑心到校者的疏忽，因此特地加入'（原文）'二字，藉明校者对于夏先生，读者及张先生的责任。张先生因此疑心到这二字有意指摘他的别字，并且把这罪加在夏先生的身上，那完全是张先生的多心。所以他的调笑，完全成为无的放矢，校者不得不来纠正一下。"对于此事，《晶报》1926 年 12 月 27 日第 2 版刊登署名爱娇的文章《裁判张竞生夏丏尊笔墨官司》有比较详细的说明。

了一个大革命与恋爱上成了一个大建设。这就是我的大功劳。"

《新文化》创刊号刊登了褚松雪的《我的诉状》(署名松侪女士)。

此外,本期《性育通讯》还刊登了署名林乔甘、正谊、空谷、李辛之、天天、世芬等写给张竞生的6封来信,主要是关于《性史》(包括冒名张竞生的第二集)的相关问题,张竞生还对前两封予以答复和回应。

创刊号中还有以张竞生名义发布的《征求上海各学校腐败的实状》消息;另有《张竞生启事》二则,其中第一则是关于《性史》第二集假冒张竞生名印行之事的声明:

> 现市上所卖《性史》第二集假我名,内容恶劣,价钱奇贵。曾经涉讼,现已由调和人商妥,双方和平了结,除赔偿我个人名誉及存书销毁外,并登报(由我名义,而报费则由假造者出),将该书内容宣布于下以免买书者被骗。冒我名的《性史》第二集每篇之名及作者如下:
>
> 我之性生活——SW 生
>
> 春风初度玉门关——映青
>
> 别有一番滋味在心头——冠生
>
> 我的性经历——志霄女士
>
> 佳境——我们性交经历——沦殿
>
> 我之同性恋爱——浮海客①

《新文化》创刊号的意义,还在于发起关于"妇女承继权"的讨论。《征求对于"妇女继承权"意见书》中称:

> 苟具有天良与情感的人,谁愿他妻于他死后毫无资藉,受人欺

---

① 张培忠、肖玉华主编:《张竞生集》第三卷,生活·读书·新知三联书店 2021 年版,第 19 页。

负？谁愿他的女儿出嫁时双手空空，任人主宰？但因妇女继承权在我国法律及风俗上均不允许，以致纵然具有天良和情感的丈夫与父亲，纵然他们家产丰富，而终不免当他生前或死后，使自家爱妻及女儿常常因经济缺乏而堕入于愁苦之乡。

好丈夫！好父亲！希望你们对于这个关于骨肉的问题，千万去郑重考虑一番罢。千万勿为法律风俗所拘束，各各凭其良心的主张特来表示其意见，我们当陆续在《新文化》月刊上发表，藉觇社会对于这个问题的重要趋向。

新文化社同人谨启十五，十一，二十二日

与之相呼应，《新文化》杂志社还发布《征求为母为妻为女儿者不能得到承继权的痛苦实状》：

此项专为妇女痛诉伊们不能得到承继权的苦状而设。如男子们能知妇女此项实状而代为描写，也所欢迎。但以事实为主，不可掺入杜撰。

就事实上说，因为妇女无承继权，为女儿者，在家受父母兄弟们的歧视与教育的不平等。为人妻时，受夫家与其夫经济上的限制，每每不能在家庭中有所措施，在社会上因无经济每每不能经营各种事业。于夫死后，家产常被夫家或其子孙夺去，以致不能生活。又为母时，因无财产，常常受子媳鄙视与虐待。

以上所说情状，为家家所常见之事，所望妇女们把亲身所受痛苦，惨怛悲哀地详详细细描写出来，料想男子们虽铁石心肠，也必被你们感动了万分之一以至于堕泪哪！①

---

① 张培忠、肖玉华主编：《张竞生集》第九卷，生活·读书·新知三联书店 2021年版，第 82 页。

杂志社同时还邀请吴稚晖、蔡元培、张继、华林①、彭兆良等人撰文参与讨论，并举行赞成"妇女承继权"的签名活动，本期《新文化》刊载的《赞成〈妇女承继权〉者之签名录》写道：

> 我们承认女子是人，是与男子同样为人。我们痛恨我国法律及风俗上重重剥夺女子做人的资格，尤其是对于财产一项的剥夺。为人道与为情感起见，我们男子应当出来主张公道：关于遗产处分一事，我们主张对于妻者最少限度，当使伊同子女平均得到一份的支配。对于女儿，在家时当使其与伊兄弟们同样得到教育与生活费，分家时，当使其同伊兄弟们平分父母的产业。我们希望为人妻者，如此，于夫死后得有一份产业，无子者不至受家族欺负，有子者也免受子女蔑视；为人女儿者，既可分产业，在家时免受兄弟们侮辱，出嫁时免致夫家看不起。这样一来，女子经济得到独立，由此可以求高深的学问与可以经营社会各种事业。男子方面既免为女子所负累而且可得女子的帮助。男女彼此相助相益，社会事业自然蒸蒸日上，这岂不胜于今日女子仅为男子的寄生虫以致男女彼此两败俱伤吗？
>
> 现在我们诚恳地向为夫为父者，问其赞同我们此项的主张否？如其赞同，则请签名于后。我们将其芳名陆续登出于《新文化》月刊上，这不但为其妻女最好的保证，并且希望未签名者，对此义举闻风兴起渐渐蔚成风气，以便将来把此事成为法律，这岂但签名者之光而已，直是我国社会改造上最大的关键之所在！②

---

① 华林，生卒年不详，上海人。早年曾留学法国，与李石曾留法俭学会关系密切。曾发表多艺术类评论文章，代表作《情波记》。

② 张培忠、肖玉华主编：《张竞生集》第九卷，生活·读书·新知三联书店2021年版，第83页。

　　签名者有：吴敬恒（稚晖）、蔡元培（孑民）、张继（溥泉）、华林、黎锦晖、张竞生、彭兆良、罗直敷、谷剑尘、陈渗婴、王剑侯等。杂志中并附有《签名介绍》：

　　　　这第一批签名因为不过向几个朋友征求的结果，以量说，自然不见几多，但以质说，则甚有价值。吴敬恒（稚晖）、蔡元培（孑民）、张继（溥泉）诸先生，在社会上位置的高贵，人人皆知，可以不必说了。华林君无政府中人也，素持个人主义，独对此问题，觉得男女有互助之必要，或者还为彼对于崔氏失爱的反动吗？（一笑）黎锦晖先生为上海交际家，明星有女明晖，显名影界，"遂令天下父母心，不重生男重生女"，黎先生之签名大具有此概念。余如诸人系我们新文化社社员，方当努力奋斗，现时自无功罪可言。此外而使我辈最感动者为中华法科大学教授及学生诸君的帮忙。可见学法政者对于社会问题比他人独具热诚。要之，以第一次破题儿而有这样成绩，我们预料以后定必更加源源而来。"各人由本身做起"，到那时，所谓法律风俗还成什么东西！可预贺哉，我们此遭妇女承继权运动的成功！（编者）①

　　张竞生还以编者名义发表《第一次"妇女承继权"意见书征求的结论》。全文如下：

　　　　多谢诸位先生对我们此次征求的帮忙。最可喜的是各人各有独到的议论。稚晖先生的意见说得最痛切。张继先生说得最周透。至于孑民先生及华林与兆良二位都主张废除遗产制的。可是我们对这层主张于赞同之中而有些修改，即主张"有限制的遗产制"，换句话

---

① 张培忠、肖玉华主编：《张竞生集》第九卷，生活·读书·新知三联书店 2021年版，第84—85页。

说，我们主张有遗产，不过其遗产不能超越若干元（如以五十万元为度），若过此项的界限，则应将其剩余的由政府没收。又由政府制定遗产征税表以累增率为佳，即自五千元遗产以上应征其税率。其遗产愈多的则所征的百分税率愈大。一直到五十万元，其百分率应为百分之五十，如此则遗产最大的度数不过二十五万元而已。必要如此主张的理由，是凡一个人辛辛苦苦所找来的血汗，若他身后一概被剥夺净尽，未免行者过于残忍，受者太过灰心。我们常想一个好社会的组织，一方应从公共观念着想，一方尤应在个人自由着想（参看张竞生著的《美的社会组织法》第四章），然后才免有资本家扰乱社会的安宁，而又免有个人怠于工作及创造的流弊。

就广义说，承继权不只为遗产。这不过是物质方面的重要。此外我们对于宗祧承继一问题也当承认女子同男子一样。现时宗祧问题，惟有男子可以为宗子，可以为家尊，今后应当视女子也可得到这样权限，如父母仅育一女儿，则此女儿当可为宗子，虽出嫁后尚可为伊母家继续宗祧。这样广义的承继权，始能使女子得到物质与精神的安慰，然后才能得到男女真正的平等。

此外，尚有关于承继权种种的意义，我们希望社会看此事为一种紧要运动，人人出来讨论与实行，我们当敬谨地追随诸君之后。[1]

1月1日，《幻洲》半月刊[2]1927年第一卷第七期（灵肉续号）刊登了潘汉年的《与张竞生博士谈谈"新文化"》（写于1926年12月22日），批评张竞生假借"最有新思想"的幌子而自负于所谓的"新文化"运动。

---

[1] 张培忠、肖玉华主编：《张竞生集》第九卷，生活·读书·新知三联书店2021年版，第80—81页。

[2] 《幻洲》半月刊，1926年10月1日创刊于上海，创造社主办。1928年1月16日终刊，共出版20期。

张博士没有能力担负"中国最有新思想的""新文化"宣传！还是到大学图书馆里或西洋各国，去努力学一点"常识"，再切切实实发阐"新淫义"，将来真的成为一个"淫欲博士"，而不要现在所有那个浅薄无聊的"哲学博士"荣衔。非特个人精神愉快，与社会，与中国也有一点好处！

如再执迷不醒，强要假借"最有新思想"的幌子而自负"新文化"运动，谈什么社会经济问题，哲学与艺术问题，真是"大舞台对过——天晓得"！

1月5日，《一般》杂志1927年新年号刊登周作人的《读〈新淫义与真科学〉并答张竞生先生》，对张竞生观点中的"伪科学性"提出批评：

今张先生声声口口自称为哲学家、艺术家、常识家，而不肯想一想对于青年的利害关系，却还要戴了这宗面具，利用青年的知识未坚实的弱点宣传"丹田呼吸"、"性部呼吸"这类道士思想。中国自来受道士思想的流毒已尽够了，近来的同善社的宣传也够猖狂了，在这种世界里，我以为思想稍微明白的人们，合力来谋补救和纠正还来不及，那里还可以助长他们的气焰？我和张君素不相识，更无丝毫的嫌隙，现在他要把这等谬误的思想灌注给一般青年，这实在使我忍不住又要提出抗议了。①

1月9日，为黄天鹏②创办的《新闻学刊》撰写《美的新闻纸》一

---

① 张培忠、肖玉华主编：《张竞生集》第三卷，生活·读书·新知三联书店2021年版，第130页。

② 黄天鹏（1909—1982），名鹏，字天鹏，别号天庐，又号逍遥居士，广东普宁人。著名新闻学者。1925年考入北京平民大学报学系，1926年起发起成立北京新闻学会，主编会刊《新闻学刊》。曾任《时事新报》副刊《青光》主编，复旦大学新闻系教授。1949年去台湾。

文，发表于《新闻学刊》创刊号。文章指出，"要使新闻纸美化的条件：一在有美趣的材料，而一在有美的印刷术，而此二者在我国新闻界皆不能得到，以致所有新闻纸多不堪寓目，良可慨也。"

1月16日，《幻洲》半月刊第一卷第八期上刊登梁志纲《张竞生袒护小马甲》、亚灵《论女子小衫与张竞生》、汉年《敬告批评〈新文化〉者》、剑波《〈新文化〉月刊对于妇女继承权的鼓吹》、长风《评〈新文化〉半部》、敏唏《美人的私处与洋翰林张竞生》等文章，集中批判张竞生及《新文化》月刊。

1月22日，褚松雪与张竞生发生矛盾后离家出走，并离开上海前往武汉。（见褚松雪《与张竞生君脱离关系的经过》。另据叶正亚刊于《语丝》1927年3月第124期的《〈新文化〉上的广告》中称：褚松雪于1月28日，即阴历1926年腊月二十五离开上海前往武汉。中间几天或许是褚松雪离开什刹海的居所后，在朋友家暂住几日后前往武汉。）

1月，《性科学》1927年第1期刊登周建人的文章《呜呼！张竞生的卵珠！——伪科学的张氏性智识》。文章认为张竞生关于卵珠的知识是伪科学：

> 张竞生的解释人类性的生活，正和用细胞萎缩和扩大来解释孙行者的七十二变化一样，他所解释的自以为合乎科学的，实则都是拉扯不相干的耳闻的科学学理来附会罢了。他还以为多读外国书籍，口气之间，似乎中国竟没有一个人懂得性知识的。不知道他所读的书是否是现代的科学，我们实在有些可疑。要知道懂性知识最透彻懂的男女生殖器的构造——肉眼的或显微的——最精细的要算我们新医界人了，我们新医界现在也有几位驳斥他的荒谬可笑处，早在《反性史》一书见过，我现在也不必重复的去再驳。可是我偶然在友人处翻到一册某杂志第一卷第二号，——因我久知这种定期刊物是

张先生的大著；可是我别人的著作都要去买来看看。独有他的著作实在不敢领教⋯⋯

2月20日，《新文化》第一卷第二期出版。本期将"性育"与"美育栏"合为"性育美育栏"，并增设"性育通讯"栏。张竞生在该期刊登文章如下：

性育美育栏：《第三种水与卵珠及生机的电和优生的关系》[①]（张竞生）

批评辩论栏：《是也上海流氓的一种》（竞生）、《一个抗议》（竞生）

《第三种水与卵珠及生机的电和优生的关系》中提出了"第三种水"的说法，认为这并与卵珠有种种关系，进而影响到优生优种：

> 总之，人若长久的无与异性交媾，或交媾而不得到乐趣，其身体也逐渐变成物质化，即呈一种死笨呆滞之状。但得与异性的电流互相交换时，则分外呈出生气与活泼。以电化为主干，可以无肉质与精神的分别，肉欲与精神彼此皆已化为电了。这是电子，不是精虫。那是电子，不是卵珠。但要使男女的肉体皆化为电，应当从第三种水的排泄入手而使女阴为发电的区域。由这个电的作用，而使一方面卵珠易于成熟，与易于排出，和下落；而别面使对手男子也随而生电。由两电的交流，而使精虫与卵珠分外活动，以成为最好

[①] 本文原刊于1927年2月上海《新文化》第一卷第二期，不久之后由美的书店经出版成书，书末增加《附说》一篇。此《附说》，原题为《又出了一个怪头》，原刊于1927年5月上海《新文化》第一卷第四期，为回应潘光旦1927年5月5日发表于《时事新报·学灯》的文章《〈新文化〉与假科学——驳张竞生》而作。

的胎孩。由这电的作用，而使由性交更能增厚男女彼此的情爱，与使男女各自得到身体的壮健及精神的愉快。电化的性交之作用大矣哉，第三种水之作用大矣哉，而使如何出第三种水，与如何得到电化的性交那些种种方法的作用，不必说更是大矣哉而且重矣哉。①

《是也上海流氓的一种》是对于《幻洲》半月刊 1927 年第一卷第八期上发表的诸如梁志纲《袒护小马甲》等文对张竞生观点、主张的故意曲解的回击，张竞生称之为"上海流氓"：

> 这班文氓，确实代表上海一班文人堕落为流氓者的好榜样。他们前为创造社的"社氓"（除郭沫若及郁达夫一班人外）为上海最起始干那不道德的偷印我们《性史》第一集的勾当，我在广州创造分社发现时，沫若也骂这班无聊的流氓。今则他们竟忘却盗贼的行为了，竟骂我为专卖淫书出名了。我的学说，除却性学外，尚有许多使这班流氓看不惯听不入的。不幸编辑这本《性史》，而使这班流氓得了一批外利，他们不但不感恩戴德，反破口骂起我来了。中山狼！中山狼！我的上海流氓呵！②

《一个抗议》是针对周建人在《一般》杂志 1927 年第二卷第一期上发表的《读〈新淫义与真科学〉并答张竞生先生》一文的回应，再次申明自己观点的正确性，而真正欺骗青年者为周建人。

在该期，张竞生还以署名"竞"发表《关于申新两报的广告术等》，以及《可惊可骇的"药广告"》。

---

① 张培忠、肖玉华主编：《张竞生集》第三卷，生活·读书·新知三联书店 2021 年版，第 71 页。
② 张培忠、肖玉华主编：《张竞生集》第三卷，生活·读书·新知三联书店 2021 年版，第 135 页。

《新文化》第二期继续开展关于"妇女承继权"的讨论，并建议国民政府通过法律程序来保障妇女承继权，设立"妇女承继权监察委员会"，以监视执行。

该期还刊登《张竞生特别启事一》《张竞生特别启事二》和《广告一》《广告二》。《启事一》说明褚松雪与自己脱离关系的原因，以明真相："其实褚氏此次举动，原因复杂，举要：则伊与我情感不好；其次，受其情人的诱惑（有伊情书可证）；第三，则伊怕在上海租界被拿；第四则因在上海无事可做；第五则因小孩与家事的麻烦，我们对于党见的参差，乃原因中之最微末者。"《启事二》对社会上各种关于《新文化》月刊与张竞生本人的谣言予以澄清：

> 现闻外间散布谣言说我受了奉鲁军宣传费而开办《新文化》月刊以反赤者，也有说我与孙传芳合作以拿共产党者，有谓我近来专为反革命的工作者，种种捕风捉影本来不值一辩。但因这些事关系太大，故不得不特行声明。

> 关于《新文化》月刊的营业，完全为商业性质，我们编辑部受联泰公司每月极少数的薪水外，所有亏赢全由该公司负责，而公司中人完全为上海商界人物，说不得有与任何军阀关系。而且《新文化》月刊有自由言论之权，不受任何方面的束缚，这个有每期论文可证。

两则广告皆与褚松雪相关，说明张竞生与褚松雪之情变内由，其《广告一》：

> 此次褚某某女士弃绝我们全出伊长久的计划（有伊寄人情书可证）。我们伴侣之情已断，伊对小孩，母子之爱也绝。此后褚女士在外一切行动概与我们无干。我个人及我的家庭我的小孩（应杰）各种事，褚女士当然完全不能过问。关于此项声明，已经由我与褚

女士立有字据，又经三位证人签字证明，今特再行公布，以免世人误会。

张竞生谨启

《广告二》：

闻褚某某女士从汉口寄给友人一文拟在报上发表，据说是攻击我而作的。我老早预备这个人的攻击了，这个消息，当然使我毫无惊疑。当我们决定分离之前我向她说，日后定有 C.P. 党及你情人党向我攻击，现我拟作一书对付（初名《失恋纪实》，后因书名太俗，改为《美的情感》约四章。今将目录及大纲给你看，我宣誓其中所说的皆事实，你若说错，不妨出辩证。她看后默然承认，友辈说我此举大上其当，因为她知此书一出，世人皆知此妇的虚伪假饰及种种不情定然为世所鄙视。遂使她为占地位起见，不得不以她与我思想及党见不同而分离的大题目以自高其位。可怜的无耻妇人，她有何种思想，不过剽窃一二新名词以眩人耳。连 C.P. 二个字母尚不懂其意见，还敢说我的国民党见与她的 C.P. 不相合。况且她并非真 C.P.，不过受一二 C.P. 包围与其 C.P. 化的情人所引惑，遂也不知不觉从而 C.P. 化耳。它的程度除国文外，连普通中学学识尚不足，还说什么有正当的主张？我的思想请她好好听尚听不懂，又何能说我是比她不如？她近常向我说我的思想是十八九世纪的。我主张"社会主义与个人主义的组合"，正为救济现时一般社会主义的弊病。社会主义如 C.P. 等，为十八九个人主义的反动。我的"社会与个人主义的组合观"为现时社会主义的反动，确实不错，但我的主义确比现时的各种社会主义再进一步，故我可说 C.P. 是老主义，开倒车的主义，我们的是新主义，前进的主义。但此等深理，安能使一个中学程度不如而又受了情人诱惑的妇人所能懂。不懂固无伤，可怜她大言不惭，声声说我比她程度尚不如，这不能不使我起而反抗了。又此妇从发到骨从头到足皆是假的，可说她"无假不成话"，我固然不怕她的假话，因我于《新文化》下期，即把我的"真话"详细写出来。但现在离此期的发表期尚远。恐怕她的假话说得太响了，反成为真，而我的真话说出来太缓，恐怕被人误为假。遂不得不在此预先声明一句：即此妇所说的皆是假话，她的性情，实在是"无假不成话"的！①

本期最后还刊登了《张竞生为上海潮产致潮人一封公开信》，呼吁潮人对上海法租界内"潮州山庄"之类的潮人公产被私占问题引起重视。

2月26日，周作人在《世界日报》副刊发表《时运的说明》（署名岂明）。从这篇文章起，周作人一改先前对张竞生的支持与理解，而颇多批评：

张博士的《新文化》第一期是十六年一月一日出版的，而这里边充满着乌烟瘴气的思想，所以这个日子是张博士的性学运动上的一个关门，划分他作两个时期。第一个时期——民国十六年以前，他的运动是多少有破坏性的，这就是他的价值之所在。张博士的神交与情玩的学说，我也不敢赞成，但这只是浪漫一点罢了，还不至于荒谬，而其反礼教的大胆则是很可佩服的。《美的人生观》不能说是怎么好书，但是这一点反礼教的精神，打破对于性的禁忌，——这两个字我是想拿来译"达步"（Tabu）这术语的，——于性道德的解放上不无影响。就是《性史》我也认为不可厚非，他使人觉得性的事实也可以公然写出，并不是如前人所想的那样污秽东西，不能收入正经书的里边去的，虽然《性史》的那种小说的写法容易杂入

---

① 张培忠、肖玉华主编：《张竞生集》第二卷，生活·读书·新知三联书店2021年版，第140—141页。

虚构，并缺少必要的庄重，实在是个大缺点，也会有许多流弊。总之这第一时期的工作是颇有意义的，即使有些毛病，也还是瑕不掩瑜，社会上的非难并不十分重要，因为除了几个根据学术加以纠正者外，大都是神经质的禁忌家之抗议，不足挂齿。可是到了民国十六年，从一月一日起，张竞生博士自己也变了禁忌家，道教的采补家了。他在《新文化》的第一期上大提倡什么性部呼吸，引道士的静坐，丹田，以及其友某君能用阳具喝烧酒为证。喔，喔，张博士难道真是由性学家改业为术士了么？我真不懂某君倒喝烧酒有什么意思。照我们的常识来说，烧酒入了尿道，去路不外两端：不是走岔道进了输精管，到了睾丸，结果把精子都做了酒精渍了事（这条路实在是像田维勤攻怀来，大约不容易走通的，现在不过姑且如此说罢了），那便是走到膀胱里去，与小便混和。这是个什么玩意儿？还有丹田，到底是什么东西？这岂不是什么生理解剖书上都不见，只在黄帝、素女、彭祖、蒋维乔的秘诀里才有的么？如不炼丹，有什么田？我猜想张博士不久也会称女子为"鼎器"罢？张博士虽声明不是科学家，但哲学家、艺术家、常识家也总还未必就是与道教的术士同一罢？

2月，周建人在《新女性》杂志第二卷第二期上发表《性教育运动的危机》（写于 1927 年 1 月 9 日），对《新文化》以及张竞生的性育观予以批评。

同月，陈晓江绘、张竞生编《美的女体速写》由北新书局出版发行。该书主体部分《裸体研究》，原刊于 1927 年 1 月上海《新文化》创刊号，并"附图二幅……（1）裸体二幅……（2）陈晓江氏裸体速写四幅"。张竞生将之加上《序》单独出版成书，为其主编"审美丛书"之一种。

3月5日，《一般》杂志 1927 年第二卷第三期发表周建人的《张竞生博士最近的工作》继续批评张竞生，尤其是张竞生的"性部呼吸"
之说。

3月26日，《语丝》第124期刊登叶正亚致周作人的信《〈新文化〉
上的广告》及周作人的"按语"（署名岂明）。叶正亚因张竞生在《新文
化》第一卷第二期上发表的两则与褚松雪相关的广告，遂以褚松雪友人
的身份为其辩护，称张竞生"是一个阴险，奸诈，凶恶的伪善男子"。周
作人为叶文作按语，批评张竞生是"一个思想错乱，行为横暴，信奉旧
礼教的男子"：

> 岂明案：张竞生先生我是认识的，他《美的人生观》时的大胆我
> 也佩服，但是他今年在《新文化》上所讲的什么丹田之类的妖妄话，
> 我实在不禁失望。褚女士和他离婚事件本是私事，我们可以不问，不
> 过张先生既然先在《新文化》上大登其启事与广告，而其态度又很恶
> 劣，……也就想批评他几句。（落款时间为1927年3月20日）

3月5日，周建人在《一般》第二卷第三期发表《张竞生博士最近
的工作》。文章中说，张竞生博士最近在《新文化》做了三种重要的工
作：（一）是攻击他的爱人褚女士；（二）是声明他的主张；（三）是对我
提出抗议，说丹田呼吸不应反对的。周建人批评张竞生诸多性学观点尤
其是所谓第三种水的错误。

3月，《湖北妇女》刊登褚松雪的诗歌《三月八日的春光》（署名
松雪）。

4月，《新文化》月刊第一卷第三期出版①。本期仍将"性育美育栏"

---

① 《新文化》第三期在《目录》处标注时间为"民国十六年三月"（即1927年3
　月），但从版权页上的"民国十六年四月十五日"来看，应该是1927年4月
　15日以后出版。

分设为"性育栏"和"美育栏",共刊登张竞生6篇文章:

　　社会建设栏:《考试制度的研究》(竞生)

　　美育栏:《美的情感》①(张竞生)

　　批评辩论栏:《性教育运动的意义》(张竞生)、《医氓与性学》②

(张竞生)、《打倒假装派》(张竞生)

　　杂纂:《一串极重要的问题》(张竞生)

以及以新文化杂志社名义发表的《美的裸体游行组织法》,提倡裸体游行,并拟了一个简略组织法:

　　(一)凡参加裸体游行的女子,应先由"内行"的审查委员会从美的方面审定谁才配有赤裸裸的资格。我国女子——新式女子也不免——自少就把奶压束及种种服装的不称,遂养成一个极坏的身体。若使这班女子去裸体游行,势必使观者起了丑感说还是裸体丑而穿衣服为美也。

　　(二)选择一班好身材的女子全身裸体游行外,并应使一部分女子穿了各种新鲜颜色的纱料与极薄的服装,使人觉得穿衣服得法者,也能将有美身体的表现。

　　(三)此外应备一班女子将束奶,及穿种种怪状,不惜现身说法,衬托出来,使人知道束奶的不卫生,及我国女子服装的丑恶。

　　(四)是日这班裸体的女子应该坐在极美丽的大车中,并且扮成为种种景致及有各种意义的表现。有能乘马,坐自由车,及种种跳舞及活动的表现更美。

　　(五)官厅方面应当竭力保护,并当特备盛会及纪念品以赠这班

---

① 《美的情感》在文中的标题为《美的情感——"恨"》。

② 在文中题目为《"医氓"与性学》,署名竞生。

裸体女子。市民方面，如能将一市中的女子最美者选为"裸后"，以为一市之光，俾皆其实名与仪态以为他人模范更能得到极大的美果。①

《考试制度的研究》在正文中题为《中央考试院意见书》，说明考试权的重要性，并建议今后考试法，"第一，在将其平日成绩，品行，与资格，集合起来以为参考的材料；第二，则在用种种科学之法，考试其是否确与平日的成绩相符。故良善的考试法，对学校说，则在尊重其平日的学业使其不敢虚报，而尤在促进学生平时预备的功夫，使其不敢偷惰。对官吏说，则在实行铨选的规章，既使各人各就所学任事，不致于学非所用，而又各使其照资格才力以升迁，以杜绝其倖进恶弊端。对群众代表说，则在考校其名实是否相符"。

《美的情感》针对与褚松雪之情变而作，原计划包含导言与正文四章，此次发表导言与第一章。据张竞生所说，第二章亦已写好，不过后来未见公开发表。

《打倒假装派》是针对叶正亚致周作人的信《〈新文化〉上的广告》及周作人的"按语"的反驳：

> 叶正亚在《语丝》新文化上的广告一段，扯了一篇满纸荒唐话，而且极有党同（共产党化）伐异的嫌疑。我们极知共产党的毒计，凡是不与他们合作的便必被诬为坏人。叶此篇文章的动机也不出这样圈套。

文章对周作人也毫不留情地予以回击：

> 至于周作人君说我的"思想错乱，行为横暴，信奉旧礼教的男子"，恰好此语转以奉赠周君。我们是真正的殉情者，认定爱有情而

---

① 张培忠、肖玉华主编：《张竞生集》第九卷，生活·读书·新知三联书店2021年版，第107—108页。

恨假装，如此思想何会错乱，对褚某的攻击乃系实事实指，如此行为何会横暴？新女子为中心，我主张的，但必具有真情感及会牺牲的女子。我们不是一味"女性狂"的，女性柔弱比男性应当原恕，但不能一味听女性的专横凶暴而不制止。爱之爱得其道与恨之恨得其法，对待女子也应如此态度的，必要如此而后才是信奉新礼教的男子，若周君的一味"女性狂"才是礼教的拜倒裙下的恶劣状态呢。

周君思想错乱到说我的反赤即与军阀相接近，他原不是国民党人，自然不知国民党人应有的态度。若说我攻击应该攻击的褚某为横暴，那么，周君与我们不相干，只凭叶某的片面话，而又自己信口对我漫【谩】骂，这样行为不是横暴吗？有说他为乃弟周建人君报仇，其或然欤！①

---

① 张培忠、肖玉华主编：《张竞生集》第二卷，生活·读书·新知三联书店2021年版，第148—149页。另：对于此文中针对周作人的回击以及《美的情感》等文字，多年之后，张竞生也进行了自我反省，表示对当年冲动情绪的懊悔之意。《十年情场·揭露褚女士的虚伪》中写道："又有一件比这上所说的更为严重，就是当褚女士无缘无故，弃孩离我而出走时，使我极大刺激。遂在《新文化》月刊上，写一题目叫做《恨》，将她屡次对我的假伪欺骗尽情托出，大大骂她一顿。当然从后回想，我在此文实在太过于恶毒，<u>丝毫无留一点原恕的余地</u>。但当我那时以为我必要这样泄愤始能平静我的悲怀，也使世人惩罚她的罪过，这些实在是我那时情感用事的大错误。因此文，而引起了周作人对我的恶骂。他在那时（未做汉奸时）乃是被全国称誉为大文豪兼大批评家的，他的言论影响甚大。虽则周某所说的对人应该原恕的厚道，大端上是不错的。但他的措辞对我完全是'恶骂'，使我那时实在不能容忍，遂即与他大打起笔墨官司。我甚至攻击他个人的私德，说他娶日本婆，为诌媚倭奴起见，他在北京住家门前不升中国旗而升日本旗呢。我往后极知自己那时的错误，可说是为情感所燃烧到失却了全部理性的。那时又有友人华林也因情场失败，助我张胆一同向周某下总攻去了。说起周某先时极赏识我。当我与他同为北大教授时（但彼此不相识），在我出那本《美的人生观》时，（转下页）

（转下页）

在本期"性育通信"栏还刊登张竞生的两封信函：

《张竞生致汪精卫信》（写于 1927 年 4 月 4 日）

《张竞生等致"监委"函》（写于 1927 年 4 月 13 日）

《张竞生致汪精卫信》是针对国共合作，建议汪精卫发表正式宣言：

精卫先生：

敬启者！久未亲面承教，仅从外间窥测，自然对于尊见，不免时有"将槃当日"的误会。下面所言，或也一例。我们国民党是以党治国的。那么，当然不能容许共产党两头并大。又国民党引入共产党来实行三民主义，不是使他们实行共产主义。准此而观——近来先生与独秀先生共同发表的宣言，不免使人疑惑国民党居然容许共产党共治中国了；居然于国民党内容许共产党来实行共产主义了。今《晨报》上见到吴稚晖先生谈话一则，觉得与鄙见及一切真正国民党人的意见相合。但此属谈话性质。故最好应请先生发表一正式的宣言，表示先生是一个真正的国民党，表示国民党容纳共产党为的是增加国民党的势力，但不是为共产党所利用去增加共产党的工作。如此先生则既可见信于国民党，又可使国人与外人知道现在国民政府的政策乃是三民的，不是共产的政策——于内治及外交也较易收美满的效

（接上页）他批评此书的作者（指我）极有'天才'。天才这个奖誉，又是出于那时全国所推崇为大批评家之口，使我真是受宠若惊，又使我抱负不凡了。论情，我应当忍受他对《恨》那篇文章的批评，无论他怎样对我恶毒咒骂，我应哑口无声。在我如能悔过自责，才算美德。可是我那时真是情感烧焚了我的理性全部了，我终于不认过。他骂我是：'爱之欲其生，恶之欲其死。'我反唇说：'是的！我们是极端情感派者（不能全有，宁可全无！），比你的中庸派总是好得万万呢……'我且进一步说周某的文字也如其人的性格，柔弱无丈夫性的。这使他气恼极了，本来，那篇誉我有天才的文章，已经收集在他文集发表出去的，及再版时，他就抽出去不让它再与人见面了。"

果。凡此所说，关系重大——望先生实行之。至于我们几个人，不止做革命工作，并且同时做"超革命"的工作。即在努力为"美与情感及性育运动"的宣传。我们的工作，当然一边靠住国民政府的成功，一边又在提高革命的力量。因为这样"美与情感及性育"的革命，比政治、经济，及风俗的革命更高一层工夫也。譬如我近来所宣传的女子"第三种水"比共产党派的"第三国际"——其关系不是更为重大吗？写此聊博先生一笑。若有机会见面时，再行详说。

顺候

大安

十六，四，四上海 ①

《张竞生等致"监委"函》全文如下：

中央监察委员会诸同志鉴：

现读贵会青电，极表同情，务请贵会认真执行职权。凡属国民党人应当誓为后盾。竞生等意以为第一，当使共产份【分】子不能在本党跨党作怪；第二凡属真正的共产党但求以不害本党的工作为限，其一切行为与言论皆应许其充分的自由。以上二点如有当处请贵会与中央"执委"开联席会议时提出通过，不胜党国前途之幸。

张竞生等仝叩

十六，四，十三

《新文化》月刊第三期的末页刊登了《新文化社附办美的书店通告》：

本书店比别书店具有种种不同的特色。例如我们自己印售的书籍一以美及性教育的性质为主，着重情感及兴趣方面，定价低廉。

---

① 张培忠、肖玉华主编：《张竞生集》第九卷，生活·读书·新知三联书店 2021 年版，第 109—110 页。

其次，本书店所代卖的书籍须经本社精密选择，务使买者得充分满意而不至于上当。又如本店布置：楼下卖书，楼上添备茶点咖啡，置放各种书报，以备观众浏览。此外本书店并附一小小的藏书室，备人"借阅"，并代售欧美各种新奇书，务使中外古今一切有价值之美好书籍，得因此广传流播于人间。

地址：上海四马路中段
开幕期：待布置完竣再行通告 ①

4月12日，蒋介石在上海发动反革命政变。

4月18日，蒋介石在南京成立国民政府。陈铭枢出任南京北伐军总政治部副主任。

4月28日，奉系军阀张作霖在北京杀害李大钊。

4月21日、4月29日、5月27日、7月11日，武汉《中央副刊》分4期（第二十九号、第三十七号、第六十四号、第一百零七号）连载褚松雪的《中国妇女运动浅说》。

4月30日，武汉《中央副刊》（第三十八号）刊登褚松雪的《与张竞生君脱离关系的经过》。今录全文如下，读者可从字里行间一探二人之间的恩恩怨怨。

与张竞生君脱离关系的经过

褚松雪

我怎忍重提起已往的创伤？所以自从今年一月和张竞生君脱离关系以来，直到今天，还没有在任何地方发表过片言只字；一则是提不起我这枝震颤的笔；二则是回想三年同居之谊，虽没有多少爱

---

① 张培忠、肖玉华主编：《张竞生集》第九卷，生活·读书·新知三联书店2021年版，第111页。

情，也不忍反面成仇；况兼我的小孩，要靠他抚养；投鼠忌器，更不忍使失母之雏，再失掉他最后之依托。因此我的眼泪，只有向肚内倒流，而不敢为外人道者，就是这个缘故。

最近在友人处，得见《新文化》第二集，有张竞生君的广告两则。第二则骂得很凶，我只看得几句，手颤色变，气为之塞。孔德芷 ① 同志把书夺去，强拉我到外面去散步。迨回来，书已不知去向；云在杨同志处，也就无从查考了。其后多方购买，都没有买到。

前天有友人自北京来，谈及《语丝》上载有我的近事和周启明先生极公平的评语，积愤之心，不觉为之一快。昨日得读《中央副刊》尹若先生的一篇文字，题目是《又一个〈情波记〉的作者》。他是竞生的朋友，而肯从客观上立论，更是值得我钦佩的。懦弱的我，也只得把真相诉诸读者，但关系较重大者，仍旧略而不说，冀为竞生稍留余地。

现在把三年悲惨的同居生活写在下面。

三年以前，我们彼此的思想很接近，并且他是满怀不合时宜，我也抱一腔孤愤，而且又都是国民党的同志。他在北大教授中，是激烈分子，提倡"新武化"主义，主张"美的死法"，鼓励青年们要作壮烈的牺牲。我看他性情刚直，意志坚强，是个有为的青年，必能提携着同走革命的道路。在同居以前，真看不出他的破绽来。同居以后，渐觉他的性情暴戾，遇事专制，不尊重对方的人格。自从友谊变成夫权后，一切俱由平等地位而转入奴主的关系了。和他谈话，只可以唯唯听命，不能取讨论形式。倘然答案与他意见相左，就可以使他恼怒而至于骂人。在第一个月中，已经被他骂过两三次。但骂完即赔罪。一日之中，喜怒万变，人皆说他有神经病。我始而

① 孔德芷：疑为孔德沚（？—1970），茅盾夫人。

不信，后来越看越真。见他对待用人们，也非常暴戾，有小过必痛骂严责而后已；婉劝不听，反益迁怒，待气平则又偏向他人说好话。于是知其喜怒无常，确系神经病了。然在平时，则又十分琐碎。我的一切行为举动，日常小节，必须遵从他的意思。他说的话，就是原则和命令，不得违抗！然而物质上的爱护，又是无微不至。冷则为我加衣；食则殷殷劝进。出门必叮咛嘱咐，惟恐有失。凡此种种，在旁人看来，必以为美满姻缘，毫无遗憾的了。孰知与神经病者同居，所苦乃在精神，而不在物质。自从怀了小孩，他就盼生男孩，好继续他的事业。果然小男孩出世了。他喜极如狂，费了许多钱，为小孩购置一切贵族式的用品。因为爱子心切，偶闻啼哭，必责人失于看护。我是母亲，当然是首当其冲。

北京什刹海的旧居，是四合式一所平房。我带小孩老妈子大小三人分住三间北屋，而教他住在南屋；晚上小孩独睡小床，我每夜要起来三四次；喂奶及一切零碎事，他必须教我自己做，否则就不放心。小孩哭一声，他就问询；哭至三四声，而骂人；再哭则披衣赶过院子来，悻悻然似乎要将我这个做母亲的一拳打死才好呢！疲倦得浑身酸痛的我，逼于母性的爱，恐怕吵起来，使小孩受惊，只好一颠一顿地，抱着小孩来回地走。晚上失眠，白天还须受零碎的气。他不可怜我的憔悴形骸；不体谅我衰弱的心力；偶然一件家事没有料理好，他就将我斥责。例如"半瓶酱油又教老妈子偷去了，好主妇……混账……给我滚"等等竟成为常日生活的头口语了。记得大前年冬天，一间房晚上没有加锁，而且是他自己不让锁的；忽然被窃贼光临偷去了一只洗澡盆（小孩的），两双旧皮鞋，一面镜子等类。他心痛失物，又将我大骂；并连声叫我当夜就滚蛋。我至此已忍无可忍，冒寒走出大门，越过柳堤，走到冰上。意思是希望跌落下去，好了却这悲痛的生命。（懦弱的表现，蠢的表现！）走不几步，被一个老妈子硬拉回去，他也向我屈膝赔罪，并立誓不再骂人，其事始已。第二天我因受寒而病，他因找不到东西，又开口骂我；在发热至三十九度的我，勒令起来找东西，实则就在手边，他向来乱丢乱放，尤其不会找一件东西。这一次实在让我灰心，看穿他待我之情竟不如路人。所以不许走者，徒为小孩故耳。

最不可恕者：他不愿意参加社会运动，也设法不令我去参加。他自和李守常先生意见不洽之后，思想渐渐右倾，反而嫌我过于激烈。我的同志们来信，不论男女，概被检查；实则我其时对男朋友早已弃绝通信，女友之有色彩者，也因遭他的冷淡而形式上表示疏远了。把我围困得有如铜墙铁壁一般，不怕再会飞到天上去了。每当家事顺遂，小孩安乐的时候，他不发怒，或一怒即平。但有时从外面过了不如意的事回来之后，必须拿我出气；气得我胸口还在痛，他又调好了牛奶拿来赔罪了，然而我如何喝得下去？如此家庭，真同牢狱。但懦弱的我，因怕社会嘲笑，及小孩失母的两重关系，因循不进地去在专横的夫权下过了半年多的生活。胃病是一天比一天深；人也消瘦得不像样子了。暑假到来，北大要快放假，我和老妈子们，都惧怕他在家琐碎，遂想一个敬而远之的法子，提议到西山去避暑，而留他一人在家照料。他也急于要编《美的社会组织法》讲义，乐于清净。各无异言。我们住在万花山半山一个庙里。一天，他去看小孩，因包饭事，和管庙老太太吵闹，要打她。被我劝急了，老羞成怒，竟把我顺手推下山坡来。幸亏有一株树挡住，否则早已粉身碎骨了。西山万花山娘娘庙的一家人，均亲眼看见，也替我气愤。我此时真想拉他到巡警局去打官司，无奈黑暗的北京习惯法，两口子吵架，女的无罪也是有罪。我何必再去看这种人的嘴脸！这次他不陪罪，竟自回城去了。我忍着气，只和庙里的老太太们说闲话，一面心中打主意，先雇奶妈子，让她管了孩子，我抽工夫再去教书作为恢复人生的一个根本办法。并且经济上活动些；因为他虽挥霍，我却没有一个大钱在手。每日买菜等钱，都要从他手里去领；菜少了嫌吃不来；多了又嫌费钱；自己用多了钱，却在我面前愁穷；我是硬气的。他不给，我也不要。我偶然做一件不得不做的布衣裳，他总要这样数念两三遍，"没有钱了还要做衣裳"，然而一转眼，十多块钱吃的东西又买来了，实在他自己好吃而不好穿；每一季从没有一套以上的衣裳的，凡认识张竟生者，当知我言之不谬。

据他自己说，在法国爱过一打以上的女子，从来没有长期的；最多不过一两个月就吵散了。我这才明白他为什么现在这样恨我，就是时间太长了的缘故。

他又口口声声说："爱情是要创造的"，但这样骂人打人，不知算创造还算破坏，可见言与行达之甚者了。其时他早又和北京某太太西山某太太发生爱情关系，但我却并不妒忌，因为早把他看作路人了。他对我说，那两位情人都比我好过万倍。所以还留我者，就因为小孩的缘故。读者试思，那【哪】一个人听了这种话不冷心的。

我视他为雇主，他待我如保姆。预计再过二三年小孩长大，定必是个分离的局面。

忽一日异想天开，要登报征求各人两性关系的自述，作为研究材料。一月之后，欣欣然拿了所征得的文章，要去出版，题曰"性史"。我一看都是小说体裁，不但全无医学根据，而且绘影绘声，意义甚是卑劣。我就劝他说，"性教育未始不可以提倡，但是须用庄严的口吻，有科学的根据，方能使青年界得到益处。像这些材料，都是无益而有害的……"。话未说完，他就大怒道：你懂得什么？第二天，竟然把它付印去了。《性史》畅销之后，他十分高兴，常以中国的 Ellise 自居，要到各处去周流讲道。北大考毕即南下，在汕头招学生讲授"美的性育"。乃听者寥寥，不能成班，于是到广州，上书国民政府，要求设立"考试局"而自为局长。不得要领，又谒广大校长褚民谊，求为教授，亦无结果。愤极！遂回上海，大骂广州政府被共产党把持，非打倒共产党不可！张继本是他的老友，闻之大喜，遂相联合，拟办一杂志名《建国》，专作反共产的宣传；而以竞生为编辑。他就写信到北京来报告一切，并教我勿与共产党合作。我大惊！想他从前虽则凶横，还不失为一个站得住的学者；不料竟堕落至此，甘为反动派的走狗，而以每月二百元薪水自卖其身！真于我意料之外！从前还敢敬重他的人格，虽痛苦犹能忍耐；今既如此，是不可与一日居了。然而还希望他能够悔悟，遂写了一封长信，苦口规劝，并以去留为争；得复信，谓已采纳我的意见，无论他们的杂志是否办，他本人决计不当编辑了。张继闻知此事，遂大不满意于我！

旋应艺大校长周勤豪之请，任该校教务长之职。十月初，我和小孩回上海，也暂住艺大。初尚相安，不到一月，又因家常细故，大闹大吵，竟至全校哄堂；女生辈恶其横暴，相率不上他的课！

每天晚上到张继家去，不知作些什么事。

十一月底，又和庶务打架，校长鉴我前事，竟置不理，遂愤而辞职。被某资本家邀去办《新文化》杂志，移寓法租界。我在市党部工作，距离很近，总是回家吃饭。饭时他必指我数骂共产党之罪，我向有胃病，至是竟视吃饭为畏途！他的同乡黄树芬君，思想很左倾，也常来我家便饭。他就一并带骂在内；一面又大嚼我所做的江瑶柱、火腿等菜，而不嫌其为共产党人之饭余了。

本党改过之前，他就向我提出两个条件：一，今后脱离国民党，服从他的命令，帮助他办一种报，每月给我津贴一百元。二，否则就叫我滚蛋！

舍不得我那可爱的小孩！他每天依依怀抱，一点钟不见必叫"妈妈"，并且身体强壮，聪明活泼。我俩一走，怎能够了得。他父亲虽然疼爱，究竟是个神经病者，喜怒无常，小孩怎不吃苦？倘由我一人抚养，将来或可造成一个良好的青年，然而竞生曾声言"小孩是我的性命，决不给你"。看看小孩，又看看我自己，走罢【吧】！牺牲了他！不走罢【吧】？牺牲了我！然而我的胃病已深，且易咳嗽，竟有肺病的嫌疑；即使不走，也必活不到几年；我死了，小孩还是要遭后母的。好！硬着心肠走罢【吧】！

几夜不眠的结果，答复了他第二个条件，就是"准其滚蛋"。那天，是一月十三日，遂登广告招请保姆。三天之中，他已选定一位广东人，答应二十一可以就职。

我的苦痛及被压迫情形，刘尊一①同志，知之最稳。一天晚上，她带病来看我。我就告诉她已和竞生决裂，现在走到那【哪】儿去好呢？她也替我凄惶。最后我决定到武汉去，索性痛痛快快干一下，省如在上海这样环境里，欲求牺牲而不可得！她又问我"有没有盘费？"我说"还有四十块钱，是市党部给我的薪水，留着没有用呢。大概可以到得武昌了。"在竞生表示逐客令之后，我送她上了黄包车，凄凉的暮色，遂隔断了我俩的视线。最近听说她已被万恶的蒋介石所捕。我焦躁极了。在写这篇文字时，不知她已作何情境，怎不令人急煞？

---

① 刘尊一（1904—1979），名贵德，四川合江人。民革党员。曾留学日、英，新中国成立后为西南师范学院教授。

关于"准其滚蛋事",知竞生无意挽回成命;用话试探皆遭失败。二十下午,楼下客人甚多。我独自在楼上写一篇文字,预备编入《女伴》第三期。他抱小孩上来睡,因照料稍迟,竟逢其怒。又复大吵。适有寄 L 君一信,也在桌上,我是公开的,况他已叫我滚蛋,夫妇之义已绝,即有所爱,也于他无涉;而况他是主张"爱情可以变迁的"呢?谁知竟大不然,故将此信,定我死罪,汹汹然如拘罪犯。时众宾客闻声咸相遁去,只存华林、徐子仁、黄树芬三人,出作鲁仲连,无效,立刻叫我滚蛋!遂立凭据。其中警句是"以后竞生与小孩,松雪不得过问"。意恐日后母子相认,于彼不便,故出,断语也。友人辈也均不直其言。

第三天,我遂离家,只身来武汉。蒙妇女协会同人们不弃,留我在会中居住,直到现在。

可笑!竞生大骂我"跟人逃走",不知他先自绝于我,证据俱在;迨到真的走,又大骂不已;其实二十那天,他倘肯宣誓脱离西山会议派,任我在国民党服务,则最后之决裂,犹能避免。无如迷惑已深,不知悛悔,自贻伊戚,又能怪谁?

至于我的好友 L 君,那时的确是在武昌。不过我已是劫后余生,知道所谓爱者,也就如此而已。所以至今,还只是一个好友!

革命事业,是我终生的伴侣。爱之花已变成革命之花;儿女之情,将永不能影响我冰铁似的怀抱了。

在这样紧张的环境里,一天都是忙不过来;真没有功夫和张竞生去翻闲话。此后如他再有攻击我的文字,决计不再答复![①]

---

① 张培忠、肖玉华主编:《张竞生集》第二卷,生活·读书·新知三联书店 2021年版,第 166—172 页。

4 月，依托于新文化社，张竞生筹划开办美的书店。由出资占股最多的潮州同乡谢蕴如任经理，张竞生任总编辑。最初的股东还包括彭兆良等。书店地址初位于上海四马路（今福州路）510 号。在《十年情场·我竟守身如玉》中，张竞生回忆道：

> 这是一九二六年与一九二七年的事了，我因在北京大学教了四五年书，照例可请假与照领薪水到外国再行游学一二年，但当我到上海不久，大贼头张作霖打入北京，派了刘哲为北大校长，宣布一切教职员欠薪截止给发，一切蔡元培校长在北大的规制都被推翻了。我只好留在上海与友人合资开了美的书店。说起来真好笑：这间书店的资本只有二千元，除了租金与布置门面外，全部资本已将用完。店中尚雇用女店员四五人，我那位出资最多的友人谢蕴如就任为经理，我只充为总编辑，拉拢临时编辑三四位。若过一二个月书卖不出，只好关门，因为资本是不能再有加多可以移用了。

美的书店开张之后，多出版关于性的问题的各种书籍，加之较为独特的营销方式，销量颇佳。张竞生后来回忆道：

> 幸而初开张时，门庭若市。所出书籍即时卖空。那么，你们定要问这些书是什么宝贝，能够这样引诱人？是《性史》吗？是新式的淫书吗？这些都不是的。我们当时所出的，就是上记所说蔼理士的各种性的问题。他每段落的原文不长，每一问题译述出来，大都不过一二万字。我们的书本是普通装式，定价仅值二毫。各种讨论都是具有科学根据，自然在国人看来甚觉新奇可喜，价又便宜，所以买者极见踊跃。或者还有一件新奇的号召，即于书面上都印上了一个裸体女像（是巴黎公开出版的裸体女像，只有艺术性，当然无

所谓有淫形之类），或者尚有一种商业广告术的影响吧 ①：即是我们的店员都是女性的而且是少年，也有些漂亮。在那时的上海商店，都无雇用女店员，只有一间外国人杂货店有一二女店员吧。也许与我的名字有些关系，因为《性史》出版后，社会对我自然有许多好奇心了。（《十年情场·我竟守身如玉》）②

5月3日，上海《时事新报·青光》（时任主编梁实秋）刊登梁实秋的《"第三种水"？》（署名秋郎），批评讽刺张竞生"第三种水"之说。

5月5日，潘光旦 ③ 在《时事新报》副刊《学灯》发表《〈新文化〉与假科学——驳张竞生》。文章写道：

---

① 鲁迅曾在《萌芽月刊》第一卷第二期发表《书籍与财色》一文，对该书店的商业促销手段颇为不堪："最露骨的是张竞生博士所开的'美的书店'，曾经对面呆站着两个年青脸白的女店员，给买主可以问她《第三种水》出了没有？'等类，一举两得，有玉有书。"

② 张培忠、肖玉华主编：《张竞生集》第五卷，生活·读书·新知三联书店2021年版，第11—12页。

③ 潘光旦（1899—1967），字仲昂，江苏宝山（今属上海）人。社会学家、优生学家。1922—1926年赴美留学，主攻生物学、古生物学、遗传学，对哲学、心理学、人类学、优生学等多个领域皆有所涉猎。1926年回国后曾任教多所大学，讲授优生学、遗传学、进化论等课程。曾主编《时事新报·学灯》《书报春秋》《优生》月刊、《华年》周刊。1926年5月潘光旦于《时事新报·学灯》发表《〈新文化〉与假科学——驳张竞生》一文，公开反驳张竞生的性育理论；于6月14日、24日又写出《性教育者的资格问题》《变态心理与社会治安》二文，对张竞生的性教育者资格提出质疑。直到1941年，潘光旦为其译注的蔼理士《性心理学》写作译序时，还提到"有一位以'性学家'自居的人，一面发挥他自己的'性的学说'，一面却利用蔼氏做幌子，一面口口声声宣传要翻译蔼氏的六七大本《研究录》，一面却在编印不知从何处张罗来的若干人的性经验，究属是否真实，谁也不得而知；和这种迹近庸医的'学者'原是犯不着争辩的，但到忍无可忍的时候，译者也曾经发表过一篇驳斥他的稿子"。

近来坊间，发现一种新杂志——《新文化》——大谈性教育与其他类似的题目：他的口气大极，像有无上的权威似的。其中侈谈性育的文字，似科学而非科学，似艺术而非艺术，似哲学而非哲学，本不值得一驳。最近的第二期里，主编者不自知其谫陋，竟讨论性育与优生的关系起来。涉及性的文字，胡乱写来，原与淫书无别，早已成为一班文妖、假科学家、与假艺术家的渔利的捷径。优生学的题目比较新颖，在中国社会里，虽时常有人讨论到，三四年来居然还没有经此辈的播弄。如今《新文化》竟以提倡优种学自居，并大言不惭提倡优种之"方法"！一种学术，一种社会革新的理论。始终逃不出假科学假艺术居奇垄断的一番刬数，真可浩叹；在一切学术方见萌蘖的中国社会里更是可痛了。

5月6日，《时事新报·青光》刊登梁实秋的来信《张竞生丑态毕露》（署名丹甫）批评张竞生，称之为"诲淫渔利的假科学家"，并说：

科学艺术，他哪里懂？张竞生处处是以轻薄的态度描写性交，宣扬女人方面的襄秽。我觉得奇怪，褚某对于他不算什么了，而张竞生的妈妈，当初，生他养他的时候想必也受了很多苦，何以他不看他妈的面子，给女人稍微留点地步？信后有记者按语：

记者曰：我们不能十分痛快的骂张竞生，因为我们不能十分的降低我们的人格。最有效而最省事的教训张竞生的办法，就是以后不看他的文，不再提他的名字，否则无论骂他恭维他，总是替他登广告。这种人绝不以挨骂为不舒服。而在国家将亡的时候也绝不可以有这种人。[1]

---

[1] 张培忠、肖玉华主编：《张竞生集》第十卷，生活·读书·新知三联书店2021年版，第179、180页。

5 月,《新文化》月刊第一卷第四期出版。从第四期起,《新文化》月刊的发行者由新文化社发行改为美的书店发行。本期刊登张竞生如下文章:

社会建设栏:《哀女生张挹兰①》(张竞生)

性育栏:《性部呼吸!》(张竞生)

批评建设栏:《砍不尽的上海文氓头与泸胞及周建人》(竞生)、《又出了一个怪头》(竞生)、《美国的快活政策》②(竞生 蔚文)、《勉新女性编者章锡琛君》(竞生)

《哀女生张挹兰》高度赞扬张挹兰就义的意义,称这是 "死的胜利!美的死法!":

当我得知你一车赴绞场就义时,"面现喜色,摇首挺身而入",我此时几如发狂一样的跳跃呼号,嚷破了喉咙我尚继续唱下去——

死的胜利!

挹兰! 挹兰!

死的胜利是属于你的!

你以一死洗尽中国女子许多的弱点!

———————

① 张挹兰（1892—1927）,湖南醴陵洲坪乡（今属株洲）人。1922 年夏考入北京大学预科和北京大学教育系,为李大钊、张竞生的学生。1925 年 4 月,在北京大学加入国民党左派组织 "中山主义实践社"。不久,当选实践社理事,并加入中国国民党。五卅运动后,更加积极投身反帝反封建的群众斗争。1926 年 4 月,当选国民党北京特别市党部第三届执行委员会委员,并任北京特别市党部妇女部秘书。1927 年 1 月,任国民党北京特别市党部妇女部长,在李大钊的领导下,肩负起领导整个北京妇女运动的重任。1927 年 4 月被张作霖部逮捕,4 月 28 日与李大钊等 20 位革命者一起被秘密处以绞刑。

② 此文其实是抄录蔚文所译之《美国之快活政策》,张竞生加了几句说明。

你以一死唤醒许多民众的迷梦！①

《性部呼吸》提出了性部与呼吸及血运具有一气合作的现象的观点，而性部呼吸的现象分析起来可概括为三大部：（一）血液的消长，（二）神经系的感觉，（三）筋络的伸缩。

《砍不尽的上海文氓头与泸胞及周建人》一文称周建人为上海文氓，"上海文氓的头确实如希腊怪物一样，这边砍去一个，那边又生出若干个来，我们砍之不胜砍，只有坐看这班头的奇峰突出以为美观吧【罢】了。"

《又出了一个怪头》是针对潘光旦的《〈新文化〉与假科学——驳张竞生》所作的回应，强调自己关于"第三种水"等说法的科学性。

《美国的快活政策》其实文章主体为蔚文所翻译的《美国之快活政策》一文，张竞生抄录于此，前面加了一段简短说明，表示出其"心驰神往"之意。

在本期"性育通讯栏"中刊登了署名罗汉、周君、曹君、卓哉的四封来信，张竞生署名"竞"予以答复回应或点评。并与华林、湘萍一起参与"周作人君真面目的讨论"，张竞生撰有《竞生的评论》。在文中，张竞生对周作人语含批评讽刺：

> 他是骑墙派滑头家，故凡对于一切激底及极端的事情皆认为不对的。根本上他就不知激底的情感是什么事，不必说极端的恨为他所攻击，就以极端的爱说，如恋爱一人至于憔悴为情而死的，也必被他骂为癫狂。他理想最好的行为就是普普通通平常无奇的人物，若有一些超群拔萃的举动，他就容受不得了。可恨是在这个死气沉

---

① 张培忠、肖玉华主编：《张竞生集》第九卷，生活·读书·新知三联书店 2021 年版，第 116 页。

沉的中国，他竟得了一部分人的同情而说他的批评是极稳健的，而不知他的遗害极大。

周君为人甚阴险，这个自然与他的滑头态度有相关的。他的阴险事甚多：如他家门前挂起日本旗，被人骂后，他就说他家内有"妻党"的日本人住在家内的缘故。他要辩明他不是日本化，自动地在去年说他今后不再定阅北京《顺天时报》了。这个报纸若干年来为著名的日本机关报。周君定阅许多时日，怎样不知，何以于最近期才能看出此中的奸诈呢。①

本期扉页有美的书店开业的广告，书后有《美的书店开幕通告》。《通告》称：

> 幕已开了，其中有的均是新奇的中西书籍。所用女店员都是长于商业常识，招待周到自不必说，又为答酬购客起见，用特赠送大美女画一张以为开幕纪念。
>
> 地址：上海四马路五百十号
>
> 又本书店所卖的以性教育书籍为大宗，著名文艺与小说及诗歌和外国文等书籍亦卖在售之列。

书店以"美的"命名，显然是张竞生"美的人生观""美的社会组织法"思想的一种补充和延伸。正如美的书店的股东之一彭兆良所言："这书店题名'美的'，就是从'美的人生观''美的社会组织法'上一贯来的。"（兆良《记张竞生》，《茶话》1947年第19期，第33—34页）而在美的书店聘用女店员，招致社会各界的申讨与批评。其实，对于这一做法，张竞生的想法是：

---

① 张培忠、肖玉华主编：《张竞生集》第九卷，生活·读书·新知三联书店2021年版，第112—113页。

美的书店打破那时中国的传统，聘请几位年轻女店员。在我们这样的人，对于"男女平等"这个原则，是认为天经地义的，但就那时在我国最称开通的上海说，除了一间犹太人所开的什货店，他们自然有犹太女店员之外，我国所开的任何店铺都无女子加入。我想这是极不合理的，且也有背商业的利益。因为商务最重要的在讲感情，女店员便是此中最能发挥其情感与外交的才能。至于个别几个硬绷绷粗辣辣的男店员，使顾客一见就不高兴。譬如买一双鞋吧，在外国，由女店员为你温柔地试穿上，有商量，有选择，那你当然不好意思不买吧。（《浮生漫谈·女店员和我》）①

章克标的看法倒是比较客观，认为张竞生雇佣女店员，是"出于张博士的美学思想及男女平等的原则"②。

5 月 14 日，武汉《中央副刊》（第五十一号）刊登褚松雪的《哭张挹兰》。

5 月 20 日、21 日、22 日，美的书店在上海《申报》刊登广告，欲招请女店员三人。

6 月 7 日，武汉《中央副刊》（第七十四号）刊登褚松雪的《理想中的北京》。

6 月 8 日，美的书店在上海四马路 510 号开业。（上海《申报》1927 年 6 月 7 日第 10 版）

6 月 14 日，潘光旦在《时事新报》副刊《学灯》发表《性教育者的资格问题》，对包括《新文化》在内的刊物所介绍的性学提出质疑。

---

① 张培忠、肖玉华主编：《张竞生集》第五卷，生活·读书·新知三联书店 2021 年版，第 93 页。

② 章克标：《张竞生与〈性史〉》，《章克标文集》下卷，上海社会科学院出版社 2003 年版，第 492 页。

这种种刊物，名为介绍正确的性观念，他们自己的动机和态度便很有问题。名为介绍精当的性知识，他们所叙述的事实常有错误，有的更是半出臆造。要辩驳起来，真是辩不胜辩，驳不胜驳。见了这种情形，令人不能不怀疑到介绍者的资格上去。

同日，张竞生因与大华印局经理王璧如因业务发生纠纷，以至相互大打出手。

6月18日，《福尔摩斯》报 ① 第2、3版刊登江不平的《张竞生大演全武行》：

张竞生大演全武行
因迟出《第三种水……伤及小博士》
北新辟战场……打进巡捕房

美的书店老板张竞生，于本月14日上午九时许与大华印局主任王璧如打架。两人在北新书局扭作一团。张博士声称被王老板踢中性部，伤及小博士，因此扭住王老板，拖入老闸捕房。经捕头审讯一过，斥退不理。两人垂头丧气而归。现正在请律师交涉。其事之始末，容详述如下：

大华印局开设北站山西路口，经理王璧如承印美的书店各种出版品，如《新文化》《第三种水……》《美的人生观》《美的社会组织法》等。王老板因张博士初创事业，十分繁忙，昼夜赶印，不遗余力。无如机器太少，工作延迟，致《新文化》《第三种水》等书脱期半月出版。张博士已大不满意，加以《美的人生观》《美的社会组织法》两书，初为北新书局出版，张博士不过抽些版税而已，此次美

---

① 《福尔摩斯》报，1926年7月3日创办于上海，由胡雄飞、吴徵雨、姚吉光、汤笔花四人合办。

的书店开幕，张博士商之于北新主人李志云，附印三千应销。李允许其附印，因是两家同在大华印刷六千（每家三千）。该书纸型，原为北新保藏，当付印时，由大华凭条向北新取得。印齐后，当然仍由大华交还北新。无如张博士坚欲向大华索取二叔纸型。王不允，双方同至北新质对。一言不合，博士兴起，扭住璧如厮打。璧如亦不肯示弱，拳来脚往，打个不休。北新职员恐酿祸变，力为劝解。张博士心仍未甘，留回店中，纠同职员（男职员）三四人，重往北新复打。璧如眼见来势汹汹，众寡不敌，当唤巡捕拘拿。华捕某寻声而至，将两人带入捕房。捕头讯问一过，斥退不理，两人丧气而回。王璧如深恐张博士因此赖债，故复于午后率同工役之强有力者三四人，拥至美的书店坐索。张博士推脱踢伤性部，避匿不见。王无计可施，退归印局。忽于昨日接潘大道律师代表张博士来信，称王碧【璧】如侮辱博士，并延误《新文化》《第三种水……》等书，所受损失不资，要求王碧【璧】如赔偿。王亦将聘请律师对付。一场风波，皆起于《第三种水》，因《第三种水》而伤及小博士，则《第三种水》之为祸水也可知。后事如何，且听下期分解。

6月21日，《福尔摩斯》报第1版刊登《张竞生声明》：

福尔摩斯大主笔先生：

今日贵报所载我与大华交涉一节，事实不符。现据实情写上以备信证。

大华确将《美的人生观》《美的社会组织法》纸版从北新拿出，但北新老板有亲据在我手。请向大华取版（此据现尚保存），则我向大华讨版，乃为正当办法。不料大华经理王璧如东推西托，甚且当我面前向北新老板打电话说谎。我遂向他说：如此举动，实犯有舞弊的嫌疑。王某闻及舞弊二字，就骂我一大顿。我因不屑与这班人理会，拟扭到捕房辩论。但我自己不能叫警，遂叫店员代叫。店员来后有些不免与王某口角。但彼此未尝相打。我的"鸟"固然好好未伤，王某也未尝被店员有分毫的损伤，此捕房有案可为证明也。是日下午，王某带了无赖数人拟与本店经理为难。幸经理外出。若说为索债而来，则大华尚拿多"美的书店"许多款，此有合约可据也。

王某与我们所立的约，概不遵行。所有印刷品，又恶劣，又错误，又愆期，又骗账，怒得店员没一个不恨他。（凡此所说皆有真凭实据，于必要时可以拿出大家看。）总之，我们愿以法律解决，不愿同王某一班流氓用全武行。我们固不怕无力，但要留些武力以对付较有价值者，不愿复那些毫无价值的流氓也。（下略）①

6月24日，潘光旦在《时事新报》副刊《学灯》发表《变态心理与社会治安》。文中暗示张竞生为"患夸大狂者"，认为他"以专家自命，著书立说，以欺罔一般社会"。

6月28日，武汉《中央副刊》（第九十四号）刊登褚松雪的《女职员问题》。

7月，《新文化》月刊第一卷第五期刊登张竞生以下文章：

社会建设栏：《大奶复兴》（张竞生）

性育栏：《性部与丹田呼吸》（续上期）（张竞生）

批评辩论栏：《时事新报——研究系尾巴》（在文中题目为《时事新报——研究系尾巴——淫虫秋郎——梁实秋》）（张竞生）、《几种爱情的试验》②（竞生）、《裸体辩论》（徐若璋、竞生）

---

① 张培忠、肖玉华主编：《张竞生集》第九卷，生活·读书·新知三联书店2021年版，第126页。
② 在杂志正文中题为《几种爱情的试验法》。

《大奶复兴》一文提出"反对束奶""提倡大奶"的主张，认为"不束奶的女子胸胃极好，呼吸既灵而脾胃又健，身体好而容光焕然。胸前二粒高而且坚韧的如出水的莲苞，遂把女子美的特征完全表现出来，使人可远观而不可亵玩，惟有艳美而无法可以采摘。由此发生社会上有了美的'肉苞'鉴赏的兴趣。女子身体既好，性趣同时又发展，同时而又能引起人健美的成绩。自然同时她的心灵中有无穷的满足骄贵地恃自己为一个天然最美丽的花葩，使世人随意可以鉴赏，但只有一个人可以采摘。故奶部一行开放，不但女子一方面得到身体与心灵各方面的利益，而且使社会也活泼有生气了"。

《性部与丹田呼吸》是接续《新文化》第四期中《性部呼吸》一文继续论述性部呼吸的"科学性"，并提出三种呼吸方法："腹式呼吸"即"深呼吸"、"丹田呼吸"以及性部呼吸。文章最后说：

> 我应提醒读者，凡身体愈强壮，性部愈发展，则其人愈不会淫。我们中国人现在淫极了，许多男女除了为射精器外毫无作用。这因中国人的身体太坏了，精神也因此而颓靡了。身体又坏，精神又颓靡自然不会作事用工了。身体坏，精神颓靡，自然一见异性，就不能支持了。故我国人的好淫与不事事皆因身体不好与精神颓靡。而其缘因大都由于性部不壮健与上所说三种呼吸不灵通。我们今为拯救这个淫靡的中国人计，而给他们这三个呼吸法以便使他们不淫而去做社会各种事，免至如一班半身瘫病之人。除想交媾外一切事不能做呵！故你们要身壮神旺吗？非来实行这三种呼吸法不可。你想得到性欲的乐趣吗？更非来实行这三种呼吸法不可。你们如能实行三种呼吸法，不用服壮阳补阴药，就能使性官康健。究竟药品是无效与被骗的。你们如能实行这三种呼吸，则虽阴萎、阳弱，也能得到相当的补救。你们如能实行这三种呼吸法，则虽身体不强壮也能

使它强壮了。

　　屏绝一切药品！

　　废弃一切机械！①

　　《几种爱情的试验（法）》中提出"试验婚姻"的说法："今后的结婚是要经过试验结婚后方行。这是报告男女爱情成功的日子，是情爱的结果，不是情爱的起始，是彼此已有精神上的了解，不是形式的结合。"

　　《裸体辩论》是徐若璋给张竞生的信，张竞生对此信所作按语：

　　　　我们提倡裸体者，乃是有限制的，如裸睡等，此全为救济一班过于束缚而言，不是主张平日无论如何地而裸体也。总之，有裸有裹，始有好果，常裸不好，常裹更糟。应裸当裸，应裹则裹，既不失于过神秘，也不陷于太发泄。②

　　迫于当局的压力，《新文化》月刊第五期停登"性育通讯栏"。该期末页登有《性育通讯栏紧要的启事》云：

　　　　性育通讯本含有关于性的研究讨论的性质，实为最有趣味的文字。但因当局方面的责难事势将不等不停登。但请读者诸君注意：我们虽不能公开讨论，但私下仍继续进行；凡有问难当尽同人所知以见告。其来件并拟汇为一集，以为分门研究的讨论，俟将来当用最妥当合理的手续公开于世。即望读者勿吝指教，是所祷切。

　　该期并刊有《张竞生特别启事》：

　　　　现市上发现许多假冒我名的书籍，如《性史》各集及《性艺》

---

① 张培忠、肖玉华主编：《张竞生集》第三卷，生活·读书·新知三联书店 2021 年版，第 175 页。

② 张培忠、肖玉华主编：《张竞生集》第三卷，生活·读书·新知三联书店 2021 年版，第 189 页。

等完全与我无干。又美的书店所卖书概由我辈严密检查过。凡一切影射投机书籍，本店断不承卖。

《新文化》月刊第五期刊登《时事新报——研究系尾巴——淫虫秋郎——梁实秋》一文对梁实秋予以反击，称之为"淫虫"：

> 《青光》自从秋郎（梁实秋笔名——编者）主持后，研究系的尾巴随时露出。他从五月一号起才行接办，而在此二个月中所最出力的是一面对于研究系遗老遗少的人物的尽力宣传，而一面对于国民党则阳攻阴讦。以事实说：它对于王国维的尽忠满竖。则连登其事至数次之多。而对于康有为的死，也极视为郑重的事，凡其所载挽联，至目康为圣人，大犯了"夸大狂"的变态心理病。……
>
> 说及秋郎即梁实秋这个小崽——即"小丑"的人物，本来卑卑不足论。不过他是一个研究系有来历的遗裔，而又为现在《时事新报》尾巴的角色，故也值得拿他来讨论一番。①

其后，梁实秋在《时事新报·青光》副刊陆续刊登多篇文章，向张竞生"开战"。具体篇目与主要内容如下：

5月28日，《为下流的小报辩护——与上流的小报无关》（署名徐丹甫）。讽刺矛头直指张竞生："有号称性学博士者，靠第三种水吃饭，国立北京大学还曾请他去当教授。上海还有许多妓寮暗娼，咸肉野鸡，不也是吃这一行的吗？"

6月11日，《"竞学"大纲》（署名徐丹甫）。具体针对《新文化》月刊第四期上的诸多观点与做法"详加研究，拟为大纲，以便学者"，共列举十二条。

---

① 张培忠、肖玉华主编：《张竞生集》第三卷，生活·读书·新知三联书店2021年版，第185页。

6月12日，《丹田？》（署名秋郎）。对张竞生提出的"丹田呼吸"予以讽刺："在现今科学昌明的时代，随便什么东西都可以发明，随便什么东西都可以被发明。听说如今'第三种水'已经过时了，最新上市的口号是'丹田呼吸'。我们对于这层出不绝的发明，不能不叹为是一个洋洋大观。但是我们愿意，从事于发明的人们，暂时以他的自己的身体为限，似乎可以不必在旁人的身上发明出新东西来。万一不得已，发明者迫于真理，一定要说'凡是人就有丹田'，我们总劝他先声明一句，他是没有丹田的。"

6月14日，《性学博士》（署名秋郎）。暗讽张竞生："现在的'博士'，行市落了许多。但是以'博士'为业的人，一天比一天增加。张三称博士，李四称博士，甚而至于作淫书的文氓也称博士。这种博士，既不博，又非士。投机媚世，骇俗诈财，如何是士？说来说去，不能离开男女的方寸之地，焉得称博？"

6月18日，《检查小报》（署名秋郎）。文章同样语含讥刺："富有创造性的上海文人发明了一个名词，叫做'提倡性学'。这四个字是诲淫小报唯一的武器，谁要是非议了他们诲淫的事业，谁就要被他们上一个'提倡性学'的旗号。他们以为这样一来，把自身的罪恶便摆脱干净了。"

6月29日，《取缔淫书》（署名秋郎）。称张竞生"其实开办书店，制贩淫书，也不过是卖淫事业的一种。例如妓女野鸡等等，何尝不是在'美'的旗帜之下做点买卖？"号召肃清取缔淫书："论淫的小报，是已经检查过了，不定哪一天就要实行取缔。一事不烦二主，甚愿将淫书杂志一齐的肃清一下。"

7月22日，《告张竞生》（署名徐丹甫）。针对张竞生发表在《新文化》月刊第五期上的《时事新报——研究系尾巴》予以回击。

7月24日，《"竞学"大纲》，（署名李敬远）。对《新文化》月刊第五期上的内容"谨抄其重要之点，拟为大纲，以为关心风化者之参考"，共列举十条。

7月26日，《取缔性书》（署名秋郎），支持取缔性书并语指张竞生：

取缔性书，比较的还是容易事。即使撰作淫书的人顶着什么"科学""新文化"的招牌，也很难混过世人的耳目。不过以撰作淫书为业的人，和妓娼差不多，只求赚几块钱，什么都可以牺牲，法庭罚他一百块钱，他依然可以私下里继续进行。

性书的销场，以租界里为最盛。小报摊上公开的卖《性艺》，闹市中也可以设立性的书店。撰作性书的人在租界里逍遥自在，口里谈着什么"新文化"，而家里没有主妇，却买用几个十八九岁的丫头，真可说是言行一致。这样的人一日不除，导邪的性书一日不能绝迹。

8月1日，《编辑者言》（署名秋郎），暗讽《新文化》月刊和美的书店：

第三件事，就是近来上海有一种"猥亵"的新文化月刊对于《青光》信口雌黄，承许多位读者来函仗义执言，并要求将其"痛加训斥"。记者以为一个十分没出息的人，什么管教也是无用，倒不如由他去闹，将来自有觉悟的一天。并且天下有一种人我们绝不可与他计较，这种人就是打着"美的"招牌而专门在粪桶里过他的生活，他的满身都黏着一层厚厚的臭的东西，我们若是打他一拳，在他不一定痛，在我们便已黏了一手的臭东西，多不值得。

6月29日，张竞生被控售卖淫书提起公诉而被上海临时法院传审。张竞生并未到庭，而由美的书店经理谢蕴如出庭。最终判决张竞生罚金一百元，没收《新文化》杂志。（《研究性学之张竞生被控》，上海《申

报》1927 年 6 月 30 日第 3 版）

7 月 15 日，武汉汪精卫政府举行"分共会议"，标志着国共统一战线完全破裂。

8 月 1 日，南昌起义爆发。

同日，武汉《中央副刊》第一百二十八号刊登褚松雪的《余沥——杂忆之一》。

8 月 30 日，武汉《中央副刊》第一百五十七号刊登褚松雪的《沙漠中的伴侣》（署名松雪）。

9 月 23 日，迫于压力的蒋介石下野之后离开上海赴日本进行外交活动，陈铭枢也离职赴日。11 月，蒋介石和陈铭枢先后回国，陈铭枢重任第十一军军长。

是年秋，张竞生在暨南大学作题为《青年与读书》的演讲。（见温梓川《文人的另一面——民国风景之一种》）

11 月，《新文化》月刊第一卷第六期出版，共刊登张竞生各种文章 5 篇。

社会建设栏:《为提高党权组织法建议书》（张竞生　许智远　詹朝阳　田家杰等）

性育栏:《性美》（张竞生）

特载栏:《怀华林君》①（张竞生）、《介绍"浪漫派"》（竞生　华林）、《与〈晶报〉论禁淫书而倡性学的方法》（竞生）

《为提高党权组织法建议书》是张竞生与田家杰等人联合向国民党中央特别委员会所提出的关于提高党权组织法的建议书。而"提高党权

———————

① 华林，生卒年不详，上海人。早年曾留学法国，与李石曾留法俭学会关系密切。发表多艺术类评论文章，代表作《情波记》。

非由党部从新组织不可，而尤当着力于下级党部之组织"，具体体现在：（1）县市党部之应改善组织；（2）县市政府以党部人员兼任之；（3）区及区分部之应改善组织者。等等。

《性美》认为："因性欲不发展，或不正当而发展，遂使我国男女的生理起了极大的变化而生出种种的丑状。此中最显著的为面部，奶部与阴部。"

《怀华林君》其实是借怀念华林之名对褚松雪、周作人等所谓"狗男女"的回击，显然是针对《语丝》第124期刊登的叶正亚致周作人的信《〈新文化〉上的广告》及周作人的"按语"而发。

《介绍"浪漫派"》是张竞生接到华林从法国来信说适逢法国"浪漫主义百年纪念"，张竞生对"浪漫派"进行简要介绍：

> 浪漫派是什么？是以情感为中枢，故无情感的人，断不能做出浪漫派的好文字。浪漫派是什么？是以侠气为主宰，他不是老古董，也不是颓唐者。路见不平，拔剑相助，只顾是非，不及利害，这是浪漫者之所为。故浪漫与革命不相违而相成，我们要有真革命家，更须要培成真的浪漫派也。浪漫派是什么？他是以自由为精神，不但文字上贵有自由的表示，而且思想上尤要以自由为依归。国学家滚去吧！古文家一文买几个？我们要的是由个人自由意志去创造，我们要的是由个人自由文笔去表现。我们要的是在真情感。我们要的是在侠义与豪气。老古董滚去吧！古典派是什么东西？一文不值的古典派，快滚开去吧！让"我们的"灿烂芬芳的浪漫派与我国青年行个见面礼！

《与〈晶报〉论禁淫书而倡性学的方法》提出"禁淫书不如提倡性学"之观点。

该期《新文化》恢复了于第五期停刊的"性育通讯栏"。该栏《启事》云：

> 因本刊有性育通讯一项以致引起许多纠纷，遂使本刊前期决定将此项裁去，不意此后收到了许多责备及鼓动的来信，使我们觉得读者的意见确有相当采纳的必要。故今后本栏仍然照登，但以其事实简单文字老到者为主，其美妙的描写而有挑拨性者则拟为汇集成书，仿欧美通例印成私版（Private print），庶几读者与法律两得之矣！

该期还刊登署名情云女士，家雄、秀贞，HOC，致重，秦伯，秀坚等人的6封来信，张竞生署名"竞"予以答复回应或作点评。

另《新文化》第六期有张竞生对钟武平《女子缠足与生殖器之关系》、徐敬仔《一封信》的回应文字。

《新文化》月刊从1927年元旦发行之日起，一直饱受争议和批评，甚至被警察局起诉至法院，称其为"淫书"，此后官司与麻烦不断。在"步履蹒跚"地出版了第六期之后，《新文化》月刊终于被上海临时法院以"猥亵"之名禁止继续出版。

11月25日，《民国日报》刊登《张竞生自白》：

> 本报昨接张竞生来函，略云：谈天说地小报主办人姓名已在本埠报上登出，证明我毫无干涉，大华社何以故意牵我入内？"淫书"云云，乃许多老朽下流诬蔑人之惯技，实则不能吓倒我辈以"性书"提倡之人也。

张竞生谨具　十六，十一，间十四 ①

11月30日，张竞生委托律师伍澄宇在上海《申报》第4版发布

---

① 张培忠、肖玉华主编：《张竞生集》第九卷，生活·读书·新知三联书店2021年版，第150页。

《伍澄宇律师代表张竞生声明启事》，对最近市面上假冒张竞生与美的书店之名出版《性史》一书渔利予以声明。

12月，张竞生的《性书与淫书》由美的书店初次出版。共约1.6万字。该书《导言》中，张竞生再次表达了编《性史》的初衷：

> 我后来决定单独调查者其动机有三：
>
> 第一，我曾研究霭理斯所著《性心理》丛书（它已成为世界名著，刻由我主译，在美的书店出版好些本了），见其中所附属的性史（Histories of Sexual Development）材料甚为丰满，不但由此可以知道个人性的真行为，而且可以得其材料为性学的研究。可是同时使我大起感触者：这部丛书虽为世界名著，但关于我国性的介绍甚属寥寥而且很不确当。例如说我国人不重处女膜，因少女入浴用指勾入阴户而洗涤，以是处女膜无一存留。又如说我国父亲于其女孩三四岁后就不敢与她亲吻，恐怕触动她的性欲。诸如此类，多与事实不符。这也不是作者有意侮弄，乃缘我人对于性的材料甚少贡献，遂使外人误会到此。由此引起我征求性史的动机之一。
>
> 第二，我以为在学问之前，一切平等。研究天文学者不能视为高贵，而讨论性的问题者不能视为鄙贱。就学问说，并无此高彼低。牛屎马尿与花露水同样具有化学研究的价值。性交机能，与蒸气管抽送同样具有机械学的深理。若就其人生实用说，则我以为性学比他种学问更为重要。最可惜是国人对此层学问视为鄙贱不屑过问。这也使我生了人弃我取，以征求性史而治性学的动机之一。
>
> 第三，我鉴国人因为太不注重性的问题，遂生出了两个极恶的结果。一边，则对性问题，一言不敢道及，一字不敢写及，以致养成了一班虚伪假饰的道学派。一边，则因人类性的要求不满足，遂产生了一班闭门杜撰，向壁虚构的淫书家。道学家的制欲，与淫书

家的纵欲俱足以摧残人性。我们看这两边的危险而想打出一条生路来：惟有一边，扯碎程朱①的《四书集注》；一边，焚却了《灯草和尚》的恶缘，而于其间从新产生一些俱有科学价值的性史。

由上三个动机，遂使我的性史征文终于登在《京报副刊》之上了。我本希望至少可得千数百篇性史，藉以周知国人性的真相而得从事于性学的讨论。殊知在征文登出一个余月后，收得性史不过十几篇。推其情势，似乎投稿不能再多。眼见我的计划将于失败，遂择其佳者汇成为《性史》第一集先行出版，第一意思乃在藉此以引起读者的兴趣，而使其投稿源源而来。但尚有一要紧问题而使我亟亟于出"性史第一集"者，则为"第三种水"的发现。我前在书上仅能领略此水的一些作用而已。自得到"一舸女士"那条性史后，顿时使我觉得这个发现的重要。因为女子能于交媾时出第三种水，不但对方男子得到性的满足，而且女子能得精神与肉体的和谐，并且于优生淑种大有关系。②

在书中，张竞生专门将淫书与性书的划分标准作了界定：

头一问题：专门描写性交者为淫书——以生理，心理，病理，及社会学理为根底而描写性交者为性书。

第二问题：注重性交的质者为性书——而注重其量者为淫书。

第三问题：凡描写正当的性交（常态的）者是性书——而写其不正当一方面者为淫书。

---

① 程朱，指宋代理学家程颢、程颐和朱熹。三人皆提倡性理学说，后人以"程朱"代表宋明理学一派。《四书集注》乃朱熹的著作。
② 张培忠、肖玉华主编：《张竞生集》第三卷，生活·读书·新知三联书店 2021年版，第 32—34 页。

第四问题：凡以情爱为重而间涉及性交者为性书或为"情书"——凡不以情爱结合的性交者为淫书。①

民国十七年（1928）　40 岁

1月初，张竞生被上海学术书店聘请担任编辑主任②。（上海《申报》1928年1月6日第1版消息：《学术书店招请编辑》）

1月27日，上海法租界公共巡捕房以张竞生著述《第三种水》之内容秽亵之由往美的书店拘捕张竞生。适张竞生外出未获。旋即张竞生偕律师自投捕房，交保证金后被释。

1月28日，上海临时法院开庭审理张竞生案。张竞生到庭，终以写售"淫书"，有伤风化之罪名被法院判决处罚金一百元，没收"淫书"。（上海《申报》1928年1月29日第3版）

2月12日，美的书店经理、最大股东谢蕴如在《申报》第3版发表《退股声明》，表明其退出美的书店之意。

2月，陈铭枢率部回广东。3月，被任命为广州政治分会委员。6月，任广东省政府委员。

3月上旬，美的书店因旧址翻造，遂暂迁河南路棋盘街525号近广东路口，但因位置不佳，不久就将此店面以极低廉的价格转让给了《孽海花》的作者曾朴（孟朴）父子开办的真美善书店。而真美善书店在此处经营亦不佳，几个月之后就关门了。（见上海《申报》1928年3月6—12日间所刊登的广告《美的书店迁移大廉价》；彭兆良《〈性史〉作者，

---

① 张培忠、肖玉华主编：《张竞生集》第三卷，生活·读书·新知三联书店2021年版，第41—42页。

② 这是据《申报》所刊载的消息，但从张竞生的学术活动来看，他似乎并未在学术书店就职或者从事实际活动。

学术界奇材：张竞生的传奇生活》之四、五，上海《小日报》^①1947 年 12 月 8 日）

3 月 14 日，美的书店因专售有关性的书籍被巡捕房查抄。

3 月 15 日，张竞生被上海临时法院传讯。（上海《申报》1928 年 3 月 15 日第 14 版）

3 月，蒋介石任命陈济棠为广东编遣区主任；不久，又任命他为"讨逆第八路军总指挥"。4 月 10 日，陈济棠封闭了原来由李济深任总指挥的第八路军总指挥部，建立"编遣特派员公署"，作为广东的临时最高军事机构。

4 月，金满城在上海《民众日报》副刊《民间》发表《张竞生博士》一文，为张竞生之性学辩护，并说明张竞生与褚松雪情变之原由。同时附有张竞生针对金满城文章的辩信二封《满成，你有些说错了！》与《满成，你又按错了！》（其中第二封写于 1928 年 4 月 30 日）。（金满城《鬼的谈话》，《民众日报》社民间出版部"民间丛书"第一集，1928 年 10 月初版，第 225—240 页）^②

同月，张竞生将由他发起的 1923 年那场爱情定则大讨论的文章编辑为《爱情定则讨论集》一书由美的书店出版，共约 9 万字。并有张竞生所作《序文》。1929 年上海好青年图书馆再版。此后该书多次被改头换面式地盗版。

---

① 《小日报》，1919 年 4 月 1 日韩天受创办于上海，是反映当时风俗民情、社会文化的通俗报纸，但出至 40 期即停刊。1926 年韩天受的弟弟韩啸虎复刊《小日报》，后又屡复屡停。1937 年再次复刊后的《小日报》，以大量刊载文学作品，特别是海派作家作品和鸳鸯蝴蝶派作品而声名大振。

② 根据金满城《序言》所说："从第一篇《元宵记游》至《五月九日》止，都是最近作的，是为《民众日报副刊》《民间》作的。"可知上面文章最初发表在上海《民众日报》的副刊《民间》上，时间为 1928 年 4 月。

5月1日，在《新文化》月刊停刊之后，张竞生主编的《情化》杂志创刊号发行①。《情化》的《此志目的》云：

> 年来，国内性学与淫书闹得一般道学家寝食不安，以致他们头脑混乱，竟将性书与淫书一例看。其实，性学应当提倡，而淫书应当禁止，这是稍具有常识者就能知道的。我们固无怪那般人的糊涂；他们实在不晓得性与淫的分别；或有些知道了，而因别有作用，遂致也一样糊涂起来。

> 性学的高深，莫如在利用其精力，为文化的升华。故我们于介绍性学之后，应当再进一步，而求升华的结果。

> 所谓情感，所谓智慧，所谓功业、文学、道德、人格，以及艺术、文化，皆由一种精力所变化。这种精力的变化就是"升华"。可是，这不是禁欲所能为功的。必先要性欲有正当的发泄与接触的机会，而后精力才有所归宿与提高的希望。试看中外才人名女与夫丰功伟略的人，谁个不是富于欲而深于情者？本志今后的目的，引导一班富于欲的青年而使为深于情与丰功伟略之人。希望一班作淫书之人，改易方针，一同来和我们合作，共同建立此升华的功绩！

张竞生在《情化》创刊号发表文章如下：

论文栏：《表情》（竞生）、《哭的表情》（张竞生）

批评栏：《马振华与处女膜》②（竞生）、《"奇女子"余美颜蹈海

---

① 其实，《情化》是《新文化》月刊改头换面后的一份刊物，但遭受了与《新文化》月刊一样的命运，只出了这一期就被迫停刊。

② 马振华自杀事件：汪世昌娶马振华，因新婚之夜不见处女血，便疑马振华非处子之身，对其百般羞辱，以致马振华不堪其辱而投江自尽。此事在当时引起轰动，各报纷纷登载评论。相关内容可参考《青天汇刊·信口开河》1930年第1期马路客的《汪世昌何不请教张竞生》一文。

自尽》(竞生)

《表情》一文认为，"一个完人，当然要好人才，好打扮，又要好表情。""要而言之，人不但要有情感，而且要好好表示出来。"

《哭的表情》所论，乃是《红楼梦》中林黛玉等人物哭的表情。

> 《红楼梦》的林黛玉与《金瓶梅》的潘金莲皆犯了"歇斯的里亚"[①]病（Hysteria 或说大都由于性欲不满足而起），所不同者，黛玉既受各方面的压迫又于肉欲上不能得到满足，遂而发泄为怨愤的情调与诗歌。这是一种"升华"的最好现象。金莲比较上稍得性欲的满足，但因，西门庆多妻的分心，遂使她不能尽量快乐，以致演成为种种下流的行为如：偷汉子，打人，骂人，用心机害人等等，这是"恶化"的最好证例。

> ……

> 总之，《红楼梦》写哭法，无虑几百样。他写袭人的假哭，贾母的慈哭，傻大姐的呆哭，薛宝钗的娇哭，迎春的冤哭，元春的闷哭。此即所谓"千红一窟（哭）"，"万艳同杯（悲）"，原来《红楼梦》全书精髓，就在各人上描写这些悲怨啼哭，而在黛玉一人上则为哭的大归结，故能写得格外淋漓，格外齐备。[②]

《马振华与处女膜》乃是针对马振华因遭丈夫疑失处子之身而自杀一事，张竞生认为"马振华不是死于爱情，也不是死于旧礼教，乃是死于'愚昧'的社会"。

---

① 歇斯的里亚，今译歇斯底里。

② 张培忠、肖玉华主编：《张竞生集》第九卷，生活·读书·新知三联书店 2021 年版，第 156—162 页。

《"奇女子"余美颜蹈海自尽》针对余美颜 ① 的蹈海自杀消息，心生感慨：

> 奇女子实有伟大的价值。可惜，她不生于欧美，则短裙匹马，不但免为公安局所驱逐，而且得了"女英雄"的徽号。又可惜她不生于日本，则浴后不衣而返房，干卿何事！至于挥金如土，更觉可儿。据说被其诱惑者数千人。可见她迷力的伟大无比。取浪子之财，供美人挥霍，故我说她真是可儿也。
>
> 我们见奇女子固非无情者。因太过情种以致钟情不遂，遂而蹈海自杀。试问一帮滑头的男女能这样吗？她生时为一班道学家所鄙视，试问这班鄙视她的道学家能这样慷慨为情而死否？她生时的艳福已够她一人消受了。她死后的伟大，实在值得群众的传扬。②

该刊还刊有《张竞生的一封公开信》（写于 1928 年 3 月）和张竞生拟的《一个与文化关系最大的和获利最厚的书店经营法》。张竞生在公开信中表示出一个庞大的翻译计划：

诸位先生：

> 据竞生个人实地在书店及编辑部经验所得，断定如有十万元资本，以之请编辑七八十位，按时译书，则数年内可将世界名著二三千本，译成中文，其关系于我国文化至深且大。兼以经营世界各种名画与雕刻品，使美育及于社会，于艺术与情感的影响也非浅鲜。就赢利说，单就书籍一项而论，头一年假定出五百本书，每

---

① 余美颜，别号梦天，1900 年出生于广东台山县，经历过两次婚姻，后生活放荡不堪，千夫所指。1928 年在从香港至上海的轮船上跳海自杀。

② 张培忠、肖玉华主编：《张竞生集》第九卷，生活·读书·新知三联书店 2021 年版，第 166—167 页。

本五万字照低廉售价六角算，又姑定每本的售数为每年卖出三千部计，则五百本书，一年可卖至总数九十万元。此中除去印刷费十五万元（每部照稍高价算为一角），编辑费十二万元，与发行费数万元后，净利几达六十万元，获利之大，可为惊人！而况兼卖美术品，与外国原书及各种教育品等，总合起来，获利当然甚巨。推而至于第二年，第三、四、五年之后，则每年再出新书五百本，新得之利与旧籍的赢余，累积起来，则第二年之后获利之大更难预算了。论其资本不过数万元至十万元而已，比较市上无论经营何种商业断不能得利如此之多也。诸先生为文化计，为利益计，幸勿漠视下头所拟的计划。若能努力使其实现，而使我国于数年之内无论何种学问皆有完善与系统的译籍，则不久我国思想界定能起了极大的变动，于各方面如文学、科学、哲学、实业等，必能放出极大的光彩。这种关系于我国文化的前途，更非区区的利息所能计较了。

现在国内大书店如商务、中华之类的编辑部，因其制度不善及编辑不得人与其思想的腐朽，以致虽有资本而出不了美善的书籍。我们今后的编辑部重在以专门的人才得以专心编辑各种有系统的学问，尤注重在介绍世界新颖的思想，以便引导我国人的思想与世界相沟通。

张竞生谨具

十七年三月 ①

张竞生的这封公开信后来被北京大学的学生聂思敬带到胡适家里，

---

① 张培忠、肖玉华主编：《张竞生集》第九卷，生活·读书·新知三联书店2021年版，第168—169页。

引起胡适的共鸣："北大学生聂思敬来谈。他带了张竞生一封信来。竞生也有大规模的译书计划。此意甚值得研究，不可以人废言。"胡适特别将这份偶然得到的公开信剪下来，贴在了 1928 年 6 月 3 日当天的日记上。

同日，《乐群》第一卷第五期发表褚松雪的短篇小说《一个樵柴的女子》（署名问鹃）。

5 月下旬，美的书店店址迁往四马路 442 号。（上海《申报》1928 年 5 月 25 日第 3 版）

5 月底，张竞生翻译的《卢骚忏悔录》（第一书）作为"烂熳派丛书之一"由美的书店出版。

6 月 6 日，张竞生在南光大学演讲《美的人生观》。［上海《大晶报》①1928 年 6 月 9 日第 2 版消息称：张竞生博士星期三（六日）在南光大学演讲《美的人生观》，劝人提倡私人跳舞，及公园跳舞等。谓跳舞者率穿西装，可自由出入法国公园，择清洁处聚而狂跳，则既出风头，而又省钱。较之舞场中每一跳须小洋四角而为时仅三分钟者，便宜多多。听者无不首肯云（宪）］

6 月，广东省政府改组，以李济深、陈铭枢等为委员，李济深兼主席。7 月初，李济深赴南京出席国民党第二届中央执委会第五次会议，省政府主席由陈铭枢代理。（政协合浦县委员会编：《合浦文史资料》第 5 辑，1987 年）

7 月 9 日，《晶报》第 3 版刊发张竞生的《可能性的大奶》（写于 1928 年 7 月 6 日）。全文如下：

---

①《大晶报》由冯梦云于 1928 年 5 月 21 日创刊。初为三日刊，后改为日刊。

今晨起来，在《晶报》上看到《胡适之考证赛乳会》①一条，不觉感到"科学的考证"有好处，也有不完善处，故我当说学者于"科学方法"之外，当用"创造方法"始能透彻。今就本事来说，又是一件证明了。胡君谓"摇铃开会，是咱们自己的习惯，决不会在伦敦一个大旅馆中出现的"。但这可说先前是如此的，而不能证明永久必定如此的，更不能证明伦敦人不会破例与终久不会一时独创了摇铃开会的新运动的。说到"唱口号闭会，还不曾流行到半开化的英伦三岛"考证不完全，也如上例。在第三条"以乳部四十五磅周围三十方寸当选"一条，似乎"不太科学"，但胡君所驳的也不大亨。第一、二粒奶四十五磅重，堆在胸前，当然是极可观。"是个什么样子？"胡君这样问，"就是这个样子。"张某就这样答了。第二层说到"怎样用秤去称？是否割下来过秤？"完全是废话。天文家能秤地球多重矣。难道用秤去称？我意是赛乳会中人自能用一种"科学方法"去称定也。第三，三十立方寸的奶头，纵然其中有乳汁在内，也不能有四十五磅重，这层确"不科学"。但此所说的是周围三十寸，当然不是面积三十方寸。原文只说周围，还以周围立说为是。周围有三十寸，不知其长量若干。若它是"布袋奶"形，则其量虽或不至有四十五磅，但亦算；则一奶的量仅等于二十二磅半而已。我在顾家公园中曾见西妇奶围突出如半桌大。有友戏说在其上可以食大餐也，此亦见天下之事无奇不有矣。我对此题起兴趣者，不是为"作伪的投稿人"辩护，乃由（一）大奶的提倡，为我们所主张；（二）可以见出科学方法有时走不通，应另求"创造方法"以求透

①《胡适之考证赛乳会》发表于《晶报》1928 年 7 月 6 日第 2 版。

彻，例如此事究竟如何，当就事实立论。在未得到事实之前，初步当用"科学方法"以明其事能否成立，但其后当用"创造方法"，以推此事在常例之外，是否有"可能性"。如有，则不能因与通常之事不合，遂而断其为子虚乌有呢。

十七，七，六 [1]

8 月 3 日，上海巡捕房以美的书店出售"淫书"及《情化》创刊号中所刊《马振华与处女膜》一文词涉秽亵之由，向上海临时法院起诉张竞生。

8 月间，继《新文化》月刊和《情化》杂志陆续停刊之后，美的书店也并没有能够维持多久，被上海临时法院以出版销售"淫书"的罪名判决关停，加之资本不足、财政周转不灵等原因，美的书店实际上已经无法维持下去。9 月 15 日，随着书店原股东彭兆良、张竞生、聂思坤等人将其转让给应荫堂代表王卓刚等之后（张竞生等人的版权并未转让），标志着经营了约十五个月之久的美的书店正式倒闭。（见上海《申报》1928 年 11 月 4 日第 19 版王卓刚刊登的《招盘声明》）

在《十年情场·我竟守身如玉》中，张竞生也曾提及美的书店最终导致破产的原因：

> 这间小小的书店，位在那时所叫的"四马路"；这是书店区，左近那些大书店如中华、商务等，若与我们这间美的书店的门市一比，还是输却一筹，这个就引起书店老板们许多妒忌心了。可惜我们当时不知此中底蕴，以致后来一败涂地。黑幕是那时在上海的书店业，都属江苏人的势力圈，凡非江苏籍要在上海开大书店，注定

---

[1] 张培忠、肖玉华主编：《张竞生集》第九卷，生活·读书·新知三联书店 2021 年版，第 173—174 页。

是不能成功的，或许老板不是此地势力中人，也当请"他们"为经理，同时当加入他们的"书业公会"① 才能站得住。我们店里的经理谢君是潮州人，而且是一个书呆子。我本人不必说，更是书呆子的书呆子了。一味只知做我们的生意，与他们这班"书店土霸"，毫无往来。在后来被他们摧残到大势不能收拾时，始知他们的阴谋，定要将美的书店消灭，然后甘休。他们的方法，就在勾结当地警局，诬控我们书店所出书籍都是淫书，屡次由警局向法院起诉。他们凭藉其势力，当然是得胜的。每当一次以"淫书"起诉得胜后，他们巡警就开来一大货车，把所有店内书籍一卷而空。这样有了六七次，你想怎么书店不关门呢？况且他们在报上大行咒骂，到后来连邮局也寄不出书籍到外埠去，这样更加速了关门的命运了！②

在《十年情场·法院控告我著淫书》中，张竞生也说道：

　　我写此时，并不为自己辩护。我今就举出事实给大家看吧。既然美的书店所出的是"淫书"，怎样开张了将近一年多之久，出书已数十种，门市上已卖出了几十万本，外埠的已寄去数十万本，为什么在那时间不检查？不起诉？而待到这些都米已成饭后，始行叫救呢？又有一件证据就是：末了，巡警中人叫我们编辑去说："你们出的书（指译述蔼理士的性心理丛书）可以照常出版，只要把书名改成为心理教育丛书之类。又将书面的裸体相片勿用。但每月需要奉上本局手续费一千元大洋……"在我们一经商量之下，以为书店已

---

① 上海地区书业自筹自建，以维护同业公益，矫正行业弊病为活动宗旨的同业公会组织。该组织于 1905 年至 1958 年间延续活动，在书业界有广泛影响。
② 张培忠、肖玉华主编：《张竞生集》第五卷，生活·读书·新知三联书店 2021 年版，第 12 页。

摧残到这样地步，势难继续支持，每月奉敬一千元，在当时生意衰落之下，是非将所获得的净利，全数交还他们不可。那么，我们的生意尚有什么可发展呢？因是，我们不接受巡警局的条件，只好听他们继续摧残，至于关门倒闭的境地罢了！①

美的书店在为期约 15 个月的经营时间内，以其独特的经营方式与策略在书店林立的上海滩占有一席之地。书店不仅销售多种书籍，也出版发行了一系列丛书。主要包括三套丛书：第一套是美的书店赖以起家的"性育小丛书"，翻译了多部世界名著，张竞生任主编，包括张竞生著作《第三种水》（第五版）和《性部与丹田呼吸》（再版），其他二十一种为霭理士的著作，包括《性冲动的分析》（两卷）、《女性冲动》（两卷）、《性期的现象》（两卷）、《害羞的进化》（两卷）、《性弛放的机能》（两卷）、《恋爱与苦痛》（三卷）等；第二套丛书为文艺类，包括张竞生著《美的人生观》（第五版）、《美的社会组织法》（第三版），法国左拉著、毕修勺译《实验小说论》等；第三套丛书为浪漫派文学丛书，张竞生担任编辑主任，包括《卢骚忏悔录》、小仲马《茶花女》、江石著《同性爱》等。可惜的是，张竞生庞大的翻译计划随着美的书店的关张而流产，他本人对此也深表遗憾：

这真可惜！假使美的书店能继续好好多开二三年，我就能把若干年来的热望付在介绍译述"世界名著"有系统的丛书了。这真可惜！他们摧残这个书店的财富尚不足惜，可惜是在廿余年前，若我们这个世界名著的介绍能够实现，定于我国人智慧上有重要帮助。我的计划是从各种科学及艺术与技术选数十种，合中国译出后的文

① 张培忠、肖玉华主编：《张竞生集》第五卷，生活·读书·新知三联书店 2021 年版，第 13 页。

字，约二百本，每本仅约数万字（一本未完的，就有三四种），以通俗化的外国文本为标准，而又带有哲学性及艺术性者。译文则取粗浅有趣味，做到深入浅出，务使普通人能看得懂。而且价钱便宜，使群众能买得起。当美的书店已进入兴旺时代，我正在想组织这样的编辑部，搜罗这样编辑人才。可是天不从人愿！骤然一次又一次被那时的巡警当局摧残到净尽了。在月刊《新文化》时我已发表这个计划，并批评当时的大书店如商务、中华等，都不知道这种发扬群众文化的方法。到后来，商务印书馆似要从这方面入手，但它的传统业务观念太深，只重古老学法，只好拉杂集合些已出版书籍，东拖西凑，集合成为一些什么"丛书"，究与我所主张的系统计划根本不同。

我在若干年来常对人说，如我忽然死去，一概都使我不遗恨，只有这个世界名著有系统的介绍未能实现，使我真死不瞑目呵！因为在美的书店倒闭后，不久我再到法国，遇一机会已可实现这个计划了，忽然又出了阻碍，这待以后再说吧。(《十年情场·许多漂亮的女店员》)①

其实，美的书店从开办之初就一直没有停止过被控告被处罚的命运，张竞生在《浮生漫谈》中回忆道：

我想起在上海美的书店时期。

那时上海租界的警察局为当然的检察长，与所谓上海的国际法院的中国人审判官，组成为司法机关。曾有七八次，都由检察长起诉美的书店所出的性学是"淫书"，应予处罚。每次开庭时，理应由

---

① 张培忠、肖玉华主编：《张竞生集》第五卷，生活·读书·新知三联书店2021年版，第15—16页。

我这个负责人出场，但我不屑出庭，由一位极聪明的编辑彭兆良代表。处在他们势力之下，每次当然都是他们胜利的，只好一次一次的罚款，少则一百龙洋，多则三四百。横竖美的书店那时极兴旺，钱银是小事，我对每次的处罚，都不悲观。检察长也知罚款对我无大影响，时常要求审判官把我拘禁。审判官总是予以拒绝，仅以罚款了事。有一次碰到我所写的"处女问题"一文，检察长说是淫文，那位审判官说不是，说是极有功于世道的文章。彼此拍起桌子来，闹得无结果。最后，始由当日的陪审官——日本副领事，调停而罢。（《开书店和打官司》）①

以至于多次被检查处罚之后：

上海邮局不肯把美的书店所出的书寄出，以致国内及南洋、美国等处代理的书店所欠款项完全不寄来，只靠每日的门市，除开销外实在难以支付每月一千元的外款，所以决定关门大吉了。（《开书店和打官司》）②

对于美的书店的经营状况，似乎一开始就不太乐观，上海《小金刚报》③1927年12月5日第2版刊登过一篇署名黄花者的短文《张竞生与美的书店》，文章写道：

自《性史》一书出，张竞生之大名，遂脍炙人口，驯至有崇之曰"性学博士"者。以此美的书店亦以张名而益躁。美的书店为刘

---

① 张培忠、肖玉华主编：《张竞生集》第五卷，生活·读书·新知三联书店2021年版，第89页。
② 张培忠、肖玉华主编：《张竞生集》第五卷，生活·读书·新知三联书店2021年版，第90页。
③《小金刚钻》报为上海《金刚钻》报（1923年10月18日创刊）副刊。

某、林某①及张合资所创，资本三千元，人各一千。张任编辑，林则为经理。当开办之初，张以沪人心理每好新奇，遂以专售"性欲丛书"为号召。果也，一月之内，赢【盈】余乃臻千元之谱。张大喜，以为营书业之获利，竟若是易易。初未知沪人有一窝风之习惯也。故第二月营业所获，已不及第一月之巨，足证沪人欢迎之程度已日渐底【递】减。矧自《性史》出版后，一般书贾，以有利可获，于是《性艺》也，《性友》也……等书，乃竟如雨后春笋。此实与美的书店之"性欲丛书"一重大打击。颇闻在该店为翻译之金钟华、杨虎啸、彭兆良、慧英等，译金已积欠数月。美的书店之近状，以此亦可见一斑矣。

在美的书店关闭之后不久，褚松雪回到上海，与张竞生复合。张竞生后来在《十年情场》和《浮生漫谈》中回忆道：

> 当上海美的书店关闭时，那位褚女士忽然而来，我回念前情，又喜我子得见母亲，遂复和好如初。我因年来在上海译述与奋斗，不免疲倦。且在上海生活不易，遂与褚氏及小孩同往杭州西湖的一山顶，叫做"烟霞洞"者，初意拟在此间混过暑假再算。(《十年情场·与褚女士言归于好》)②

> 话说美的书店关闭后，我就与那时的情人及稚子，到杭州西湖旁边小山上的栖霞寺避暑，未到二天，即被浙江省政府扣留。罪名是我到杭州来宣传性学，蛊惑青年。(《浮生漫谈·开书店和打

---

① 这里所说的林某刘某实为杜撰，与事实并不相符。目前所见资料，美的书店股东中并无刘姓林姓之人。

② 张培忠、肖玉华主编：《张竞生集》第五卷，生活·读书·新知三联书店2021年版，第19页。

官司》)　①

8月，上海光华书局出版褚松雪的短篇小说集《女陪审员》（署名张问鹃女士）（上海大光书局1936年6月再版）。

9月1日，《乐群》第一卷第九期发表褚松雪的《母亲》。

9月3日，张竞生携褚松雪与儿子张应杰从上海往杭州西湖烟霞洞度假。

9月4日，在曾为张竞生北大同事，时任南京国民政府浙江省政府委员兼教育厅厅长、国民党中央政治会议浙江分会秘书长蒋梦麟的授意下，张竞生被浙江省高等警察局以"宣传性学，毒害青年"罪名拘捕。后在张继与浙江省防军总司令兼杭州城防司令蒋伯诚　②的斡旋干预下，张竞生虽被释放，但仍被驱逐出境。至于被捕被逐原因，张竞生后来在《十年情场》中有过说明：

> 当我第二日才到西湖烟霞洞时，就被那时浙江省政府教育厅厅长蒋梦麟提出省务会议以"宣传性学，毒害青年"的八字罪名，把我拘禁了。（《十年情场·与褚女士言归于好》)　③

张竞生为此感叹道：

> 人生命运确是离奇！朝在天堂，夕堕地狱！什么因缘？如何结果？我正在推究我的哲理时，就被监卒带到一个地方查问登记。在走过一院落间，见了一群人谈谈笑笑，似是来参观的队伍。我走在

---

① 张培忠、肖玉华主编：《张竞生集》第五卷，生活·读书·新知三联书店2021年版，第90页。

② 蒋伯诚（1888—1952），别字子迪，浙江诸暨人。同盟会会员。曾任浙江省政府委员、浙江省政府代主席等职。

③ 张培忠、肖玉华主编：《张竞生集》第五卷，生活·读书·新知三联书店2021年版，第22页。

他们旁边，偷眼望他们时，使我骇异其中一人不是熟人张继吗？当我趋前与他晤面时，他也极骇异，及我说出经过后，他安慰我，并说愿为我疏解。当我被查问完，再回到监狱（待质所）时，不久，我就被移到楼上一间办事人的房子了。可是我身体上虽解脱了暂时的苦痛，但精神上仍然是一样刺激。当晚餐时，我一粒物不能入口，那全夜也未能入眠，这是一生破题儿的第一夜；恍似新婚者度过初夜的状况吧。可是我度过的，乃是人生极度的悲衰！（《十年情场·裸体画变成了罪证》）①

后在警察局开设的刑事庭受审时，张竞生对于警方事先拟好的罪状"宣传性学，毒害青年，驱逐出境，在三年内不准再到浙江任何地方……"拒绝签字，并据理力争予以反驳。

当我那日入监时，杭州友人四出疏解。适那夜省府主席请客，客中有潮籍同乡友人刘君②与陈君③，与那一位中委姓蒋（现忘记他名）④同为上宾。席间，蒋君先已受刘陈二友的请求，提问该主席，为什么把我拘禁的理由，他推说是教育厅厅长提案通过的。那位教育厅厅长蒋梦麟也在座就说："我们（他也是前时的北大教授）先前请张某（指我名）到北大去教书，原望他好好教哲学。谁知他竟宣传性史，闹出飞天大祸来了。这个淫说如不抑止，后祸不堪设想，

---

① 张培忠、肖玉华主编：《张竞生集》第五卷，生活·读书·新知三联书店2021年版，第23页。

② 刘候武（1894—1975），广东潮阳人。早年就读于汕头岭东同文学堂，同盟会会员。曾任潮安县长、监察院监察委员、汕头《晨刊》社社长等职，曾倡议筹办潮州大学。1949年去往新加坡。

③ 陈素（1893—1981），广东潮州人。同盟会成员，中国国民党党员，历任广东普宁县县长、饶平县县长等职，著有《东海吟草》《双溪吟谢诗集》等。

④ 即蒋伯诚。

所以我们在此就把他监禁惩罚一番……"那位中委蒋君听后，反驳梦麟说："什么是哲学？我看到他的《性史》，就是一部好哲学，你们怎样说他有罪恶呢？我们限你们即刻把他放出，否则，我们就要代他上诉了……"他是中委，又兼任某处要塞司令，是一位豪放的军人，以他的地位，可以无顾忌地在席上肆行批评。在结束他的论辩时，他举起酒杯，向座客大呼："第三种水万岁！"继续大声号叫不已，使一座人浮动起来，那班反对者终也无可如何。（《十年情场·裸体画变成了罪证》)①

在《浮生漫谈》中，也有类似的表述：

当我那晚被扣留时，适浙江省政府大宴宾客。来宾中有大势力的，向政府问明我的罪状。这事原来是那时的教育厅长蒋梦麟主持的。他说，我们前在北大请张某为教授，是请他教哲学的，他竟这样捣乱，所以非治他不可。那位友人说，张某所主张的完全是人生哲学，你们所谓的哲学才是捣蛋的。他趁酒兴之余举起杯来向大众大叫："为第三种水干杯！第三种水万岁！"那时，蒋梦麟眼看不能收场，就更加恶毒地说，我的伴侣是共产党，此来住在栖霞寺是专为钱塘江共产党暗通杭州消息的。幸而有一友人起来申说，他敢保证张某及其伴侣并无这样的行为。到席终时，那位有势力的人，要求浙江省主席明早即把我放出，否则，他们就要为我向上级起诉。（《开书店和打官司》)②

---

① 张培忠、肖玉华主编：《张竞生集》第五卷，生活·读书·新知三联书店2021年版，第24—25页。
② 张培忠、肖玉华主编：《张竞生集》第五卷，生活·读书·新知三联书店2021年版，第91页。

9月7日，天津《益世报》刊登一则消息：

张竞生亦有今日

【上海六日下午八时四十分本报专电】著《性史》之张竞生逃避杭州，浙当局以其流毒青年，彻（五日）令公安局驱逐出境。

另据旅欧译述社1928年11月版《卢骚忏悔录》中张竞生所作的《卢骚忏悔录再版序》之落款中所记时间："十七年十一月七日西湖被逐后两个月之纪念日"，以及上海《申报》1928年9月8日第9版消息《浙省政府会议》称："杭州市公安局长何云临时列席，报告查拿张竞生经过情形，议决即日押解出境，并通令各县，不得容留，所有《第三种水》等淫籍，即行销毁。"可见，张竞生于9月5日被浙当局下令驱逐出杭州，而具体被押解离开杭州的时间为9月7日。

10月15日，张竞生呈文国民政府内政部，对被浙江省政府驱逐一事予以申诉，并控告蒋梦麟。1928年10月20日上海《骆驼画报》刊登的《与张竞生博士谈话记（上）》（署名澹云）一文中称：

博士已具呈内政部控告蒋梦麟

前日值张竞生博士于某君处，博士颜色似稍憔悴，然慕抗之风度，仍未稍易。记者叩以在浙省被迫出境事，博士举当时详细情形见告，大致俱如报载。旋言及博士在杭州之损失，博士谓所携《性心理》（英人霭理可——即霭理士——编者——原著，美的书店有译本），本世界名著，曾经上海市教育局审查，认为非淫书，开明书店出版之《新女性》，更无可指为淫书之理由，此次悉皆为浙当局搜去。凡此余（博士自称）俱不介意，惟箧中携有意大利名画二十余帧，极足宝贵，乃于纷乱中失去，殊为可惜。记者询以此种名画，是否性画？博士鞭然曰："谓为性画也可，谓为非性画亦无不可。盖表面系绘多人聚饮，特细细玩察，神而化之。亦颇似性画，盖系一种模形画也。"至此博士乃申述其意见，谓西洋各国，于性画非性画别之极严。凡非以照相镜摄取，如系绘成，其间并未含有狎亵之用意者，皆不当以性画视之。中国则常将两者混合，致人体模特儿之美术写生，亦辄被目为性画云云。博士最后又言：关于在杭受压迫事，决取正当手续，向高级官厅声诉，并对此案主动者蒋梦麟氏有所批评。记者将行，博士亟一一呈文稿见畀，则呈内政厅，表示不服浙省政府此种越法处分者。

10月18日，《晶报》第2版刊登《张竞生之法律顾问谈》。全文如下：

> 近日外间谣传何世桢 ① 院长，前为律师时，曾任竞生之法律顾问，核与事实不符。用特稍为声明于后。溯自前年我与潮州学界代表数人，因潮产争执事，曾请何世桢、何世枚二大律师，为旅沪潮州学会诉讼代理人。后因《新文化》杂志社成立时，社中同人，金以得何先生昆仲为法律顾问为荣，遂将其名登在《新文化》杂志上。其后因未得何氏昆仲同意，即于第三期起，将顾问广告停止刊载。查《新文化》杂志，宗旨纯正，内中虽设有性育一栏，完全出于研究性学性质。其余各栏，则在讨论各项社会问题。在第一期上，注重在讨论妇女平均产业一事，曾得吴稚晖、蔡元培、张继诸先生论文，足见请何先生为顾问，毫非私人问题，而特为新文化着想。不

① 何世桢（1895—1972），字毅之、思毅，安徽望江人。早年就读于上海东吴大学法学院。1921年毕业于美国密歇根大学，获法学博士学位。回国后任东吴大学、上海大学法学教授。1924—1927年，取得律师资格，在上海执行律师业务。曾任上海公共租界临时法院院长兼上诉院长。文中提到的何世枚为何世桢胞弟，同为密歇根大学法学博士，曾任上海大学教授兼持志大学教务长。

意后来上海一班文氓，假冒我名，刊行《性艺》及《性史》各集，社会大哗，连累及我，间接连累《新文化》杂志，以致研究性学文字，被社会误会为宣传淫猥之作矣。假使予平日果得何世桢、世枚二博士为个人法律顾问者，当不至代人受过，坐视假名而造《性艺》《性史》等淫书之文氓，逍遥于法外也。

同日，《晶报》同版刊发消息《张竞生上内政部呈文》，称：

张竞生博士已决定不日赴欧游历。乃以九月六日，携眷居杭州烟霞洞时，公安局武装警察十余人，奉浙江省政府命令，提博士至局管押。翌日，议决驱逐出境，并将所携《性心理丛书》及《新女性》杂志没收，心不甘服，于十月十五日上国民政府内政部一呈文，请依法决定，准将浙江省政府驱逐出境之命令撤销，没收之书籍，饬令发还。

11月3日，《晶报》刊发消息《内政部对张竞生批示》，称：

张竞生博士前因浙江省政府之处分，曾于十月十五日上呈内政部，请其依法决定撤消【销】浙省府对其驱逐出境之令，并请惩戒主使人蒋梦麟事，即于廿二日奉内政部批示如下：

呈悉。所诉各节，究系如何情形，尚难臆断，应候据情函请浙江省政府查明见复，再行核办。仰即知照。此批。（警字第二百三十号）

11月8日，国民政府《内政公报》1928年第一卷第八期载《国民政府内政部公函》，对张竞生的申述予以驳回，维持浙江省政府原判。函称：以前后情节察之，该诉愿人（指张竞生——编者）确有持有淫书意图散布之行为，予以拘拿搜检没收驱逐等处分允无不当。该诉愿人请撤销原处分，发还没收书籍并惩办主使人员各节系事后因仇泄恨之辞，殊难认为有理由。

11 月 27 日（一说 11 月 21 日），李济深辞去广东省政府主席职，由陈铭枢继任 ①。

11 月，《卢骚忏悔录》(第一、二、三书) 作为"烂熳派丛书"之一由旅欧译述社再版发行。

被从杭州驱逐出境回到上海后不久，张竞生与世界书局签订合约，约定为世界书局每月译述 10 万字，每月可先行支取 200 元的版税。张竞生每月留 100 元与褚松雪母子作在上海的生活费，余 100 元作为自己赴法国的费用。

> 我从杭州回到上海不久，就被那位友人刘某 ② 所看重，看我可以利用，为他向那时住越南一个中央要员做"牵线人"。可以说他对我"三日一小宴，五日一大宴"。并允借我数百元为往法国旅费，我因感谢他的盛情，遂写一信为他向那个要员说项。同时，我又得到一位友人介绍，得与"世界书局"订立合约，约定我为这个书局每月译述十万字，每月可先行支领二百元的版税。我每月遂留一百元为褚氏母子在上海的生活费，余一百元为我法国的费用。同时又得到刘某旅费的资助，我再度到巴黎去了。(《十年情场·第四章　在巴黎惹草拈花》) ③

---

① 对于陈铭枢担任广东省政府主席的时间，也有不同说法，一说是 1928 年 7 月（李穗梅主编：《孙中山与帅府名人文物与未刊资料选编》，广东科技出版社 2011 年版）；一说是原广东省政府主席李济深于 1929 年 3 月被锢南京，陈铭枢继任省政府主席（贾逸君编著：《民国名人传》(上)，民主与建设出版社 2012 年版）。

② 指刘候武。

③ 张培忠、肖玉华主编：《张竞生集》第五卷，生活·读书·新知三联书店 2021 年版，第 27 页。

12月11日，萌生去国之意的张竞生在上海《申报》第6版发表《去国留言》：

竞生此次往欧洲，特与友人组织编辑部，拟将世界名著作有系统的译述，尽量介绍东来，以增进我国之文化。今于临行之时，应在此声明者：

（一）"美的书店"虽已召盘，但竞生及友人所有版权并未移让于承顶人，外间不得私相授受。（二）前浙江省政府无故驱逐竞生出境，本人决向司法院求直以彰法治精神。（三）在沪潮产已由各界继续力争，务使公开。潮州同乡会尤望赶速成立。（四）外间有假冒本人姓名作书及招摇者，或有专事造谣毁谤者，明达之士当能鉴别真伪不至受骗。

此次因友人赞助旅费始能成行，特此鸣谢并志勿忘。①

12月15日，内外交困的张竞生登上法国邮轮，二度赴法。据上海《申报》1928年12月16日消息：

张竞生行矣

携带性书多种　　此行先到巴黎

嗜好研究性学之张竞生，前在杭州被逐来沪后，彼深感在本国之环境空气不佳，遂乃兴浮海之念，昨日张氏已向法邮船公司购定包岛斯号邮船客位，于昨午至招商局北栈登轮，午后二时便开出吴淞。闻张氏此行，先到巴黎，次往比葡各国。据闻张之行李中，随带有性学书籍多种，均出其编著者。

12月27日，张竞生乘邮轮经过新加坡时登岸游览，逗留约两日。

---

① 张培忠、肖玉华主编：《张竞生集》第九卷，生活·读书·新知三联书店2021年版，第176页。

（新加坡《南洋商报》^①1928 年 12 月 29 日第 3 版）

民国十八年（1929） 41 岁

在去往欧洲的邮轮上及到法国之后，张竞生写了数篇短文寄回国内，陆续在上海《晶报》上以"张竞生自巴黎通信"之形式刊发。据目前能查阅到的资料所见，计有三篇。

1 月，张竞生到达法国巴黎，租住在巴黎近郊。在其黄埔陆军小学的同学，广东省政府主席陈铭枢的支持资助下，开始计划从事大规模的翻译工作。后因国内形势变化，陈铭枢去职离开广州，张竞生大规模译书计划遂告破灭。"我生平最遗恨的，是廿余年来想与人共译世界名著，到今日尚毫无着落。这个志愿本来是已有二三次机会可以成功的，但终于无成就。"（《浮生漫谈·未能实现的志愿》）

在陈铭枢个人资助下，张竞生仍得以在巴黎旅居，以一己之力翻译多部著作。这是张竞生在翻译方面成果最为丰硕的时期。此中情形，张竞生在《十年情场·在巴黎惹草拈花》中有过描述：

> 我遂在近郊，住在中国友人的一间旧式老屋，同时合同本国人自炊中国饭菜。初时，我就完成那本卢梭《忏悔录》译文。这书前几段已在美的书店时译出。今把全本译出，又因这书的后文于我国人无大兴趣，遂删去了不少。这书出版后也盛行一时。其后我陆续译出法国大文豪如雨果等的一些小册子，共凑成一部"浪漫派丛书"。在此，我又当把我素所关怀，要译述"世界名著"的计划经过，再行叙述一番。当时的广东省政府主席为陈铭枢，他是我陆军

---

①《南洋商报》，为著名爱国华侨陈嘉庚于 1923 年 9 月 6 日在新加坡创办的日报，1932 年脱离陈嘉庚有限公司，改组为南洋商报有限公司。

小学的同学。但因那时全国政府中人对我的恶感，况且他是学佛的，所以我想无论如何他对我总是无好感。殊不知当我到法国不久，就得到他送我五百元旅费，使我先前的怀虑完全解除了。我遂向他条陈我要译述世界名著的计划，大意是由广东省政府发出十万元（那时的广东纸币约合七万元光洋），由我在法国聘请数位中国学者共同译述——从天文、地理、物理、化学、生物与社会学，以及哲学、艺术与技术等，约共出二三百本译文，每本约数万字，统由省政府与大书局合约出版。我附说这是"通俗本"，文字浅显，书价便宜，普通人都买得起与看得懂的。可是此中含有高深的哲理与有趣的艺术性，在专家与智识界也可作为参考书。我大胆向他保证，在三数年后，省政府所得版税（版权由省府所有），当可把先前所出资金全数捞回。他接我条陈后，极表同意。在复信中，他为我写出几项条件，嘱我照办，由他提出省务会上通过。

你们想，我得到陈君这样信件后，高兴的程度可说上入云霄了！我一面复信，一面就约请当时在法国游学的大学教授共同工作。那间预备为译述的楼屋，也已问好价格了。我满心满意在等待寄款一到就开办了。

我对于译述人的待遇是这样的：他们先支一笔工资，自己不但够生活，而且可维持家费，表面上由他出名。以后所得版税例如以百分之十五说：百分之十由政府收，百分之五便由译者享得。这样译述人既可得名誉，又可得终身的版税，自然他们极为乐意了。我这个计划，乃在竞争当时上海各大书店如商务、中华等的编译所的制度。因为它们对译述人只看做一种临时雇佣性质，限定他们每日要译出若干字，给他一定人工钱。他们对译述的书籍上，既不准用自己名字，又不能得到版税，所以译述人难感兴趣与难负责任。商务印书馆那时的编译所，座椅中设一"时计表"，要人坐若干久，照"时计表"计算译述的时间。试想这样机械的工作，怎样能使人出好心思呢。①

1月27日，《晶报》第3版刊登张竞生自巴黎寄来的通信《狗妇跳舞》。

> 在我们贵阶级中（第三等啊）载有一个两粒大乳虽无四十磅也有二十磅重的西妇，她天生来酷爱狗，爱狗甚于爱丈夫。丈夫服伺了太太，太太服伺了信徒，信徒阿狗养在舱顶高高在上。太太每餐拿肉去作刍。饱食之后要散步，散步之后要跳舞。那时水手正在拉琴，又有击盘兼打鼓，琴音拉的为"狐步"。阿狗喜的是同侣。太太将他【它】抱起来，随音应节步也趋。旁观之人皆打掌，掌声大与海涛斗。我时在旁大叹息：此狗何幸得肉食。有友告我一新闻：狗自有舐的下层功绩！时在"包打死"船上正向印度洋鼓轮。

> 大雄②先生，海行半月，除译卢骚《忏悔录》外，俱觉百无聊赖。今夜晚餐后，散步舱上，得了一件极有趣味的歌咏，另抄纸上。若得登上《晶报》，同时也可以报告海上同人，我确已离开他们甚远甚远了。③

3月9日，《晶报》第2版刊发张竞生自巴黎通信《当选之欧洲

---

① 张培忠、肖玉华主编：《张竞生集》第五卷，生活·读书·新知三联书店2021年版，第27—28页。
② 大雄（？—1938），原名穀（谷）民，安徽人。早年留学日本。1919年创办《神州日报》副刊《晶报》，并担任主编。后抗战期间附逆下水，担任伪政府"行政院秘书"、"中华联合新闻社社长"等职。1938年10月，在上海被抗敌志士斫杀。
③ 张培忠、肖玉华主编：《张竞生集》第九卷，生活·读书·新知三联书店2021年版，第177页。

美人》。

聚欧洲十七国之美人（这些美人，均由其本国挑选后才来）于巴黎，经过十七位著名美术家若干点钟评断后，匈牙利美人爱枝西蒙当选为"欧媛"Miss Europe。他【她】得了欧洲美人之荣誉，为小小的匈牙利争光。

此次评美的标准，不仅以容貌择人，风韵表情，极占重要，肢体构造，尤需注意。踝骨轻薄吗？胸部奶围太松乎？身材弱小耶？有一不称，就不中选。一切大小、肥瘦、厚薄、高低、强弱，当如其人本身的分量而后可。欧人审美的观念，仍然保存希腊著名雕刻家菲爹斯的遗风，尺度不许丝毫有过与不及。美确有其客观的价值，实在不能离开算学的范畴。怎样他【她】能得欧洲美人的资格呢？恰合十九青春，身高一迈突又十分之七，约合国尺五尺七寸二分九厘弱。美人乃在美的湖边巴拉丹降生的，父为医生主任。不必说他【她】的颈、肩、胸奶、手足、四肢，以及下体，生得整齐均匀。精美椭圆脸，眼如秋水曲曲剪，金丝发一层层往后梳。最难得是那鲜明轻巧的微笑，令人一见魂也消【销】。她的美致外袍，衬以花瓣，穿得贴服，好将娇柔身子全部分表现出来。此中肥不见肉，瘦不露骨，体态万分，仪容亿种。总之，自发至踵，没有一点不使人可亲可爱可吻可敬的。

他【她】已在欧洲夺得锦标了，要再在美国格尔维斯登Galweston①之广庭中再被选为全世界的美人。不是已有这个资格吗？这不是中国美人所能与竞争的。他【她】们奶部压得如扁鱼，

---

① Galweston，或为 Galveston 之误。今译加尔斯丹顿，是美国得克萨斯州休斯顿南部的一个港口城市，著名的旅游胜地。

四肢太不相称，又太缺乏了风韵与表情。日本短脚美人、印度佳人，体且松兮；非洲的黑妇，黑漆漆一团如鬼魅。美洲的美人乎？南美拉丁种，已被他【她】在欧洲打得落花流水了；北美之盎格罗撒逊乎？美国女子这些家伙吗？又太瘦了，太无风韵，太男子化了。

　　大雄先生，前在洋，上《狗与妇人跳舞行》① 一文，想已达到。刻住巴黎城郭，除译各种名著，及组织旅欧编辑部外，拟问查一切美趣的事情，已饷国人。不知贵报肯为宣扬否？现上"欧洲美人"三幅，并解释二纸。如能登上更盼。

　　　　　　　　弟张竞生具。十八，二月八日。②

4月6日，《晶报》第2版发表张竞生的《巴黎的美胶黏节》。

　　巴黎千九百廿九年三月七号所见的"美胶黏"节。十余年后再见的巴黎"美胶黏"节 Lni Careme③ 完全不相同了。前时所见的比较华丽与玩耍得比较有趣味、梅花瓣样的纸花，为彼此互相去掷，也可以说是增物，有时直向男子满目射击，有时齐向女子酥胸缓缓放下，而今已被禁止不能用了；假面具亦较少，巴黎确实道学化了：参观者规规矩矩，只望后车到，你看我，我看你，干干净净看来看去而已。并无如前时的可以自由任意摩摩擦擦，即如"后"说亦较庄严化了。惟有"巴黎之后"坐在大辇上，懒懒时不时举一手势，似给"亲吻"的样子。至于"后之后"，与及巴黎各区之后，竟

---

① 该文发表时改题目为《狗妇跳舞》。

② 张培忠、肖玉华主编：《张竞生集》第九卷，生活·读书·新知三联书店2021年版，第178—179页。

③ "美胶黏"节 Lni Careme，四旬斋节，也叫大斋节。张竞生意译为美的胶黏（亲密接触）。

不出游，而去医院抚恤病人，与赠给孩子玩耍物。病人、小孩，晓得什么是"没人"？若晓得呢，不使他们病更重吗？不使小孩更是淘气吗？巴黎人真傻，巴黎后更傻。这样好京城、好人物，不去玩耍，而偏去传染病及抱小孩哪！①

9月，张竞生译完《卢骚忏悔录》全十二书（章），交由上海世界书局作为"世界名著丛书"出版，共约17万字。

同月，张竞生所译《梦与放逐》由世界书局出版。书分上下两编，上编是卢骚（即卢梭）的《闲散老人之梦》②，下编是嚣俄（即雨果）的《放逐》，共约18万字。

10月，张竞生所译法国女作家惹事珊（即乔治·桑）的小说《印典娜》③由世界书局出版，共约7.5万字。

同月，《伟大怪恶的艺术》（含《袁世凯》人情剧④）由世界书局出版，共约3.5万字。全书分为：一、伟大与怪恶的观念；二、兴奋与苦闷的由来；三、自由与热情的表现；四、嚣俄的序文；五、袁世凯（人情剧）。具体目录如下：

第一章　烂熳派的意义

第二章　历史

第三章　烂熳派的行为及其思想的影响

余　论　所望于我国的文艺界者

---

① 张培忠、肖玉华主编：《张竞生集》第九卷，生活·读书·新知三联书店2021年版，第180页。

② 卢梭原著原有"十梦"，张竞生在翻译时从"第四梦"译起，省略了前三梦。

③《印典娜》，也译作《安蒂亚娜》《印第安娜》，乃法国女作家乔治·桑（惹事珊）的第一部小说，发表于1823年。

④ 张竞生创作的一部话剧，共3出，8幕。

民国十九年（1930） 42 岁

1 月，张竞生应傅无闷 ① 约稿，撰写《一个最好宣传文化的方法》，发表在《星洲日报》② 周年纪念刊上。《道路月刊》1930 年第三十卷第二期发表褚松雪的《涉湘》(署名褚问鹃)。

2 月 1 日，鲁迅在《萌芽月刊》第一卷第二期发表《书籍与财色》，对美的书店的经营方式颇有微词：

> 最露骨的是张竞生博士所开的"美的书店"，曾经对面呆站着两个年青脸白的女店员，给买主可以问她"《第三种水》出了没有？"等类，一举两得，有玉有书。可惜"美的书店"竟遭禁止。张博士也改弦易辙，去译《卢骚忏悔录》，此道遂有中衰之叹了。

2 月，张竞生所译的德国作家哥德（即歌德）的《哥德自传》由世界书局出版，约 4 万字。(从张竞生所写的《译序》来看，此书应于 1929 年 10 月译完。)

5 月，张竞生所译的《多惹情歌》由世界书局出版。全书共 3 万余字，包括英国诗人贝仑（即拜伦）的《多惹歌》(即《唐璜》③) 和骚人（从文章内容来看，此为张竞生所用化名）的《情话的一段》。

6 月，张竞生所著《烂熳派概论》由世界书局出版，约 3 万余字。全书分为：

---

① 傅无闷（1892—1965），名振箕，别号无闷，福建南安人。同盟会会员，报刊编辑。1918 年去南洋，任职多家报社，其中 1929 年至 1936 年任《星洲日报》总编辑。
②《星洲日报》，1929 年 1 月 15 日创刊于马来西亚。
③《多惹歌》即拜伦的《唐璜》，张竞生所译是节译本。

《烂熳派概论》对欧洲烂熳派文学特点与历史进行了比较详细的梳理、介绍。在张竞生看来：

> 要之，烂熳派以个性为前提，以个人思想行为为准则。所有传统的宗教、风俗、礼教、人伦道德，以及于社会的法律，裁制及种种防闲，他们都视为妨碍个性的发展应当划去。这样个性的发展，同时得到各种新思想与新文艺的建设，同时则在社会及政治上起了极大的革命。因为思想与文艺贵在各人自出心裁。各人各去用心搜寻，不肯抄袭他人唾余，则其结果必能产生新鲜的材料。至于由个性的发展，自然养成各人独立自尊的气概与自由平等的风尚，于社会政治上的改革力也甚大。

> 总括而论，烂熳派的立足点全在个性的发展，但这个"个性"，不是空空洞洞，也不是个人的武断，它乃从自然的感触而幻成。这样个性，乃是自然的代表，的反映，的影子，它乃一个"小自然"，故这样个性的具体与内容甚形丰富。因为它乃大自然的缩影，而其影射的情状则各人各有不同，因各人各用个人去观察，则时间、地点，与其方法，各有不同，以致所摄取的影子各不一样。譬如各人去看庐山，有从山脚望上的，有从巅上俯视的，或则在朝阳穿林时由东方而注视，或则于晚景向西边而徜徉，以至于千万人各从一定的时间与方向去观察，则千万人所得的各各不同。他们所得的虽则是庐山的真象，但只是一体，并未得到其整个，这是"普通人的个性"。

> 若论烂熳派的个性则比此更丰富。他于四时，朝暮，阴晴，无论

什么时候都去视察，而且从各方面去观察，由是将这各时间与各方面的庐山混成一块，心目中有一个整个的庐山真象。尤好是这个真象，不是他人的，而是他自己的，因为这是他自己，他个人所观察得的真象。所以烂熳派的个性甚丰富，因为他乃从整个自然上去直感。同时，这个个性又甚强烈，因为他是由个人将自然各种现象结晶为自己的影子。故他自己所代表，发挥与行为，乃是全自然的力量，所以其思想甚宏远，情感甚热烈，行为甚刚强与伟大。再说一遍，烂熳派的个性，乃是全自然的缩影。凡言个性而不以自然的现象为背景，则其个性必薄弱，明白此义，然后始不会误会烂熳派的个性。①

在《余论》中，张竞生表明他介绍欧洲烂熳派文学的目的其实是对我国文艺界的现状有所不满，并给出自己的意见：

五四运动以后，我国新文学的倾向完全采取浪漫主义。胡适君的几条新文学应用大纲，完全是抄袭烂熳派的（不幸胡君不肯说出，并不敢揭起烂熳派的大旗）。本来，这是好现象。在我国几千年困于古典主义的束缚之下，应当提倡烂熳派的自由精神，将先前抄袭及依附的奴隶思想打退，庶几能产生个性及创造的文艺。可是提倡这个新文学运动诸人的胆量太小与不彻底。例如他们主张"白话文"，但不敢主张任凭作者自己天才去创造的文字，有如"象征派"的不守文规与句法，只由作者去制造字句，所以能够于新造的文字中去表现新事物与新情感。又如他们不敢提倡"怪恶"的材料，这是新文学一种最重要的基础，缺了此项，所以我国新文学的色彩不浓，势力不大（关于此项的重要，请参考我们《伟大与怪恶的艺术》

---

① 张培忠、肖玉华主编：《张竞生集》第一卷，生活·读书·新知三联书店2021年版，第335—336页。

一书）。尤其最重要的是他们无特别的行为，依然如中国老学究一样的糊涂；不敢向政治争自由，不能为社会做事，甚至一己一家的事情也不能改革。实则，他们对于新文学，新改造，并无深切的了解，思想并不高明，所以行为不见热烈。

现在我国的青年，也如十八九世纪的欧人一样烦闷极了：政治恶浊，军阀专横，经济压迫，新旧思想与道德互相冲突，种种恶劣制度束缚到不能透气。我们要救这个"时代病"，所以介绍这个最好的药品——烂熳主义。希望它给予青年多多的热力，刚毅，跌荡不羁，尽量发挥个性与自由，养成极热烈的情感，喜欢自然，而出死力与社会抵抗，在政治上争得种种自由，在社会上求得种种解放与建设。于文艺上，我们尤当加入下头几种新力量：

（1）尽量加入"怪恶的材料"——人物与文字的怪恶，同时把它变成"伟大化"——伟大的怪恶（请参考我们，《伟大与怪恶的艺术》一书）。

（2）尽力创造新字句，新意义。中文旧有的太死板，太枯燥，太薄弱，不足运用现在的新思想，所以当创造新字句以表示新意义。

（3）多介绍外来的材料。眼光要广大，取材要宏博。采取一切民族的风俗、情感、智慧，以救济我们本国单调的缺点。

（4）多鉴赏自然，向自然上摄取一切美的与怪恶的材料。

（5）养成极热烈浓厚的情感——恩怨分明。爱恨都要到极点。

（6）养成特别的行为——立身行事都要有特别处，虽细至衣服装饰，也要有一种特别的标识。

（7）对于政治，当热心干预，务争得政治清明与得到言论自由，创造自由，然后已。

（8）当努力将我国原有死板的象形文字打倒，代为活动的谐声新字母，以便于表现活动变幻的新思想。必要将上举的八项大纲达到，然后始可说新文学运动得到功效，然后才可算烂熳派的大成功。至于"五四"的运动，只可说是一点新力的发动，离了新文学运动的成功尚远。①

8月，上海《红玫瑰》杂志第六卷第二十二期发表褚松雪的短篇小说《客店中》（署名褚问鹃）。

10月28日，上海《申报》发表褚松雪的《鸳鸯湖之秋》（署名褚问鹃）。

11月16日，上海《现代文学》第一卷第五期发表褚松雪的小说《哲学博士》（署名问鹃）。

民国二十年（1931）　43岁

1月1日，《读书月刊》第一卷第三、四期发表褚松雪的书评《永别了爱人》（署名问鹃）。

1—2月，《武汉文艺》第一卷第二、三、四期连载褚松雪的中篇小说《前哨》（署名问鹃）。

3月1日，《读书月刊》第一卷第六期发表褚松雪的《刘薰宇的〈南洋游记〉》（署名问鹃）。

4月1日，《新学生》杂志1931年第一卷第四期发表褚松雪的《评梁遇春著〈春醪集〉》（署名褚问鹃女士）。

从4月1日起，神州图书社《读书杂志》月刊分4期连载张竞生译、奥地利心理学家弗洛伊德（弗鲁特）著《心理分析纲要与梦的分析》。具

---

① 张培忠、肖玉华主编：《张竞生集》第一卷，生活·读书·新知三联书店2021年版，第372—373页。

体是：

4月1日，《读书杂志》第一卷第一期，《心理分析纲要》之《译者几句话》与《导言》

5月1日，《读书杂志》第一卷第二期，《心理分析纲要》之第一课，第二课

6月1日，《读书杂志》第一卷第三期，《心理分析纲要》之第三课，第四课，第五课

9月1日，《读书杂志》第一卷第六期，《梦的分析——新心理学丛书之一》

《读书杂志》第一卷第六期还刊登张竞生的《归国后"到民间去"的计划》一文，表达"到民间去"，"从基本做起"的志愿。其动机有五：

（一）我想现时在上头混的太多，而在民间切实做事者太少人。因在上头混太多，以致省会及都会有人满之患：而因争饭碗之故，不免生出互相排挤与陷害的种种阴谋恶事，并酿成了今日人格堕落、国势倾败的局面。

（二）在本地方做事固有许多难处：如族姓界限、劣绅势力、乡民愚陋等等，就是同本地方人易起信用。一切都是亲戚朋友，易于号召。

（三）今日一县民政长，类因政见之故不能久留，故虽有好县长，也不能有好政绩，所以全靠本地人作成一个长久有次序的新政计划，使本地人逐渐进行。至于县长能帮助的更好。否则，也不妨碍这项计划的实现。

（四）现在民穷财盛，故在地方上做事，第一当为人民谋生计，旁及于卫生及教育。谋生方法，如有大资本成立大公司当然更好。否则从小做起，从手工业做起以及于造林，改良农业、渔业、畜业等，又要的在给以切实的指导。有些事全不用资本，只要给以人民

相当的指导，就能生出许多利益了。

（五）到本地方去，最要自己有谋生方法，切切不可为劣绅土豪。今日许多能读大学，专门的学生，在本地上，当有相当的产业足以自给。如有衍余财产当提出为地方公益事业，如此较能引起人民的信仰。

总之，我此遭到乡间去，就再试验是否能实现上页所说的各种计划。此外，私心尚有许多希望：第一，每日于办公事之余，至少当分出一半的时间，闭门译述，以足成译述世界名著的宿愿，于时，也愿耕田种菜以自给。我食的仅是菜蔬，穿的为布衣，生活简约，尚极易于维持。第二，如天之幸，能把一县之事办的好，则我饶平有的是好山好水，将来把此县变成为一个"小瑞士"也未不可。须知我国每县之大，均足以有为，不必骛高好远，若能将一县组织得好，就够表示个人莫大的功劳了。第三，假设失败，也值得去做一做。这样建设的事业纵然失败，在地方上终留下许多好基础。①

4月10日，《读书月刊》第二卷第一期发表褚松雪的《艺术漫谈》（署名问鹃）。

4月30日，国民党监委邓泽如、林森、萧佛成、古应芬在广州联名通电弹劾蒋介石。陈济棠等广东将领立即通电响应，并要求蒋介石下野。5月27日，他们在广州召开国民党中央执监委员非常会议，发表反蒋宣言，组成一个与南京国民政府相对立的广州国民政府。6月，陈济棠以军队为支柱，以广州为中心，成立广州国民政府。（李洁之：《陈济棠主粤始末》，广州市政协文史资料研究委员会编：《南天岁月》，广东人民出版

---

① 张培忠、肖玉华主编：《张竞生集》第四卷，生活·读书·新知三联书店2021年版，第61—62页。

社 1987 年版；杨万秀、钟卓安主编：《广州简史》修订本，广东人民出版社 2015 年版）

7 月，陈铭枢离职，经香港地区、日本辗转至南京，被蒋介石任命为"剿赤"右翼军总司令，重领第十九路军。9 月 30 日，陈铭枢任京沪卫戍司令长官。12 月任代理行政院长，后被正式任命为行政院副院长兼交通部长。

8 月 10 日，《读书月刊》第二卷第四、五期发表褚松雪的《普鲁士的〈哨兵〉》（署名褚问鹃）。

9 月 18 日，九一八事变爆发。

据新加坡《南洋商报》1931 年 8 月 24 日第 15 版所载《性博士张竞生行将回国》"港 8 月 13 日汕头讯"消息称：张竞生拟于下月回国。可见张竞生应于 1931 年 9、10 月间离开巴黎踏上回国之旅。据新加坡《南洋商报》1931 年 11 月 30 日消息《张瑞贵拒见张竞生　性博士表示暂不著性书》"汕头讯"：张竞生于 11 月 14 日回到汕头，16 日由潮安赴县府谒见县长吴文献，随后回到饶平旧寨园[1]。另刘天白发表于《国画半月刊》1932 年第 3 期的《张竞生近事和其发妻的自杀》一文言及：张竞生于去年（1931 年）11 月 15 日由法国归汕。

回到饶平后不久，应褚松雪的要求，张竞生旋即赴上海接回儿子张应杰，与褚松雪彻底分手。在《十年情场·人天携手两无期》中张竞生提及："时光催人，秋季已到。我们遂回归巴黎，但我已屡次得到在上海褚女士的信札，说她近才看到我前在《新文化》月刊所骂她那篇《恨》的文字，势非再与我分离不可。词句坚决，竟气淘淘然，并说如我不即

---

[1] 旧寨园，原名舅寨园，是张竞生姑婆的"随奁田"，约有六七亩地，后由张竞生父亲租下，张竞生稍加整饬，此后回饶平经常住在此处，亦名为"绿窝"。

行归国，她就要把小孩放在孤儿院，只身独自远飏了。我接信后，心如火烧，复信求她原谅，她表示毫不退让。我只好从速回上海去，领我儿归饶平家园。"

12月1日，张竞生在《读书杂志》第一卷第九期发表《一种新的社会》一文，提出："我的理想社会，不是共产制，也不是无政府派，乃在介于二者的中间。即一边有一极美密的公共组织。而一边，在个人上又有充分的自由。在每一个社会中，要达到这个理想的目标，应行划分物质与精神两项不同的建设。即在物质上，如经济、实业等，则行美密的公共组织；而于个人的思想及在其私人范围内的行为，则给以极端的自由，可是这是极难做到的。故我想把社会分作二个：一个是大多数人的，则施行一种公共的严密组织法。一个是私人有其主义，而听其在一定范围内去建设的。"①

12月30日，陈济棠等在广州国民政府临时会议上决定取消广州的非常会议、国民政府和广州中央党部，设立国民党中执会西南执行部和国民政府西南政务委员会（简称西南两机关或西南两部会），领导西南各省，而实际上是只是由陈济棠和李宗仁分掌两广实权。

民国二十一年（1932）　44岁

1月28日深夜，日军在上海闸北突袭十九路军翁照垣部。一·二八淞沪抗战爆发。

张竞生回到故乡饶平之后，积极从事地方建设，被委任为饶平县实业督办。《南洋商报》1933年5月4日刊文《回到故乡后的张竞生，从事

---

① 张培忠、肖玉华主编：《张竞生集》第四卷，生活·读书·新知三联书店2021年版，第338页。

家乡建设。还将家乡的私塾改名为启新学校。张竞生在潮州饶平兴办实业》中称：

> （汕头四月廿二日发）张竞生前年从法国归饶平故乡后，颇韬晦悟，不愿再谈性学，专从事于地方建设，人皆认为不愧为善于改过之君子。张在故乡绿窝实验造林耕稼，颇惹起潮州社会人士深切之注意。饶平县长特委为实业督办，襄助饶平地方建设，张欣然不辞。全县人士皆称饶平县长知人善任，张亦坚忍耐劳，故在饶平兴办实业，成绩特佳，亦得其同乡努力拥护也。饶平县钱东区各乡公路支线，均已次第筑成，现加购汽车五辆，以便运输客货，现又加开两坐林场，一在太坪七鹤座，一设外堂外岭。张氏努力于地方事业，尽忠职务，人皆乐道云。丧妻数年未续弦，性博士头衔，应交还上海小报招人承顶矣。

3月17日，张竞生原配发妻许春姜在饶平服断肠草自杀。（上海《申报》1932年3月31日第4版《张竞生妻服毒自尽》。另刘天白发表于《国画半月刊》1932年第3期的《张竞生近事和其发妻的自杀》一文中也曾提及此事。北平文化学社1937年出版的《中华民国名人传》中贾逸君的《张竞生》一文中提及许春姜于1932年3月服断肠草自杀。）

3月，陈济棠被任命为广州绥靖公署主任，总揽广东军政大权，成了独霸广东的"南天王"。（杨万秀、钟卓安主编《广州简史》修订本，广东人民出版社2015年版）

同月，《武汉文艺》第一卷三月号发表褚松雪的《从上海到汉口》（署名问鹃）。

4月1日，《读书杂志》1932年第二卷第四期刊登张竞生译、哥德（歌德）著《哥德随军笔记》（今译为《随军征法记》）。这是张竞生因九一八事变之后，日本占领中国东北地区，随后一·二八事变爆发，日本攻打上海并威吓汕头，欲以《哥德随军笔记》给国人提供借鉴："因为救国之道，武人用枪，文人用笔，虽不相同，其实则一。有些武人去火拼，有些文人用冷静头脑观察世变之来去，这样才可以救国。"

5月5日，南京国民政府与日本签订"淞沪停战协定"，规定上海为自由城市，不设防、不驻军、不抵制日货。因为淞沪抗战违背了蒋介石、汪精卫对日妥协求和的方针，十九路军又是陈铭枢旧部，所以淞沪抗战之后陈铭枢被迫辞去交通部长职务，赴欧洲考察。23日，蒋介石调第十九路军开往福建"剿共"，任蔡廷锴为福建绥靖公署主任，蒋光鼐为福建省政府主席。

5月30日，《读书月刊》第三卷一、二期发表褚松雪的《介绍新女性十本文学书》(署名问鹃)。

6月1日，《读书杂志》第二卷第六期刊登张竞生的《两度旅欧回想录（导言）》与《自然派学理及实行纲要》。其中《两度旅欧回想录（导言）》写于1931年春，时在巴黎近郭的枉费①。在《自然派学理及实行纲要》中，张竞生认为：

> 自然好处，在精神方面说：心地坦白，志量广大，天真烂漫，无机诈欺诬之心事。在这个恶劣的中国社会，更觉这个大丈夫磊落光明的态度为重要。在身体方面说，自然方法能使身体壮健，免用医药而能却病，同时兼能延年益寿。在经济方面说，自然派重农，重新村组织，重自由贸易，重国际关系，而与现在罪恶渊薮的大城市生活做对头。以上所说，就是自然派学说的大纲。②

---

① 枉费，Vanves，维基百科中文译为旺夫——位于巴黎14区，距离巴黎市中心有5.6千米。

② 张培忠、肖玉华主编：《张竞生集》第六卷，生活·读书·新知三联书店2021年版，第311页。

文章并从"饮食法""劳动法""生活组织法""精神修养法"4个方面简述自然派在实行上的表现。

9月，《天津商报画刊》①第九卷第三十三期发表《为张竞生呼冤》（署名十发）。文章内容如下：

> 近人每提及张竞生，辄联想及于《性史》，而即以《性史》为张唯一罪状。然张自民国二十年，回饶平原籍，闭门思过，研究矿业，饶平县政府，因畀以实业督办头衔。张乃从事建设，筑路造林，颇著成绩。闻曾筑成公路数百里，有裨地方交通，两年以来，恢复名誉不少。顾饶平同乡，有一部分，因美生妒，遂用改进社名义，控张十大罪状，使张不能立足，终于狼狈而去，逃往香港，竭力辨【辩】白。饶平旅汕人士，旋以张此次被控，确有冤抑，乃具呈代为辨【辩】诬，市政府亦以改进社，并未立案，显系违法组织，下令取缔。张之被诬，平心而论，张之《性史》，其初纯为生理学上之研究，他人变本加厉，遂成淫书，然张始作之俑，罪有应得，其后服务桑梓，努力建设，亦足功罪相抵，倘使张能始终其事，固亦有为之士也。

11月1日，《读书杂志》第二卷第十一、十二合期刊登张竞生的《写在"精神分析学与艺术"之尾巴！》，认为："批评家要跳出先入的成见，然后才能有好判断。譬如我们不是马派，也不是佛派，始能知道文艺，有社会，历史，生物学，及个人，四件元素为背景；始能知道以社会学说明文艺之范畴；历史说明其发展；生物学说明其构造；个人说明其冲动与创造；始能知道马派单用经济与佛派单用性心理去分析文艺都犯一样的偏见与武断！"

11月30日，《文艺茶话》1932年第一卷第四期发表褚松雪的《秋日

---

① 《天津商报画刊》，周刊，1930年创刊于天津，1937年7月停刊。

登黄鹤楼》(署名问鹃)。

12 月 17 日，张竞生在汕头广东省商业学校（前身为岭东同文学堂）作题为《商业学生与南洋》的演讲。演讲内容由周勤通记录，后发表于《省商》1932 年第 8 期。张竞生在演讲中勉励商业学校的学生不要满足于在国内做一个小商人，而要怀有向南洋发展的志向和责任，做一个大商人来和世界竞争。张竞生最后言道：

> 我到这里，是为诸位开一条大路，第一希望诸位为做大商人领导者的预备，第二希望诸位为做到世界去商业竞争的预备，这方面完全不是奢望，事实上是可以做得到的，这希望诸位注意！①

民国二十二年（1933）　45 岁

2 月 1 日，《新时代》第四卷第一期发表褚松雪的《保存与改革——论词之应保存与改革》(署名问鹃)。

2 月 2 日，新加坡《南洋商报》刊登"汕头通信"：《张竞生主张调用民力救国》，称张竞生因公抵汕头，接受记者采访时，认为调用民工修筑公路，可将饶平从闭塞不通之区，一变而为四通八达道路错综之地，欲振兴地方实业，此实为第一步。同时张竞生还表示：作为饶平县实业督办，对于本县建设，自应积极促进，督饬全饶平人民荷锄上山开地，为全国树一个建设之先声。"我国现在民穷财尽，既有民力尚称富足，善为利用，使穷县变为富县。然后再移此种伟大之民力，从事卫生教育以及其他事业，无论何事，都可成功。""此种强迫民工从事生利事业之方法，深望全国各地，均能同样举行，则我国立可转贫弱而为富强。虽有

---

① 张培忠、肖玉华主编：《张竞生集》第九卷，生活·读书·新知三联书店 2021 年版，第 186 页。

十个日本在面前，亦不足怕矣。"

春节过后，张竞生即督促乡民开工修建饶钱公路，聘请林美南为技术员，经四阅月全线竣工。

2月3日，《申报》发表褚松雪的《珞珈山纪游》(署名问鹃女士)。

3月28日，《申报》发表褚松雪的《"阿片王国"》(署名问鹃女士)。

3月30日，《申报》发表褚松雪的《滕王阁》(署名问鹃女士)。

4月，张竞生于饶平土坑、望海岭、大坪三处建林木苗圃场，面积约45亩。(《饶平县志》)

在任教启新小学期间，张竞生曾推荐两位在北京上学的新女性来此任教，其中一位为黄璧昭①。而张竞生与黄璧昭一度成为恋人。在《浮生漫谈·怀念情人》中，张竞生曾描述过与黄璧昭交往之经过：

> 当我带小孩归家园时，在外则为公众筑公路，办苗圃，在内则治果木菜蔬。小孩还是稚龄，我日夜都在外，不能管顾。这时，我不但需要一位情人，而且需要一位管家主妇了。况且我渐渐觉得在中国行纯粹的、公开的情人制是行不通的，只好在婚姻式中试行情人式吧。

> 适巧此时，乡中小学请来一位女教师。是一位中年的未婚姑娘，高高的苗条身材，最引人是那双带愁的媚眼，这是西子的"颦态"，最值得引起人同情的。在许多次接触之后，我们恍似一家人了。她感激我支持她所主张的女学生可到溪中去游泳，而她的校长却反对。我感激她的是当我在外间仆仆归家时，她看到我的枯黑神情，赞誉我为"东方的甘地"。

---

① 黄璧昭，饶平钱东镇仙洲村人，归国华侨，早年在北京求学。张竞生次子张超所撰《漩涡内外自浮沉》有较为详细的介绍。

我们就这样混过了朋友的情怀，在暑假时，我到她家中过夜，我屡次向她求婚，都被她婉词托故拒绝。到后，我查出她拒绝的理由有二：一是我穷，不肯积蓄家产。而此中最大的理由，是她有先前的情人尚在追逐。她也公开向我承认此事。并说是她的过失，虽则尚在通信苦求她回心，而她仍在考虑中。①

5月1日，《申报》发表褚松雪的《西瓜子与中国民族》（署名问鹃）。

5月4日，《南洋商报》刊登消息《张竞生在潮州饶平兴办实业》：

（汕头四月廿二日发）张竞生前年从法国归饶平故乡后，颇韬晦悟，不愿再谈性学，专从事于地方建设，人皆认为不愧为善于改过之君子。张在故乡绿窝实验造林耕稼，颇惹起潮州社会人士深切之注意。饶平县长特委为实业督办，襄助饶平地方建设，张欣然不辞。全县人士皆称饶平县长知人善任，张亦坚忍耐劳，故在饶平兴办实业，成绩特佳，亦得其同乡努力拥护也。饶平县钱东区各乡公路支线，均已次第筑成，现加购汽车五辆，以便运输客货，现又加开两座林场，一在太坪七鹤座，一设外堂外岭。张氏努力于地方事业，尽忠职务，人皆乐道云。丧妻数年未续弦，性博士头衔，应交还上海小报招人承顶矣。

同日，《申报》发表褚松雪的《雨》（署名问鹃）。

6月，张竞生所著《民智建设》《民力建设》由上海神州国光社出版。《民智建设》约2万字，具体目录如下：

　　序

　　民智与无线电的播音及收音机

---

① 张培忠、肖玉华主编：《张竞生集》第五卷，生活·读书·新知三联书店2021年版，第81—82页。

附一 无线电播音及收音机浅说

附二 上中央政府省政府及地方政府一封公开信

附三 拉丁字母的采用

张竞生在《民智建设·序》中指出:"凡革命而不能建设者,则其革命永久不能成功。"所以要重视"民智""民力"与"民生"建设。

《民力建设》约 1.6 万字。张竞生认为:"今日对民力的建设,即在使群众人人能利用机器;换句话说,即在使人人利用两只手。至于脑袋的责任,只要极少数首领人才引导就够了。所以在群众说——尤是在我国今日的群众说,最重要的是力量,是他们的两只手去利用机器的力量。"具体目录如下:

总论

第一章 利用机器——电力化——艺术的手工业

（一）工业,农林,鱼【渔】利及其他

（二）交通

（三）艺术技能化的机器运用法

第二章 群力的发展原理与方法——领袖人才

第三章 玩耍——游艺的场所与方法——储藏力与创造力

结论

7 月 1 日,《新时代》月刊第五卷第一期发表褚松雪的散文《东湖》（署名褚问鹃女士）。

7 月,张竞生撰写的《卢骚小传》刊于《读书中学》杂志 1933 年第一卷第三期。这是张竞生为普通读者所作的关于卢梭的生平简介。

8 月 1 日,《新时代》月刊第五卷第二期发表褚松雪的《冯竞任先生》（署名褚问鹃）。

8 月 10 日,张竞生应汕头市府之聘为暑期学术讲演员,在汕头商业

学校礼堂作题为"自然的生活与农村改进运动"的演讲。（新加坡《南洋商报》1933 年 8 月 18 日第 13 版）

8 月 18 日、19 日，《南洋商报》连续两天发表通讯《性学博士张竞生：大被饶平人攻击》，刊登饶平旅汕改进社控告张竞生十大罪状：

（一）勾结土匪鱼肉弱小；（二）强奸民妇及占女伶为妾媵；（三）强占民田；（四）侵吞罚款；（五）虐待民工克扣伙食费；（六）私卖饶钱公路；（七）侵吞饶黄公路路权；（八）侵吞公款；（九）包揽讼词；（十）妨害风化。

8 月 24 日，张竞生被广东省民政厅通缉。张竞生在汕头市长与饶平县长的帮助下，连夜逃往香港，将儿子张应杰托付于女教师黄璧昭 [1]。饶平民众（实为"饶平旅汕改进社"）控告张竞生十大罪状：（一）勾结土匪，鱼肉弱小；（二）强奸民妇，及占女伶为妾媵；（三）强占民田；（四）侵吞罚款；（五）虐待民工，克扣伙食费；（六）私卖饶钱公路；（七）侵吞饶黄公路权；（八）侵害公权 [2]；（九）包揽诉讼；（十）妨害风化。（新加坡《南洋商报》1933 年 8 月 25 日第 2 版；上海《申报》1933 年 8 月 29 日第 7 版，《粤民厅通缉张竞生》；广东民政厅训令第 4733 号，1933 年 10 月 24 日；张竞生《浮生漫谈·怀念情人》）

8 月 29 日，《南洋商报》上发表《性学博士张竞生辩诬书》，张竞生

---

[1] 据张竞生《十年情场》中言及，黄璧昭与张竞生分手后，与其旧情人回到她家，被她的恶侄及一帮恶徒斩断四肢，用竹管插入她爱人喉中，一同丢入近海。而据张竞生次子张超回忆，"据目击者述，他俩（即黄璧昭与其情人）是被'浸猪笼'的，插进喉咙的是削尖成矛状的榨糖的甘蔗。"（《漩涡内外自浮沉》，初刊于《浮生漫谈》，生活·读书·新知三联书店 2008 年版）

[2] 这里的侵害公权与前文中提到的"侵吞公款"不一，照前文看，侵吞公款应该更准确。

对"饶平旅汕改进社"向省民政厅告发一事进行自辩。

9月11日，南宁《民国日报》第8版中刊发《张竞生将何之？》一文。文章称：张竞生为饶平各团体所不满，联合向省政府指控其侵吞路款，宣传某种主义，在学校公开讲演性史等罪名，经省当局令该县长将张氏扣留，并有脱逃之说。粤民厅去电汕市府令严缉，饶平县亦布告缉拿。本报查张氏被扣留说不确，惟张氏以环境恶劣，且不容于执政，决然舍去。特发出告别各界父老书。该书昨由张氏函寄本报，嘱代发表。兹录张竞生《告别各界父老书》如下：

各界父老钧鉴：

> 竞生昔年游学欧洲归国以后，从事教育，并本著作自由之旨兼究性学。窃不自揣，曾编《性史》一书，刊行问世，举国皆知。诚以食色为人生两大问题，凤昔即抱著述《性史》《食经》二书之志，欲以享诸世人。顾《性史》刊行，而《食经》方拟著手，即逢清党之祸。自知政治日趋黑暗，著述必失保障。故毅然出国。迨去年因事回饶，适谭副师长朗星、马县长炳乾，正思振兴饶平实业，力促竞生担任实业督办一职，力辞不获，勉强就任。受命以后，猛策进行，不数月筑成饶钱公路，又不数月开辟林场苗圃千余亩。试问各机关人员办事有如我辈之努力猛进否？方谓功在社会，何期忽有宵小之徒，虚构罪状，乱发邮电，经竞生驳斥之后，又复纷向官厅呈控，而官厅亦竟不分皂白，下令拿解，并谓竞生前著《性史》，扰乱社会，实为可笑。我辈应知《性史》并非军阀之枪炮炸弹，何能扰乱社会？竞生固知当此乱世，无是非之可言，但亦不解其黑暗一至于斯也。竞生本不欲离饶，今既不容于执政，何妨舍此他去。惟竞生已知欲政治之光明、人权之保障，非有根本之改革，不足为功，今后将循此而奋斗。竞生行矣，后会有期。愿诸位父老珍重加餐。

竞生敬告。

廿二年八月廿三日 ①

10 月 13 日，广东省政府以《性史》流毒社会戕害青年等罪名下令通缉张竞生：

> （香港）粤省府十三日通令所属，严缉专著《性史》流毒社会、戕害青年之张竞生，归案究办。因张近在饶平违章霸产，藐视功令，并自下令拿解后，张竟公然乘专车离饶，其宗人及属员欢送，途为之塞，散发告别父老书、诋毁政府。（十四日中央社电）（上海《申报》1933 年 10 月 15 日第 11 版《粤民厅通缉张竞生》）

10 月 14 日，《民报》《新闻报》、天津《益世报》消息：《粤省通缉张竞生》。

10 月 15 日，天津《大公报》消息：《缉张竞生》。

粤省府通令

【中央社香港十四日电】粤省府十三通令所属：严缉专著《性史》流毒社会戕害青年之张竞生归案交办。因张近在饶平，下令拿解后，张竟公然乘专车离饶。其宗人及属员欢送，途为之塞，散发告别父老书，诋毁政府云。

1932 年 7 月，陈铭枢由欧洲返回香港，开始联系各方面的力量从事反蒋活动，并数次秘密往福建与蔡廷锴、蒋光鼐商量反蒋事宜。1933 年 11 月 20 日，中华共和国人民革命政府（即"福建人民政府"）宣布成立。李济深、陈铭枢、陈友仁、冯玉祥（余心清代）、黄琪翔、戴戟、蒋光鼐、蔡廷锴、徐谦、何公敢、李章达 11 人为人民革命政府委员，李济

---

① 张培忠、肖玉华主编：《张竞生集》第九卷，生活·读书·新知三联书店 2021 年版，第 199 页。

深担任主席。陈铭枢任政府委员，兼经济委员会委员、军事委员会委员、军事委员会政治部主任、文化委员会主任等职。废除南京政府年号，改民国二十二年（1933）为"中华共和国元年"，福州为中华共和国首都。废除原来的青天白日满地红国旗，另立新国旗。并宣布革命政府的中心任务是外求民族解放，排除帝国主义在华势力；内求打倒军阀，推翻国民党统治，实现人民民主自由，发展国民经济，解放工农劳苦群众。11月下旬，就在人民革命政府成立后，因为与陈铭枢的关系，时在香港的张竞生乘轮船往福建福州。（《南洋商报》1934年2月12日第14版《性学博士张竞生不得志于仕途　民府解散悄然来港》）

《微言》① 第一卷第十期发表《张竞生评传》（署名黎明），分"前言""张的家庭""留学法京""金山校长时代""北大执教""编述性史""美的书店""欧游回乡"8个部分对张竞生进行简略述评。不过此文对张竞生的许多信息有语焉不详及臆测不实之处。

张竞生逃往香港后不久，黄璧昭将张应杰送至香港，交予张竞生。是年秋，褚松雪赴香港接走张应杰。张竞生在《浮生漫谈》中有过回忆：

> 在这样仓卒逃走时，我把爱子付托与这位女教师。我到香港后，她带来我的小孩，但表示极冷淡的态度，不久她就归家了。以后我们一直不曾再见面，只在汕头报上得知她最惨的下场。
>
> 她与旧情人到她的家中，在那样封建的家乡人眼中已经看不惯。况且她提出与家人分家产，她父先前是富有的华侨，到那时已是破落户了，但尚有华丽的房屋。这个就引动了她侄子辈的恶意。一夜

---

① 《微言》，周刊，1933年5月由上海市教育局局长潘公展在上海创刊。

里，这些恶伥及一帮恶徒，把她的四肢斩断，用竹管插入她爱人的喉中，一同丢入于近海内。这个场面，极尽人间的惨酷。我从此更加深切了解情人制在中国是不能通行的。

当我当年在求她不得时，常在与友人杯酒之下，念了范仲淹的"酒入愁肠，化作相思泪"之句。当我看到这段悲惨的记事时，我的相思泪更与酒气泛滥为泪海了。(《浮生漫谈·怀念情人》)①

11 月 9 日，《南洋商报》发表华林的《我所见之张竞生》，对张竞生给予高度肯定：

其实张竞生之为人，诚实而勇敢，努力打出一条生路，他就是认真的干，丝毫不愿苟且。所以此次他返国后，决心不谈"性的问题"，而努力实验他的理想生活，培植森林，开辟公路，提倡新生活之教育，极力谋民生事业之发展，这个人是勇于改善，勇于进取的人物！而不能见容于社会，因为他不能与社会同流合污。须知中国把"诚实而认真干的人"，看成蠢笨，以之为取笑谈资。不知"诚实"是勇敢的表示，勇于进取的人物，绝不作伪欺人，中国人专善于投机取巧，视诚笃而认真的人，不是冷笑，便是恶骂。张竞生所谓"猪狗生活"，中国人诚有之，须知强国绝非偶然，中国苟欲力图自强，非把这种"劣根性"改造一番不可。旁观而冷笑，自己不认真干的人，是"知而不为"，其罪实不容诛，是为猪狗所不如，更离做人远矣！②

① 张培忠、肖玉华主编：《张竞生集》第五卷，生活·读书·新知三联书店 2021 年版，第 82 页。
② 张培忠、肖玉华主编：《张竞生集》第十卷，生活·读书·新知三联书店 2021 年版，第 274—275 页。

民国二十三年（1934） 46 岁

中华共和国人民革命政府成立后，受到各地民众和海外华侨的拥护，但同时也遭到蒋介石政府的舆论攻击和军事镇压。1933 年 12 月下旬，蒋介石抽调进攻江西苏区的嫡系部队十余万人，以卫立煌、张治中、蒋鼎文为三路前敌总指挥，在海、空军的配合下，由赣东和浙江分路进攻延平、古田等地。卫立煌行动迅速，很快抵达福建北部，对十九路军形成夹击之势。刚刚成立不到百日的"人民革命政府"由于内部不团结，许多事情还没有商定，就宣告夭折了。卫立煌为了截断十九路军经泉州退入广东的道路，又迅速行军，隐蔽地绕到闽江以南进行阻击。同时，蒋介石大撒金钱，收买十九路军高级将领，使其内部自乱阵脚，军长师长几乎全部向中央军投诚。1934 年 1 月上、中旬，延平、古田、福州先后被蒋军占领，中华共和国人民革命政府和十九路军总部分别迁往漳州和泉州。21 日，在蒋介石分化瓦解和优势兵力的攻击下，泉州、漳州相继失守，福建事变终告失败。李济深、陈铭枢、蒋光鼐、蔡廷锴逃往香港，第十九路军的番号被取消，军队被蒋介石改编。随着人民革命政府的解体，张竞生又回到了香港。（《南洋商报》1934 年 2 月 12 日第 14 版《性学博士张竞生不得志于仕途　民府解散悄然来港》）因而"闽变"之后，张竞生曾遭到国民政府的通缉（从 1934 年 9 月 10 日国民政府西南政务委员会签发的第 2232 号训令中可见）。

1 月，上海《青年界》第五卷第一期发表褚松雪的短篇小说《孝子》，署名褚问鹃（1936 年被上海经纬书局编入《当代创作小说选》）。

2 月 2 日，张竞生在汕头发表《忏悔书》，新加坡《南洋商报》1934 年 2 月 14 日第 14 版转载：

（汕头二日专讯）饶平人张竞生，自被省府通缉后，具呈解释，省当道责令登报明白表示。张乃为《对〈性史〉之忏悔书》一文，送报发表，能否因此而取消通缉令，为一问题，但《性史》一书，流毒遍海内外，故张之《忏悔书》，实有公诸报端之必要，原文如次：

原夫《性史》之编辑者，其时在民国十五年，余为北京大学哲学教授，兼国学风俗调查会之主任。因余所制风俗调查表内，有卅二条，性之调查，亦居其一。委员陈某先生，以为性之调查，甚难达到确实之标准。又一委员提议，分开性为专门调查，遂在报上征求性史之材料，是则性之调查。在调查风俗会同人之本意，认为改良性风俗之资助，进一步以整理，兼可成为性学之研究，非如世人所拟议为好奇立异者也。其后收得性史甚多，而先出第一集，不意影响所及，举国若狂，而其流弊，不免使青年有染及色情病之嫌。以是第一集出后，不敢再出别集。沪上一班文氓，以为有利可图，遂假余名而出《性史》第二集，经余罚其五百元，并勒其在各大报改正道歉，余自己亦请律师在报上声明，将《性史》第一集毁版。但被罚者为报复计，暗中影射余名续出性史若干集，与许多淫书，世人不察其真伪，以为皆余所选述，而使余之罪名更添几许矣。本来性与淫相反，性学当提倡，而淫书当禁止。余所辑之《性史》第一集，初意在使人得知性之根据，而免陷入淫之罪恶，并且使人由性而得到真情感，好体身，与优生种。何期见仁见智，各有不同，遂使世人有误会性学为淫书，余之罪诚大矣。昔英儒霭理斯【士】著《性心理之研究》六大册，博得世界之美誉，书中所收集性史，极尽人类之奇观。余所编之《性史》，初亦仿效其例，（然因出版法不善，如错将《性史》出单行本，最好只可附在正书后为参考材料，又未注明有大学毕业与年在三十以上者始许买读之类，欧人对此项书常有相当限制者，）与社会之程度不齐，遂使美意变为恶意，余之懊悔，不堪名状。是以数年前再渡欧洲，潜心著述《民生建设》《民力建设》《民意建设》三部书，以赎前此提倡性学破坏社会之罪。又以为未足也，当二年前归国时，即往民间工作，对于筑路造林与夫各种实业，无不尽心努力，至于性学，绝口不谈，意为庶几可以赎前此之过失矣。而至于今，尚有对余不尽谅解者，故特草此《忏悔书》，使世人知《性史》前因后果，与夫余之罪状所在也，至于末流之弊，咎在一人，更不敢自宽其责也。①

3 月 27 日，张竞生从香港乘轮船抵达上海。南宁《民国日报》1934 年 4 月 10 日消息《张竞生到沪》：（三月二十七日上海讯）张竞生二十七日悄然来沪，丰采不减当年，精神亦佳。张不再谈性学仅主提倡性的教育，并谓此后将从事社会工作。另据《南洋商报》1934 年 4 月 13 日第 18 版《张竞生悄然抵沪》，张竞生在上海接受记者采访，表示不忘性学问题，愿做社会工作。1934 年 3 月 28 日《新闻报》也称：张竞生于昨日（27 日）抵沪。

3 月 29 日，《申报》发表褚松雪的《香港印象记》（署名问鹃）。

4 月 6 日，《申报》发表褚松雪的《航海》（署名问鹃）。

4 月，上海《汗血周刊》第二卷第十五期发表褚松雪的《记明末二阁部殉国事》（署名问鹃）。

自 5 月 1 日至 9 月 27 日，上海《时事新报》副刊《青光》连载张竞生的《食经》，共 150 篇，每篇约 500 字，合计约 7.5 万字。1934 年 5 月 1 日上海《申报》第 10 版发布关于刊登此文的广告。当时正值张竞生

---

① 张培忠、肖玉华主编：《张竞生集》第九卷，生活·读书·新知三联书店 2021 年版，第 200 页。编入《张竞生集》题目为《对〈性史〉之忏悔书》。

第二次欧游归来，受到城市生活的洗礼，又受到法国自然主义运动的启示，张竞生以最先进的科研成果指导研究饮食问题，提出要进行饮食革命，第一次比较系统地提出了饮食的现代理念和科学饮食的具体方略。在《导言》中，张竞生言道：

> 我第二次到法国时，即加入自然主义派运动。此派全无政治意味，只是提倡自然的主义。当我到此派所实验的小岛上时，觉得别有一个世界，而经过几个月之自然生活后，觉得自己变成另一个人一样。尝过都市生活后，愈觉得自然生活之可贵。自然生活固极多端，但食为其中最重要之一。故先将此问题做成小系统以问世。名曰"食经"者，使人知食乃日用经常之道，至通常而又是最重要者也。

> 在食一问题上，有一特点须提起者，凡愈机器化，与工业化之食品愈是糟糕。衣，住，行，愈文明化愈好；独至于食，则愈野蛮化愈好。食品是要原质不变，愈朴素则愈佳，故机器米与面，万万不敌乡民用石磨磨出来之米与面为有含维他命素①与香味。及经济与卫生。一切罐头物品均有害无益，一粒生梨比罐头内的十粒梨为有益。未经机器做过都是好的，一经工业制造后，无论最好的食品均变为最坏的了。又食品愈便宜的愈有益，菜蔬，五谷与水果都比鱼，肉，脯料及奇巧的食品为佳。这几点，都是此书所特要提及的。

> 我于此书宣布之目的有二：一、希望个人从饮食开始讲究，既可节俭，又可卫生。凡富人都患多食的毛病，故节食为要着。我人当提倡"单盘菜"的风气，虽不能餐餐如此，至少，每日或每二日

---

① 维他命素，即维生素，下同。

当应实行一餐"单盘菜"省起钱来做好事。二、希望组织多个"卫生食合作社"，有系统地将自然食的方法，普及于人间。（载1934年5月1日　星期二　《青光》之《食经·导言》）①

5月13日，张竞生在《时事新报》副刊《青光》发表《故宫古物拍卖论》。建议拍卖故宫文物，以挽救国内贫弱的局势。

5月21日，张竞生在《时事新报》副刊《青光》发表《新生活——服装问题》，对于《美的人生观》中主张美的服装一说作了补充，诸如：第一，以"姿态美"说，男子应穿短衣，女子应穿长衣。第二，以俭约说：男子穿短衣，可免如长衣之多费一幅布。女子在屋内，也应穿短衣。第三，以卫生与活泼说。短衣当然比长衣好。以及布料问题，小孩服装问题等等。

5月23日，张竞生在《时事新报》副刊《青光》发表《论发掘古墓》，建议政府对于古墓进行有系统的发掘。

5月28日，张竞生在《时事新报》副刊《青光》发表《免本致富法——利用人力与强迫做工》，呼吁："执政们，一班有军政势力之人们，人民领袖们，请你们切勿忘记这件惠而不费的计划。——利用人力以发展一切之富源。"

6月1日，张竞生在《时事新报》副刊《青光》上发表《爱的种类》，重申在"爱情定则"讨论时的爱情观："男女之爱是有许多种的。'公共汽车'也，'一人包车'也，从一而终，或人尽夫也，一夜夫妻百年恩爱也，或刹那欢娱过后便如浮云也，以至守贞守节也；或如蝴蝶之飘忽无定也，这些，只要是诚实的，十分诚实的，便有一种爱的意义。"

---

① 张培忠、肖玉华主编：《张竞生集》第二卷，生活·读书·新知三联书店2021年版，第179—180页。

6月3日，《时事新报》副刊《青光》发表一鸣①的《爱神的一箭——为〈爱的种类〉质张竞生》，对张竞生《爱的种类》一文中的说法提出质疑和抗议。

6月4日，张竞生在《时事新报》副刊《青光》上发表《谈"极大"》，感慨于"世人只知圣叹谈'极微'；可惜不知他底里在谈'极大'。因谈到极大，所以在极小的题目上，能做出极大的文章"，"做文如是，为人更当如是。从大处着想，从极大处着想吧！微小的人们！空间极大，大到人类的思想不能想像。如你假设空间有一个界限：那么，界限之外，是什么东西？现在最大的天文镜能照到一百万光年的空间，但此外呢？微小的人们！时间也是极大。大到人不能想像：你能设想它的起点及止境吗？"

同日，《中央日报》消息：粤取消张竞生通缉令。

6月9日，张竞生在《时事新报》副刊《青光》发表《论出版事业》，针对出版界存在的问题予以批评并提出意见："普通书贾所犯毛病有二：一是出版无系统，东一本，西一本，惟以投机射利为目的，毫不顾及文化之前途。一是他们对于稿件只要便宜：对于编辑家太不客气。他们只要贱价的稿件，结果，所出书籍多无价值，销路不好，有时连印刷费也捞不起，这是书贾自取其咎的。若肯高价买好稿，得利定然较多呢。"

6月13日，张竞生在《时事新报》副刊《青光》发表《流动式创造的爱情——并答一鸣先生》，认为："因为爱是流动与多方面的，所以不能执定一个死式以相非难。"

6月14日，《青光》副刊以《读者通信》为题刊载读者殷冰言关

---

① 一鸣，即屠石鸣，民国老报人。

于《食经》致张竞生的信（写于 6 月 1 日）与张竞生的复信（写于 6 月 7 日）。

6 月 15 日，《社会月报》①创刊号第 2 页发表张竞生的《外患》一文，表达了我国在目前形势下，外患比内患更为严重与急迫之观点。同期《社会月报》还发表张竞生的《农村复兴实验谈》，指出：我国农村复兴的先决条件在于"利用人力"，"我们今后最大的问题，也即是民族复兴的问题，就在设法使男女的力量充分用得出去，而且用得好处。这是个人工作方法的问题，也是社会工作效率的问题。"

6 月 19 日，张竞生在《时事新报》副刊《青光》发表《写在"学生利用假期服务社会"之后》。针对在近来蒋介石所做许多新事业之中，饬令学生利用假期服务社会一事"最使人满意"，可美中不足处是只在全学生"为清洁，为卫生，为公共场所，为私人家庭，以及其他改革陋习有益乡村之工作"，但漏却了两项最重要的事务，即生产工作和武备工作。

6 月 23 日，张竞生于《时事新报》副刊《青光》发表《再论发掘古墓》（写于 1934 年 6 月 8 日），称："鄙意所发掘，当以有名之古墓为主。因此故所掘的，当应选择历史上所纪传之名墓，不是一切的古墓尽行从事也。但有时遇到'历史的名区'，则须全区发掘。"

6 月 26 日，张竞生在《时事新报》副刊《青光》发表《北平应怎样优待赛金花——我人又当怎样?》，发动社会各界人士捐款以解晚年赛金花的困境。

"美人自古如名将，不许人间见白头！"②假使庚子年赛金花踞龙

①《社会月报》，综合性刊物，1934 年 6 月 15 日创刊于上海，1935 年 9 月终刊，共出版 9 期。
②（清）赵艳雪《和查为仁悼亡诗》，原诗仅此两句。

床和德帅瓦德西做过假龙凤的夫妻后，就即死去，我不知后人怎样起了感叹悲歌。杨贵妃死得正当其时，西施最令人留恋处就在后头不知下落。

不幸，赛金花至今尚存人间，尤不幸，她竟在这个无情的中国苟延残喘！竟不幸，她又孤穷困苦，衣食无着，住居不完，连每月八角房捐尚缴不来。（据北平外五区警署所报告，见《时事新报》六月念【廿】四日通讯）

回首那年，薄命人血泪只向肚里吞，可是北平太负恩忘德了。你不记起她向德帅牺牲色相，为的在缓和横暴联军残杀你人民吗？北平今日市面收入尚极可观，就理应当优待赛金花极丰裕的年俸。若能为她设立生祠，建竖铜像，更是最好无过的了。

全国，全城无一个是男儿！敌来，满京城皇帝皇太后龙子龙孙，全队官吏富裕的人民一群逃空。只留下人民受仇敌生吞死剥。幸有一个青年英雄——赛金花不顾一身，出来抵抗，出来说话，这是一段何等有声有色的历史价值。可惜北平市民太负恩忘德了！"薄情终得薄情报"，你看这个可怜的北平，不久就要被日本占领了。到时当然连一个好女儿出来对敌也无！

我们人民又当怎样对待这位外交家，多情的美人，救了北平的赛金花呢？能够连合起来凑些金钱寄她受用就好了。有些富裕之家能迎养她终身，尤为更好。我本人思有空时代电影界编一赛金花剧本，得点薪金寄她受用。可惜我太穷了，不能够迎养她，只有尽我力所能及吧【罢】了。

昔法国有女子名贞德者，起头牧羊，自说神降其身。领带人民抵抗英国。后虽被敌焚烧，但至今法人如神明奉祝她一样。我读贞德传记，我又读赛金花传记，觉得两样情怀同是一样救国，同是一样应受人类所景仰。

"十万雄军齐解甲，可怜无个是男儿！"在这样敌人临境，国难当头之时，我们对于"男儿"的希望已绝少了。更愈记起这位"女儿"的赛金花！

附启

人类具有同情心的，尤其是对一班英雄奇女子，更当帮助他们的成功，救助他们的困苦。现在我辈就来凑集一笔款，希望暂时解脱赛金花经济的绝境。凡与我辈同意者可将款汇寄到下列住址，由江君代汇齐代寄。[或直接寄她住居亦好：北平，外五区居仁里，十六号，魏赵灵飞女士收（即赛金花）]

现先报告捐题者有：

张竞生十元

黄梁梦五元

江镜蓉二元

代收捐人住址如下：

上海法租界西门路西门里，四十一号二楼江镜蓉先生。

凡寄款信件当挂号，后来当由江君发收条，并登报以昭信实。①

6月，朱湘②的诗集《石门集》由上海商务印书馆出版。其中第三编收录《赠张竞生》一首。

---

① 张培忠、肖玉华主编：《张竞生集》第九卷，生活·读书·新知三联书店2021年版，第229—230页。

② 朱湘（1904—1933），字子沅，原籍安徽太湖，生于湖南沅陵。1933年12月5日投江自杀。现代诗人，著有《夏天》《草莽集》《石门集》等诗集。这首《赠张竞生》并没有明确的写作时间。

赠张竞生

不必作英雄，去向风磨摇曳！

虫海、虫山，这世间要有多少？

自古来的理想都埋进方窠……

闷了肚皮，只有尸虫在暗笑！

每个人都主宰有他的海岛；

不必作英雄，作事的去骚扰。

离开了你的手，美变成丑恶。

你搌了风磨

想栽起幸福来点缀这方窠——

那知道长成的是断肠药草！

英雄与虫蚁都长睡在方窠……

今天又有你来向风磨摇曳！

7月2日，张竞生在《时事新报》副刊《青光》发表《艺术与跳舞》，对于当下舞蹈流于粗浅，失却艺术的意义，难邀高人的鉴赏之现象提出批评。

7月3日，张竞生在《时事新报》副刊《青光》发表《〈食经〉通讯》，答复读者提出的问题。

7月6日，张竞生在《时事新报》副刊《青光》发表《大众语与拉丁字母》，呼吁改良文字，以拉丁字母代替汉字："在这样方型整块，硬板板一个一个的象形字未代替为音声字之前，什么文字改良都说不上，所以现在最重要的还是采用拉丁字母，把这些艰难的象形字，变成为拼音字。（注音字母，写起来不方便不美丽还不如用拉丁字母好。）"

7月10日，张竞生在《时事新报》副刊《青光》发表《悼奇丽夫人①》，对奇丽夫人（即居里夫人）的逝世寄托缅怀之情："奇丽夫人随她丈夫死了！她与他给我们高贵的铑质永远不死，与地球永远长存！"

6、7月间，张竞生为晚年潦倒，时居北平的赛金花筹募捐助，并与赛金花互有书信往来。7月14日，张竞生在《时事新报》副刊《青光》发表《一封致赛金花的信》(或称《致魏赵灵飞书》②)。

灵飞女士：

北平苦热否？且珍摄为佳！

此间近时炎虐满天，使我只好看云。云极多种的，然都善于变幻：本是一个妙华美女，倏忽变为老媪，再一会儿连影迹也消散了；然而在那一边又幻成一个美人似的胎形。

我近又以花消遣此沉沉之夏。上海霞飞路一带，因受白俄女子爱花的影响，花店□形繁盛。花的种类比云霞一样多一样美丽。你只知玫瑰一项已达千余种呢，但好花也如彩云一样易于消散。就以最耐挫折的玫瑰说，折取为瓶花，况在这样热天，只有一二天生命挣扎罢了！我的小天井前时买到一盆栽的蔷薇，满意百蕊花可以陆续开到百余日。欺骗的人类啊！移来不到几天，蕊都谢了。连青青的叶也保留不住。至今存的只有几枝刺干尚作暗绿色在那儿挨受这炎热世界。

女士，你看云吧！北平的云当比上海的更美丽更变幻啊。你当

---

① 即居里夫人。玛丽·居里（Marie Curie，1867—1934），出生于华沙，全名玛丽亚·斯克沃多夫斯卡·居里（Maria Skłodowska Curie），法国籍波兰裔科学家、物理学家、化学家。张竞生在法国留学期间，曾听过居里夫人的课。

② 此信据说最先在《大华晚报》6月底上刊登，囿于资料所限，编者未能见到。

看了许多花，——丁香，牡丹，及其他。你就在云与花中认识你的人生，想象些，或太不至于痛苦吧。闻你现极热诚念佛——阿弥陀佛。最好就在看云玩花时不知不觉中念了一二声救苦救难观世音！

我常喜欢把你与慈禧后并提，可是你比她高得多呢。假使她在你的位置什么事都显不出，最多只能被雇为"哭娘"（慈禧以此出身的）。若你有她的势力吗？当能变法，当能做出许多新政治。你虽位卑而人格并不微，当联军到北平，她抛却人民和宝贝的太监们溜走了。只有你在金銮殿中与外帅折冲，保卫了多少好人民。

佛号是无灵的，惟有人力的奋斗。华北又告警了！你尚能奋斗吗？与其空念弥陀佛，不如再舍身救国。一切慈善事均可加入的，看护妇也极可为。若能领率一班女同胞作有规模的社会运动，更是好不过的。你打绒线工作吗？当多多打出，为无数贫民作纪念呵！

我们对你是极愿帮助的，然而为力甚微弱。无阔友，有也不管及了。无大腹贾作后头账房，自己又穷得可以：所以登报后到此日结束，只收到这点款（数目捐者另纸附上）。可是我们对你的心情，并不由此而结束也。我个人曾与明星电影公司经理郑正秋[①]先生计划为你编演一电影剧。据他说费用过大：又要装许多拳头大师兄、二师兄、徒弟们、大清兵、外国兵，好不离奇复杂；又要扮红顶花翎的文官武官、外国官武将、使臣；又要演出外国兵爬上北京城，杀戮奸淫咱们的人民！又要火烧金銮殿。又要将那位宝贝的慈禧，及宫女太监们维妙维肖地一群的满洲女装，头髻那样高翘，衣裳那样美丽地一一摆列出，据说非十余万金不能办的。在这样穷的我国

----

① 郑正秋（1888—1935），名芳泽、伯常，号药风，原籍广东潮阳，生于上海。中国电影事业重要的奠基人之一，也是中国家庭伦理片的开拓者和创始人。

电影界，只好暂时放下了，可是我并不肯将此放下。

将来扮演你的，自有许多女明星。郑君说，胡蝶极称职的，可惜她比你胖一些些。你那张俊俏脸儿，添上两个酒窝，尽够延长你的美丽的生命到天长地久了。你看：你个人生命是长存的！

顺此

祝你福寿无疆

张竞生谨具

上海念三年，七，十二日 ①

7月15日，张竞生在《时事新报》副刊《青光》发表《大上海》，表达建设"大上海"的想法："我以为在这样国人依恋租界保护的奴隶心理之下，应该有强迫性来建起这个大上海的规模。"

同日，张竞生在《社会月报》第一卷第二期发表《农村复兴实验谈（续）》，接着《农村复兴实验谈》中所谈论的"先决条件—利用人力"，讨论"怎样得到良美的清乡方法""怎样筑路"以及"苗圃与林场的运营"等问题。

7月20日，张竞生在《时事新报》副刊《青光》发表《美的翻译——神似！》，表达"我之所谓美，乃在神似的文学译法"的观念。

信、雅、达为严复对译书的三条件，全能达到这些条件呢，也够称为美的翻译了，可是我之所谓美，乃在神似的文学译法。

就鄙意：译纯粹的科学书籍，最要就在"信"字，名词固然要译不差，一句一句，句的前后也要照原文直译，切勿加入一点句子，一个字义，一些译者意见，在科学书上可以直译，充分求到一个

---

① 张培忠、肖玉华主编：《张竞生集》第九卷，生活·读书·新知三联书店 2021 年版，第238—239页。

"信"字。

论及文学书的译述，我想直译既嫌译文不好懂与不好读，意译又嫌离原文太远，应于二者求得一个中间的办法：这就是竭力接近原文的意义与神情，同时竭力求得译文的流畅（达）与美丽（雅）。信字在此，不是刻舟求剑，乃作为在流动中而得到神似的一种解释。不错，是神似的，而不是貌似与形似，因中西文字不同，规规于形貌相似，终于不可得，连神似也被失却了，若从神似方面着力，自能得到恰恰好处与妙处。

这个神似的译法，在译诗歌更为重要。不过诗歌的译技比译文学的更当精湛与巧妙。译文学，尚当时时顾到原文（应当一小段一小段顾到，虽则不必句句顾到）。但译诗歌，直可把原文全篇或全大段打碎，翻转后由译者运以灵妙的笔花把原文神情风韵处神情化与风韵化起来而翻作为神奇的译文。①

7月21日，张竞生在《时事新报》副刊《青光》发表《思子》，表达对于安儿（即张应杰）的思念之情。

安儿！你来上海吗？明明友人说亲见你在北四川路上闲行呢！然而我至今尚未见你来。你终不来吗？领带你者之忍心一至于此耶？

我们离别好几月了。我本是不愿他人带开你的。可是我那时想到社会去拼命。你幼弱，不能和我做事。你跟我，你累我，我也累你。所以吞泪饮血，放你走了。你尚记得在香港轮上送你吗？当你轮开时，我几乎要跳到海去。你去后，我入屋不见你形，尚闻你声。在前楼上我时时尚见你由甬道，散学跳跃而来，我真正看去，竟是

---

① 张培忠、肖玉华主编：《张竞生集》第九卷，生活·读书·新知三联书店2021年版，第244页。

别人的小孩！

香港之一概行道上，有你和我的游踪处。自你去后我都不能回想。一回想我神思恍惚，如见你亲在一样。所以和你别后，我不敢出去散步，一人冷清清，那禁得起你的回忆。

所以和你别后，我不久也出香港到各处漂流了。幸而未有死，至今尚在此沪滨。前接息知你在庐山。怎样你竟在此地耶？

自我知此消息后，我精神几不能主持我的第二性命！我的小孩！

望你快快来见我，或由领带你者送给我一个住址。你若永久不来，我就要与领带你者为难了。①

7月26日，张竞生在《时事新报》副刊《青光》发表《再谈"极大"》，表达对于金圣叹为文能于"极微"中表现出"极大"的崇拜之情。

金圣叹为我所最崇拜古人之一（苏东坡也其一）。不但崇拜其文，而最使我崇拜是他的为人慷爽阔达。他的死，更使我五体投地崇拜到如神明一样。我少时反抗满清，固然发动于民族思想。但我思及满酋凶横地之杀圣叹，便觉无明火冲上三千丈，誓非铲除这个满酋的宝座不可。

7月30日至8月10日，张竞生在《时事新报》副刊《青光》连载《别矣！上海——四月来旅沪的检讨与前顾》，共12期，回顾自己四次旅沪的经历与感受。

8月15日，《时事新报》副刊《青光》刊发张竞生致《青光》主编天庐的书信，对于8月3日《青光》所刊《食经》及《别矣上海》所漏

---

① 张培忠、肖玉华主编：《张竞生集》第九卷，生活·读书·新知三联书店2021年版，第246页。

文字予以补正。

　　天庐兄：

　　　　昨晤尊友，谓君今日可返。想已到矣。适我兄时行，未能一谭，至念也。今附陈者，本月三日青光栏《食经》及《别矣上海》均漏下好多字。以至文事不堪卒读。兹附改正文大致如下：

　　　　（1）《食经》最末条"……限定把……"以下漏了许多字约是"九州全条山脉……"然后接"汗流……"。又同日（八月三日）的《别矣上海》。内文第十条，"……篇假冒姓名……"乃"……一篇告别父老书累我受害不少。故我以后对此项假冒姓名事件……"。

　　　　此两项所漏原文，已记不起，惟大意记上，请参照原稿改正至祷。（编者按，查原稿已失落。已函张先生于刊单行本时补入矣。）

　　　　即候

　　撰安

　　　　　　　　　　　　　　　　　　　张竞生

　　　　　　　　　　　　　　　　　　　八月十一日

　　同日，张竞生在上海《社会月报》[①]第一卷第三期发表《极大与极微及其无》。所论为文章作法问题，对从极大处做文章表示认可。

　　此次旅沪期间，张竞生还在《上海夜报》发表《中西食品与文化》[②]。

[①]《社会月报》，1934 年 6 月 15 日创刊于上海，主编陈灵犀。

[②] 在张竞生的《别矣！上海》一文中提及："在《上海夜报》，撰了一篇《中西食品与文化》，此文也可延长到数万字，然因我要离上海，恐怕不能再行多写了。"遗憾的是，因上海图书馆保存的《上海夜报》散佚严重，故无法得见。《上海夜报》于民国 13 年（1924）12 月 1 日在上海创刊，由《时报》主笔倚虹业余创办。该报内容以旧派文艺创作和报道社会新闻为主，民国 14 年（1925）五卅惨案后不久停刊。

8 月底，张竞生由沪返回广州，住广州大石街黄埔陆军小学同学会。

9 月 10 日，国民政府西南政务委员会签发第 2232 号训令，取消对因参加"闽变"而对张竞生的通缉。

西南执行部公函开：

据中国国民党广东省执行委员会呈称："据张竞生呈称，为呈明事实，恳予取消通缉成命事。窃竞生比闻钧部前据呈，以竞生有参加闽变，任伪文化委员会委员呈请通缉一案，不胜惶骇，伏念竞生确无参加闽变任伪文化委员会委员情事，此项事实有上月十日闽省党部谢委员东山致电中央监察委员张溥泉先生一电可为证明。亟应抄录粘附呈请察核，恳予转呈迅予将竞生通缉一案取销，寔为德便等情，附呈抄录谢委员东山致张委员溥泉电文一件，据此，理合备文连同附缴粘抄电文一件，呈请钧察核。寔为党便"等情。当经敝部第一三二次常会决议"取销"在案除指复外，相应录案函达查照办理为荷。

中华民国廿三年九月十日

常务委员　邓泽如　李宗仁　唐绍仪　陈济棠　萧佛成　邹鲁

9 月 10 日前后，应陈济棠之邀 [1]，张竞生任粤军部参议，随后被调往徐闻县助理军垦 [2]。据上海《申报》1934 年 9 月 14 日 9 版消息《张竞生任粤军部参议》中称：（汕头）张竞生被任为粤一集团军参议，十二日为整顿饶平公路事返汕，约数日后返省。（十三日专电）

---

[1] 应陈济棠之邀的说法，源于《天津商报画刊》1935 年第 14 卷第 29 期《销夏漫记（一）张竞生》中的消息：陈伯南（即陈济棠）于委任他做参议之后，马上派他赴潮阳南山区视察军垦。

[2] 张竞生其实并未去往徐闻赴任。

《晶报》1934 年 10 月 11 日第 3 版《张竞生垦殖徐闻》中也称：张竞生于（九）月之十二日由羊石抵汕转饶，对饶铁路公共汽车事物有所整理，于十八日过汕，越日赴香转省，赶赴徐闻就职。（另可参见《南洋商报》9 月 12 日第 2 版刊登消息《张竞生任粤总部参议　调往徐闻县助理军垦》；《福尔摩斯》报 1934 年 9 月 30 日第 1 版消息《张竞生衣锦荣归》也称：张竞生得广东省主席林翼中①电请帮助琼崖特区林垦事务，欣然前往，择吉搭太古公司轮船赴粤。抵粤晋谒省政府林氏请示并谢委后，转琼崖考察后拟琼崖特区五年计划得省主席激赏。于 12 日衣锦荣归故乡。）

在《别矣！上海》中，张竞生就曾经表示过：

> 我就是抱定这个希望到粤省去工作的。我希望所有文人，所谓智识阶级者，人民领导者，各界领袖以及手握有势力的人们统统到各省各县各地方去，去进行这个"民垦军训"的工作。一面，把地方与国民经济复兴起来，一面把人民武装起来预备与敌国见个输赢。②

9 月 12 日，天津《大公报》以《妙人妙事　赛金花老逢知己　张竞生慨解仁囊》为题报道张竞生为赛金花募款之事，并附刊张竞生致赛金花书信两封（第二封落款时间为民国二十三年七月十二日，即 1934 年 7 月 12 日）和赛金花复信一封。

张竞生致赛函

灵飞女士：

> 现由江君等由海上赠款二十五元，此为第一批吧！我们尚在拟

---

① 林翼中（1887—1984），原名家相，字翼中，广东合浦人（今属广西）。1931 年任广东省民政厅厅长，为时 5 年。1931 年 12 月代理广东省政府主席。

② 张培忠、肖玉华主编：《张竞生集》第九卷，生活·读书·新知三联书店 2021 年版，第 257 页。

继续募集些款助您。您近状如何，能详细告知我们？更祷先前及最近有贵相否？能挂号寄下尤盼，祝您健康快乐。

款收到即复上海西门路西门里四十一号二楼，江镜蓉先生收，如有附信寄我者，可夹在江君信内，不必单函。计开赠助者：黄梁梦君五元，江镜蓉君二元，郎鲁逊君二元，蒋元芳君一元，张竞生十五元，以上五位共二十五元。收到时复函，亦请照开姓名款项，随条声明，以昭详实为祷。

弟张竞生鞠躬

赛金花复张函

张竞生先生台赐：

目前捧读来函，很使我感念到万分！要论在现代的社会人情上，阁下足算是一富具热心的人了，替我这样的尽力，使我多么感佩啊！愧是远隔山河，恕我不能面谢，迫得到机会时节，再拜谢你的美意吧！我现在的境遇不很好，不过是敷衍生活罢了，老迈残颜，不堪言状。回忆当年，唯有用这一腔的热泪把它顺送下去！现在的时期不同了，又道是知足者常乐，现在只是闭门隐渡，别的一切热闹，交际，绝对是消极的。我的相片现在还没有找到，找到时一定寄上。给我帮助的江先生等四位，暂且替我谢吧！你先生我这里先谢谢你，所寄下的二十五元钱，现已完全收到，请放心吧！

敬祝文祺。

魏赵灵飞拜 [1]

---

[1] 张培忠、肖玉华主编：《张竞生集》第九卷，生活·读书·新知三联书店 2021 年版，第 240—241 页。

11 月 9 日，《南洋商报》第 11 版刊登《南山素描：张竞生之军垦办法（一）》，称：粤军将潮汕南山 ① 掌控之后，开辟为南山军垦区，委派张竞生博士为该区垦殖专员。

11 月 10 日，《南洋商报》第 11 版刊登《南山素描：张竞生之军垦办法（二）》。

民国二十四年（1935）47 岁

年初，应陈济棠的邀请，张竞生任广东经济建设委员会会员、广东实业督办。

1 月 10 日，《群声报》② 在广州创刊。张竞生担任《群声报》"军国民精神"专刊（周日刊）主编。

1 月 13 日，《群声报》"军国民精神"专刊刊登《张竞生启事》：

（一）军国民专刊为每周一次，定于星期日发表。

（二）欢迎投稿，稿费从优，每千字三元起。

（三）欢迎学习军训生多多对于军国民精神努力宣扬，并对于本校内的军训是否振作与腐败的情形详细写出，发表时不用真姓名亦可，惟通讯当用真住址与真姓名。

（四）我本人通讯（地）址请由《群声报》编辑部"军国民专刊"转即到。

---

① 南山，应指位于广东省东南部，潮阳、惠来、普宁三地交界处的大南山一带。土地革命时期曾在此建立潮普惠革命根据地。

②《群声报》，1935 年创刊，1936 年停刊后又复刊，1938 年再度停刊，属于香港《循环日报》的营业系统，可说是《循环日报》的一间分馆。总经理为温星拱。

（五）第一期因收稿不及，暂由我本人独唱。从下期起，便有许多军训及军事专家担任编纂，特此预告。①

该期，张竞生的《前进调——智、仁、勇，三端合一》一文论述智、仁、勇三端合一是我中华最美最好最伟大的道德的观点。

在此，我们注意的是提倡军国民精神全与提倡军阀主义不相同。我们提倡勇，同时亦提倡智与仁。所谓智，仁，勇，三者合一，然后勇不至流入于暴与愚蠢。

有小勇，也有大勇，当然我们是要提倡大勇的。所谓大勇是"卒然临之而不惊，无故加之而不怒，此其所挟持者甚大，而其志甚远也"②。可是大勇未易一时养成，也不能使人人有。我们希望普通民众人人如能从小勇做起，也算好了。在我国人这样胆小卑怯的劣性，能有小勇已极可贵了。我们不必期望人人如张良之助汉高打平天下，只求如他能于博浪向秦皇椎击，已算英雄一世了。曾见一书记在北平有个外国水兵酒醉乱打车夫，其时由百数十个中国人代抱不平向他咆吼，可是无一人敢近水兵的身旁，只在远远的距离咆吼而听水兵远去了。这个可见我人，尤其北方人的卑怯，无勇气，这真可辱的行为。若在欧美与日本，只要有一个本地人已把酒醉的水兵打倒了。民胆小卑怯一至于此，我们更觉急切要来提倡军国民的精神，我今就来摘抄一首廿余年前我在陆军小学时所念熟的：

中国男儿！

中国男儿！

---

① 张培忠、肖玉华主编：《张竞生集》第九卷，生活·读书·新知三联书店 2021 年版，第 263 页。

② 出自苏轼的《留侯论》。

要将只手撑天空！

睡狮千年！睡狮千年！

一夫振臂万夫雄！①

1月20日，张竞生在《群声报》"军国民精神"专刊第二期发表《侠！民众的侠》，指出："必要具有'主持正义''同情心''不怕死'三种德行，然后为真侠为大侠。""'民众的侠'这是我们现在所最需要的。"

民众的侠气，这是我们今后最需要的事了。我们人数虽多，但如散沙一样，要有这个侠义，始能把这些沙粒紧粘起来。要能主持正义，要有同情心，要不怕死，然后能真有侠气。岂有眼看自己军队，自己人民被日本所残杀，上海民众如有同情心，岂有不全数加入战线之理？如能主持正义，岂有眼见日本凶横到如此地步，而我江北一些流氓当时尚肯作汉奸之理？如不怕死，我们全国的民众与军队，岂有坐视上海十九路军独自抵抗，而各处默然不动之理？我曾说，如在外国时，当东北沦亡、淞沪争战之时，全国民众必定咆吼起来助战，咆吼起来！各处各向日本反抗起来！我们决定日本是无法对付的，他们实在无许多力量能够把东北及全中国侵吞下去。因为我们无民族的侠义，只好听日本一处一处侵吞，这个真便宜了他们。日本要的就是一处一处逐渐侵吞了。吞了台湾，力量待到充足了，再吞朝鲜；过了消化的时候，再吞东北；待东北消化好了，再吞华北，逐渐到扬子江流域，再到珠江地方。我们真是蠢极了，待他缓缓吞去，何不一齐咆吼起来，与他抵抗，敢于决定他们一口气不能全吞我们的。纵然手无利器，只要如义和团一样，单用

① 张培忠、肖玉华主编：《张竞生集》第九卷，生活·读书·新知三联书店2021年版，第270—271页。

拳头已足以打倒日本了。纵然失败，我们这样的肉堆，他们定然吞不下！请民众们不必怕他！

民众的侠气，何处去呢？我们要寻他回来，要培养他。我们要提倡正义！要有同情心，要不怕死！

怎样有民众的侠气？我们不但要在民众读本，学校课本，电影及戏剧上制造，我们尚要在事实上组织，从军团民组织——从军训生组织——从民团与全民的警卫队组织！①

1月27日，张竞生在《群声报》"军国民精神"专刊第三期发表《女人与军国民精神》，主张"女学生要受军事训练，这不但为女学生自己的体格与德性着想；而最重要的，乃为振起全国女性着想的。这个振起全国女子有军国民精神的风气极为重要，因为女子是男子的妻与母。他们是男子的永久伴侣与创造人，假如女子无军国民的德性，怎样会成为'良妻'以助其丈夫？又怎样为'贤母'以教其子女？与怎样使其丈夫子女们都养成有军国民的精神呢？现在的世界是男女合作的，假如子女无这样军国民精神，男子独方面断不会完全负起这个责任"。

1月28日、29日和2月1日，张竞生在《群声报》副刊《群众园地》先后发表《闲情》之《（一）雨中观梅说女鬼》、《闲情》之《（一）雨中观梅说女鬼》（续）、《闲情》之《（二）坐谈》。

2月3日，张竞生在《群声报》"军国民精神"专刊第四期（原报纸上有误，刊为第三期——编者）发表《武化！》，认为"武化若对文化而言，那么纵使我人已有文化，尚且需要武化"，呼吁"全国武化起来！把衰弱的中国振兴起来！把我国最大的仇敌打出去！"

---

① 张培忠、肖玉华主编：《张竞生集》第九卷，生活·读书·新知三联书店2021年版，第274—275页。

总之，我之所谓武化，对于文的使他勇武起来，对于武的尤其是现在手掌大权的武人，又要其文化起来，然后武人始能为学术提倡，为国家建设，为疆场立功。外国名将中我们得到这样文化的军人最著名的有二人，一是亚历山大，他在各处搜罗科学的材料及各国的政治规模供给其师亚里士多德研究，使亚氏得此做成千古不朽的名著。其一在近世乃是拿破仑，他编成在当时最进步的法典（名为《拿破仑法典》），使其征服国遵行，同时他又为本国创立了许多文化的学院。①

2月10日，张竞生在《群声报》副刊《群众园地》发表《闲情》之《（三）女发问题》。

同日，张竞生在《群声报》"军国民精神"专刊第五期发表《中国半亡不亡论》。针对"中国必亡论"，提出"我现在的见解，是中国一半亡，一半不亡论"。

一半亡！这是在一班敷衍的士大夫，好乱的军阀们，洋八股，老古董们，从一班新土劣们说起的。这些人实在不能救中国，并且只有急促推陷于灭亡之一途。

一半不亡！若我们从民众看去，从一班能建设的士大夫们，奋发有为的军人们，从事实学的智识阶级们看去，中国确实不会亡的。最多只是亡了一截，尚余一截在活动而有生气，可从此一截的生气恢复那死亡的一截的。②

---

① 张培忠、肖玉华主编：《张竞生集》第九卷，生活・读书・新知三联书店2021年版，第283页。

② 张培忠、肖玉华主编：《张竞生集》第九卷，生活・读书・新知三联书店2021年版，第285页。

2月11日，张竞生在《群声报》副刊《群众园地》发表《闲情》之《（四）春假即事》。

2月17日，张竞生在《群声报》"军国民精神"专刊第六期发表《儿童的军国民精神》，认为"凡事当从头做起。从头做起，始能做得坚固、着实、妥善。军国民精神也当从头做起的——从儿童做起呵！"

> 要而言之，我们小孩教育应是尚武的。尚武的教育，又确与小孩活泼的天性相宜。我希望宗教办的小孩教导法，切勿以宗教的和平学说麻醉我们的小国民。我们不愿让人打右颊再给他左颊，我们如被人打一巴掌时，就还踢他一极厉害的脚腿。宗教的和平学说，在我国现在是行不通的。故我极望我国的教育界，对于儿童教育，当另立一个新方针——即是教小孩成为军国民，不是成为小滑头；尚武的不是尚文的；活泼与天真烂漫，不是笨拙且阴险狡诈。强健的身体加上一个敏捷与好胜的精神，这些才是小孩的新教育法。①

2月24日，张竞生在《群声报》"军国民精神"专刊第七期发表《军国民的美——壮美与伟大的人生艺术》，认为"军国民的美，第一，就在领略壮美的外象。第二，就在习惯于壮美的外象逐渐养成自己优美的情怀"。

> 真正人生的艺术是壮美的，军国民的艺术更是壮美的。在我国的壮美最有名的为万里长城与运河。这些不但是伟大的艺术，而且具有伟大的作用。得了万里长城的保障，使东北的匈奴部落若干年来不能攻入关内，我们民族得以繁息，我们的文化也得以发展。至于运河，乃联络南北的运输与交通，其于民生的关系甚大。在现在

---

① 张培忠、肖玉华主编：《张竞生集》第九卷，生活·读书·新知三联书店2021年版，第291—292页。

我国衰弱的状态，对于壮美的提倡更觉为急切。我们当利用众多的民力，从事于万里长堤，或万里又万里的农业与山林的建设。我们当利用众多的民力建设各处及各种伟大的工业，我们又当利用千万人的民力为群众的武力，在我国这样破残的局势，而外边又有强大的敌人，我们非从伟大去建设与非从伟大的组织，断然不能图存。故我们要有伟大的计划与伟大的魄力，把一切社会事业及军政，都从伟大的基础建筑起来。这个伟大的心思与伟大的事业便是壮美，便是军国民的美德。我们当学德国，凡事都从"魁梧"着手的。他们有世界最长的大炮，有最大的飞艇（齐柏林式）。我们也当学美国，凡事当求"世界第一"，或称为"大王"，如某某大王，或某事业，或某建筑物（如七八十层的高楼），为世界第一之类。我们现在太卑小了，不但物质上太缺乏以致不能从大处着手。□思想上也太卑小了。谁敢想建设我国为世界第一等强国？谁敢想我们将建设一件事物是世界第一的？谁敢想去希马拉亚①最高处旅行？现在国人连这样伟大的思想也不敢做梦了，更有谁胆敢希望去实践？故我们要救这个衰弱卑小堕落的民族，当从伟大做起，从壮美做去。使我们回溯我们祖宗的盛德与伟大的事业。要使我们从大处着想与落手，然后我们才配称为决决大陆国的大国民，然后我们才配讥笑日本为"小鬼"。②

3月3日，张竞生在《群声报》"军国民精神"专刊第八期发表《给

---

① 希马拉亚，即喜马拉雅。
② 张培忠、肖玉华主编：《张竞生集》第九卷，生活·读书·新知三联书店2021年版，第296—297页。

军训生军国民谈"军国民的外交"书（特对中日亲善而发的）》[1]。

就此国际情势看来，日本立场只有两途，一是向英美俄屈服，一是向其中一国打战以求出路。日本以头等强国自居，断然不肯屈服的。故他宁可退出国联，宁可孤立，宁可因海军比率问题与英美决裂，但终不可屈服的。不肯屈服只有出于战之一途。要战，只有向中国联络，然后始可侥幸取胜，或失败也不至于一败涂地，这是什么缘故呢？

第一原因：就是我国已有相当的力量，要成为独立与列强争胜，固然现时尚不可能。但我们确有帮助人的能力，帮助谁则谁胜，这样帮助的力量实在不可轻视的。日本人就看中此点，所以要与我人亲善了。

第二原因：因我有丰富的原料，乃日本生死问题所关系的。就平时说日本一切工业的原料，取用我国的甚多。而此中最重要的，乃为工业及军用品所不能缺少的铁砂，每年由我国取去的多至二百余万吨。假设我不给他这些原料时，日本的军工厂及许多种工业就要停歇了。

所以，日本现在要与我国结合，一因国际上无路可走，一因我确有相当的实力，这个实力遇到他与别国开战时，其效用更大。因他与我的地理上特别关系，无论他对俄，或对美或对英打战时，其战场必在太平洋，与满蒙各地，这些都在我国的地方。我如助日本原料上，运输上，军舰及军队救济上，与及一切人力的援助上，日本则可以取胜。尤其要用持久的战争，更非靠助我的助力不可。我

---

[1] 本文未完。由于编者仅见到 1935 年 3 月之前的《群声报》，其他则因破损严重，无法翻阅，不知是否仍有刊载。

如助其敌人，则日本必败。尤其是持久时，日本必至于一败涂地。①

3 月 10 日，张竞生主编《群声报》"军国民精神"专刊第九期（原报纸有误，作第八期。——编者）后，该专刊即停办。

8 月，陈铭枢与李济深、蔡廷锴、蒋光鼐等在香港组织民族革命大同盟，李济深任主席，陈铭枢任副主席。

在广州期间，张竞生与中山大学法律专业毕业的黄冠南结识。是年中秋之后，二人赴上海，在律师公证下举行了婚礼，居住在上海法租界福履里路（今建国西路）一栋西式小洋房。大约一个月之后，张竞生独自回广州逗留了约半个月，再次从广州坐轮船去上海，在船上结识了澄海人高伯雨②，后在汕头暂停并到高伯雨家做客。

是年，《新世纪》1935 年第 2 期发表褚松雪的《麻姑管领下的南城》

---

① 张培忠、肖玉华主编：《张竞生集》第九卷，生活·读书·新知三联书店 2021年版，第 299—300 页。

② 高伯雨（1906—1992 年），原名秉荫，又名贞白，笔名有林熙、秦仲龢、温大雅等，广东澄海人。著名学者、散文家。曾留学英国，主修英国文学。返国后，在上海工作。抗日战争期间回港，后定居香港，以谙于掌故驰誉香港文坛。代表作《听雨楼随笔》。他与张竞生结识于 1935 年，二人成为至交，互有书信往来。高伯雨后来曾撰写过多篇关于张竞生的文章。现在所能见到的张竞生致高伯雨信件共 32 封，具体日期是：1957 年 3 月 29 日；1957 年 5月 19 日；1957 年 5 月 26 日；1957 年 8 月 10 日；1957 年 8 月 20 日；1957 年10 月 16 日；1959 年 2 月 9 日；1959 年 3 月 23 日；1959 年 6 月 13 日；1959 年8 月 26 日；1961 年 3 月 7 日；1961 年 6 月 5 日；1961 年 7 月 4 日；1961 年 10月 8 日；1963 年 2 月 8 日；1963 年 2 月 25 日；1963 年 3 月 11 日；1963 年 5月 18 日；1963 年 5 月 22 日；1963 年 7 月 25 日；1963 年 8 月 12 日；1964 年 2月 27 日；1964 年 11 月 7 日；1965 年 5 月 17 日饶平黄冈丁未路 452 号；1965年 11 月 6 日；1966 年正月三日；1968 年正月二十三日；1968 年正月廿四日；1968 年 3 月 5 日；1968 年 4 月 10 日；1968 年 4 月 26 日；1968 年 5 月 11 日。以上诸信件均藏于香港大学冯平山图书馆。

（署名褚问鹃）。《黄钟》第六卷第四期发表褚松雪翻译的水谷健一郎的《外蒙古的今昔》（署名水谷健一郎著　褚问鹃译）。

民国二十五年（1936） 48岁

2月底，张竞生携黄冠南由上海回到汕头暂住。（1936年3月3日《民报》第3张第1版唐诗《张博士之行踪》）

3月22日，张竞生的《节育难关及其解决方法》在《南洋商报》发表。撰写此文时作者在上海，时间大约为3月8日山额夫人（即山格夫人）到沪前几日。文章认为，节育之难关在不能群众化。而"说到节育方法，并不是容易的开头，节制生育的方法不外（一）自制，（二）消灭生殖机能，（三）用药品与器具……"至于节育运动，最好当得政府之帮助。

居汕期间，张竞生为揭阳人林天培所著《潮州七贤故事集》题写书名，1936年7月该书由上海天马书店印行。

5、6月间，张竞生携黄冠南从汕头迁居广州东昌大街菊园①。

6月1日，陈济棠与李宗仁、白崇禧等策划反蒋的"两广事变"。

6月30日，张竞生与黄冠南的长子张超出生。

7月17日，为期48天的两广事变失败后，陈济棠决定下野，18日离开广州赴香港，8月30日离港赴欧洲考察。

11月5日，张竞生在广州《民国日报》发表《与省府商榷整理省营工厂之方法》。

---

① 张竞生原来在广州的住处为大石街黄埔陆军小学同学会，与黄冠南结婚后迁至东昌大街黄冠南娘家别墅居住。夫妇二人在别墅中遍植菊花，因此得名菊园。

12 月 12 日，西安事变爆发。

年底，张竞生受命筹办《广东经济建设月刊》杂志。

是年，《西北风》1936 年第 5 期发表褚松雪的《消夏琐忆》（署名褚问鹃）；《黄钟》1936 年第 8 卷第 6 期发表褚松雪的《烂柯山》（署名褚问鹃）。

民国二十六年（1937）　49 岁

1 月 1 日，广州《时代动向》（旬刊）① 第一卷第一期刊登了张竞生的短文《青年当前两个问题》。文章鼓动青年人于此破碎困苦的社会中，别再徘徊于十字街头，而应该去当兵或者回到家乡参加劳动，拿起锄头来开荒，打起杆子去赶鸭。此文于 1937 年 2 月被复旦大学文摘社所编的《文摘》杂志（第一卷第二期）转载。

1 月 15 日，由国民经济建设运动委员会广东分会与广东省建设厅联合创办的《广东经济建设月刊》创刊号刊行。张竞生担任第一至六期的主编。创刊号上的《编者之话》表明创刊宗旨："本刊乃为创刊号，对于本月刊所负使命之国民经济问题，尽量介绍，即使社会明白国民经济建设运动会之宗旨。本册乃定于元旦日出版，后因广告事故而稍为迟延，以后每月定在十五号按期出书。"到 6 月出版了第六期后暂停出版，1938 年 1 月 3 日刊行了第七期后终刊，共发行 7 期，先后开设有"评论""短评""国民经济论坛""讨论"以及"转载"等栏目。

张竞生在《广东经济建设月刊》创刊号发表 3 篇文章：

评论：《死的经济——裸葬》（竞生）、《人口与经济问题平议》

---

① 《时代动向》，1937 年元旦在广州创刊，由国民党党部所属的广州时代动向社编行。初为旬刊，从第三卷起改为半月刊，1938 年终刊。

（竞生）

讨论：《救中国的两种经济特殊政策——征工与民库证券》（张
竞生）

《死的经济——裸葬！》所论是我国的丧礼。张竞生主张对丧礼进行
改革，"薄殓是一件事，不做斋是一件事，举行有限期的公墓制（每三十
年即迁出骨头，让别人葬入），尤为最要之事。如能行俭约的火葬，更是
最好不过的。数百斤柴便足收拾一副死尸了。有时连纪念的'灰盒子'
也可不要，比裸葬尚须占一片地更为经济了。然则最经济的无过于'裸
且火葬'了！"①

《人口与经济问题平议》是针对萧铮②先生与翁文灏③、陈长蘅④为
人口问题所发生的笔战，张竞生独对萧铮的《中国土地与人口问题再检
讨》一文予以评论，认为："总之，国力强弱，因不系于生育率之增减，

---

① 张培忠、肖玉华主编：《张竞生集》第四卷，生活·读书·新知三联书店 2021
年版，第 125 页。

② 萧铮（1904—?），字青萍，浙江永嘉县人。早年就读于德国柏林大学，获韩
国建国大学荣誉经济学博士，曾任国民党第六届中央常务委员，经济专门委
员会副主任委员，经济部政务次长等职。1949 年到台湾之后，参与指导土
地改革运动，对台湾的农业发展作出一定贡献。主要著作有《平均地权之主
要理论体系》《土地改革之理论与实际》，编写大型文献资料《民国二十年代中
国大陆土地问题资料》等。

③ 翁文灏（1889—1971），浙江鄞县（今宁波）人。中国第一位地质学博士，曾
经任国民政府行政院院长，总统府秘书长等重要职务。新中国成立后，曾任
全国政协委员。

④ 陈长蘅（1888—1987），字伯修，号建公，四川荣昌人。人口学家，经济学
家。1911 年留学美国，后任教于任北京大学、南京中央大学法学院等校。
1956 年任上海文史馆员，1961 年任上海市人民政府参事，著有《中国人口
论》《三民主义与人口政策》等。

但生育率过多，确足妨碍于国力之增大。各国国力强者，别有一种野心，固然在提倡生育。但在彼不过数千万人民之国度，由其政治家之恶意，纵在提倡生育，尚有话说，然我们已有数万万的群众，与生产方法之落后，万万不能跟他们的后尘。各国各有其政策，我国今日最重要的人口政策，如军队一样，须行一番严格的淘汰，不贵多而贵精。徒要多而糜费，把精者也拖累了。惟求精，势必淘汰或节少一部分之数目，然后易于整理与上进。"①

《救中国的两种经济特殊政策——征工与民库证券》一文认为当前形势下振兴中国实业需要两种特殊的经济政策，即"征工"与"民库证券"。该文谈论了其中的"征工"，分为六个部分：

第一——为国防工作而征工

第二——为实业而征工——集团工作

第三——为公共建筑而征工

第四——为卫生而征工

第五——普遍的利用征工政策与行政组织法

第六——漫谈当结论

2月，《广东经济建设月刊》第二期刊登张竞生下列文章：

短评：《救荒方法》(竞生)、《建设的建设》(竞生)

《救荒方法》是针对广东粮荒，几乎压迫大多数人民到死亡线上，各界共谋救济的方法而写，文章讨论的要点有三：一、向政府要求免征洋米税；二、讲求运销以达平粜之目的；三、民食会之组织要完密。张竞生在此基础上提出了一些补充意见：一、与其免征洋米税，则不如以中

---

① 张培忠、肖玉华主编：《张竞生集》第四卷，生活·读书·新知三联书店2021年版，第130页。

央及各省的政治力量禁止本国米之故意抬价，与扩充运输方法，使本国米得以尽量供给本省之需要。这样，利权不至外溢，而本国米市场得以畅旺。二、与其泛泛的平粜，不如由警局会同地方团体调查穷苦之家，每日应需米多少，给予凭据，以便照单给米。

《建设的建设》呼吁国人不要只关注建设，要有大局观和发展眼光，要注重建设的建设，也就是真正的建设，事实的建设，有规划的建设，继长增高日新月异的建设。这就是"建设的建设"。

讨论：《救中国的两种经济特殊政策——征工与民库证券》（续）（张竞生）

文章继续讨论振兴中国实业需要两种特殊的经济政策中的"民库证券"，内容分为六个部分：

（一）民库证券的意义

（二）严密的组织法

（三）此中利益之估计

（四）此中弊害之所在

（五）我国农村金融今后的三种趋势——以证券式为最好

（六）余波

通讯：《与行政督察专员某学兄论征工书》（竞生）、《与友人论征工书》（竞生）

以上两篇通讯是关于征工问题的讨论与回应。

3月，张竞生在《广东经济建设月刊》第3期发表文章如下：

短评：《日本断不能灭中国》（竞生）、《"广东精神"是什么？》（竞生）、《一日间的建设》（竞生）

《日本断不能灭中国》是针对前些时伦敦《泰晤士报》有条社论说日

本断不能灭亡我国的批驳，认为社论所根据的三项理由都甚薄弱，即：

第一项：他说中国为日本最好的市场，他们不愿意打破自己饭碗，这点完全与事实相差太远……

第二项："中国已有相当抵抗的力量了！"这层不大错：我们确有相当准备了，但这可说日本要灭中国有点为难，并不能说这点为难便足阻止日本的野心家。当东三省未灭前，我在法国听及一位日本通的中国人向我说日本现在要灭东三省确实为难了，东三省已经有相当准备了，但今日的事实又如何！

第三项："中国因地理与社会的组织，各成为许多经济独立区。日本从能占上海，占南京，占华北以至于占福州、广州，但终不能完全断绝整个中国的生命线。"这项理由也属似是而非。我国确有许多的独立经济区域，但因无组织与系统的开展之缘故，所谓内地生命线甚形贫乏。假如沿海及长江与珠江等流域，被日本抢去了，内地不免于日就凋残死灭！

张竞生指出：

所以我们不能以这条论说为欣幸。反而应以此为警惕。除第一项太幼稚不必讨论外，我们应于相当的准备之上再加准备，准备到实力极充足，不但日本不敢来打，我们还且遇到他可恶时能去反攻。又在第三项所提论的确有大理由。我于二三年前已经看及我国今后最足抵抗人的，不是沿海沿大江的流域，而是内地，在敌人战舰不能到，战机不能久停的内地，好好地把军事及经济各方面组织起来，足以防守也足以进攻了。

可是，这不仅是用为自己警惕即足，应当即时起而实行，应当于短促期间把实力充足，把内地经济力发展起来。空套的警惕性是无用的。自己关门贺喜，更不济事的。

当民国初年，有一位老革命党向我说："中国以后不会灭亡了！"我问他有何根据？他说："因为人人皆知灭亡什么一回事了！"这是头脑极简单的话。人人皆知灭亡，并不能阻止灭亡。也如一班街上叫化子，口口声声叫饥寒，叫"救济救济"，并不能免于饥寒，便得救济！

要免灭亡，不但要知，而且要行救亡之道。我们不要如叫化子了，要如农夫一样去耕田；要如士兵一样去执枪！①

《"广东精神"是什么？》针对社会上所传的令国人为之沾沾自喜的所谓"广东精神"敲响警钟："我们粤人既长于经济，又善于打仗，足食足兵，如能同时做到，确足使日人惊叹。但如不能好好做去，到日本来灭亡的时候，我们会打的好汉只有自家械斗，或上山当土匪。又一班会做生理的财主佬，只好变成犹太籍的大腹贾！"

《一日间的建设》以调侃的口吻讽刺当前出现的众多长远计划而提出"一日间的建设"，"一日建设云者就是见得到便做，做得多少便做得多少。不待明日与明年。"

讨论：《别开生面之国民经济》(张竞生)

此文是"为广东名胜委员会而作"，文中介绍了广东多处名胜，以期于"广州附近，从石门起而至于罗浮山，应组织成为整个的名胜区，把所有的历史价值及风景优胜之地方，作一有系统的联络，务必使商业性之羊城，变成为艺术性的城区，不但每年因此可以得到数百万元以上之利益，而于人生观之精神利益，更不能以平常的经济数额所可统计呢"。

通讯：《向岭东区各县市之国民经济建设运动委员会支会进

---

① 张培忠、肖玉华主编：《张竞生集》第四卷，生活·读书·新知三联书店 2021 年版，第 147—148 页。

言》①（竞生）

文章对广东岭东地区新成立的国民经济建设运动委员会支会，关于经费问题提出建议：

> 说及分组事项就总纲原则有八项：（一）征工，（二）农业，（三）垦牧，（四）矿产，（五）工业，（六）节约，（七）货运，（八）金融。除重要地方外，当然应就其本地情形缩少组数。假如征工为一组或与农工矿垦牧合同研究。节约运动为一组或与货运金融合为一起。今以汕市说似应着重于金融、货运、节约等项之研究，合起工业及征工分为五组，或合成为三二组就足。若在内地县份则着重于征工，农学或矿产与垦牧，分为四组或为二组尽足了。②

4月，张竞生在《广东经济建设月刊》第四期发表文章如下：

> **短评**：《从五十亿一跳到二百亿元》（竞生）、《罗定县人民到处吃草餐糠》（竞生）、《一位好县长（附一条叙文）》（竞生）

> **讨论**：《国民经济建设与教育之总评——并介绍中国各地几种雏形实业教育及乡村建设运动》（张竞生　吴朝聚）

> **国民经济漫谈**：《国民经济漫谈百则》之《（一）大小便》《（二）脏泥》（竞生）

《从五十亿一跳到二百亿元》表达了一个设想，中国的金融资本达五十三亿就让日本人重新认识中国，如果中央政府能够实行民库证券，使我国金融资本能够达到一二百亿元，则"足以惊吓日人不敢与我打仗"了。

---

① 在目录中的标题为《向岭东区各县市之国民经济建设运动委员会支会进言》。
② 张培忠、肖玉华主编：《张竞生集》第四卷，生活·读书·新知三联书店2021年版，第153页。

《罗定县人民到处吃草餐糠》对广东当局无视乡间民生疾苦，以致像罗定乡民吃草餐糠，真是"有负于中国，有负于这个好地方乎"！

《一位好县长（附一条叙文）》是对广东普宁县县长王仁宇的肯定，他"有工程之一长，而又肯尽力做工程事物"，是一位好县长。"所以'征工'以从事于各种建设，实实在在是独一救济中国农村之善法。极望许许多多的地方官也来做一个好官吏——实行征工的好官吏。"

《国民经济建设与教育之总评——并介绍中国各地几种雏形实业教育及乡村建设运动》是吴朝裘针对因城市经济崩溃与农村破产，一班救时人士注意到田间建设，搜集了一些关于实业教育及乡村建设的材料，张竞生为此做了个人的评语。

《国民经济漫谈百则》之《（一）大小便》建议合理善用大小便为农肥，"使农民尽量利用便的肥料力量，勿使大便独立变虫，这是增进农村肥料最大之国民经济"。《（二）脏泥》与《大小便》旨意相同，认为"脏泥不是无用物，取作肥料胜黄金"。

第四期最后有张竞生撰写的《编后语》：

本刊第三期，并无"编后语"，似乎遇麟而绝笔，实在并不是麟而是骆驼，所以本刊第四期尚是依然故我，使其在第三期绝笔也是好的。我对于国民经济之根本主张，不外，征工——民库证券——精神化的经济生活，这些到了第三期也都说完了。能在第三期绝笔却也恰做到好处。可惜而有第四期不免再来累赘了（例如本期之"经济教育运动"及漫长）。

在第三期本人会说及永溪公园有三只是"象"还是"骆驼"，把骆驼误写做象，无异于在做"马脊背"，实对不起"沙漠好汉"了。

又本刊第二期收支相抵买了五十余元，第三期买去百余元，综合一二三三期共买三百元之整。而得到一千五百本月刊为分赠之用，实在，公家是赚还本利的。

　　说及第四期，广告及买月刊两项都收归本月刊社自办，本人不但要编排而且大活动于广告及售卖书籍之市场，究竟得不偿失呢？还是尚能达到"自给自足"？

　　4月1日，广州《时代动向》（旬刊）第一卷第十期发表张竞生的《国民经济漫谈百则》之《（一）大小便》。

　　4月21日，《时代动向》（旬刊）第一卷第十二期发表张竞生的《国民经济漫谈百则》之《（三）废物利用》，指出："一国愈文明，化学工业愈发达，一切废物利用也愈完美。"

　　5月1日，《时代动向》（旬刊）第一卷第十三期发表张竞生的《国民经济漫谈百则》之《（二）脏泥》[1]。

　　5月21日，《时代动向》（旬刊）第一卷第十五期发表张竞生的《国民经济漫谈百则》之《（四）瓜棚豆架》，表现出对陶渊明《归去来兮辞》中生活的向往：

　　　　穿起制服，终日埋伏公事房，看了等因奉此之文章，满身浸了臭汗，且蒸出一身臭油味。试想与二三野人，在瓜棚豆架内烹一杯清茶，吃几片西瓜，谈论些世事人情，（填）有人间天上之别。若使一班高等流氓们，回想家乡的趣味，比起了终日在城市营营逐逐之无聊生活，当然如陶渊明即日赋起《归去来》了。[2]

　　5月，《广东经济建设月刊》第五期出版。

---

[1] 《时代动向》上刊载《国民经济漫谈百则》时，《（三）废物利用》与《（二）脏泥》，原发表次序即是如此颠倒。

[2] 张培忠、肖玉华主编：《张竞生集》第四卷，生活·读书·新知三联书店2021年版，第234页。

　　短评：《征工与国民经济》(竞生)、《章程国与怎样立章程》(竞生)、《经济的声音》(竞生)

　　论著：《怎样使广东富？》(竞生)

　　《征工与国民经济》条陈提议组织征工委员会，以省主席为委员长，以四厅长为委员，而加入有征工行政经验者三数人为委员。"此种组织，乃视征工为极重要之建设原动力，故须有专管机关与郑重其事，然后建设方能迅速成就；抑且能于极少之费用中而生出极大之效率。"①

　　《章程国与怎样立章程》认为我们章程太多且立得不好，其中最麻烦与最不适用的为官议章中之章程，因为有许多不能实行之处：

> 所以一件章程须要照事实去订立。无论外国抄来的不合用；即北方的未必适用于南方；虽同一省，东区与西区，便有许多人情习惯不相同，一例的章程往往走不过数十里便行不通，于是而知立章程之难也。例如对农民，当然手续愈简单，条例愈少愈好。对待土劣，无妨繁文缛例。对商人市民也无妨周密些。这些"个性章程"，当然须聚集该业的专家，各就地方的情形为之筹谋签订，这些极望于今日之立章程条例者。②

　　《经济的声音》是寄同情于沿街叫卖者，其叫卖声既扰人，自己也受累，建议用物件代替，而不准口叫。

> 扑灭无畏的声音，在外国城市上已成为一种公安极重要的政令。例如汽车所用之汽笛，须受主管官厅之检查，务以温和者为主，且

---

① 张培忠、肖玉华主编：《张竞生集》第四卷，生活·读书·新知三联书店 2021 年版，第 246 页。

② 张培忠、肖玉华主编：《张竞生集》第四卷，生活·读书·新知三联书店 2021 年版，第 248—249 页。

限制在某种场合始许用笛。我国也应有此项政令与运动，这也许是
新生活极重要之一项运动吧。①

《怎样使广东富？——以经济组织法代替官僚政治》，作者列大纲
如下：

> （一）略论官僚实业之失败

> （二）除舞弊外，官僚实在不晓实业之道理

> （三）实业系统组织法——研究与执行同在一个机关内

6月，《广东经济建设月刊》第六期革新号"广东经济问题专号"出
版。张竞生发表文章如下：

如何建设广东农村：《粤省水利与征工》（张竞生）

经济建设漫谈：《一隅的经济建设实验谈》（张竞生）、《监生与
监死》（竞生）、《到水去！》（竞生）

《粤省水利与征工》指出："水于农利，好似身的血，市场的金融。
农村水利不讲求，譬如身无血一样，不但血脉不流通，骨肉也枯槁了，
当然生机消灭，要活也不得了。"水利在农村中不但于田园牲畜有直接关
系，且于人民的饮食资用也有许多密切的交连。这不但是生产问题，也
是人民与牲畜的卫生问题。而张竞生曾到潮安等地指导国民经济建设，
就先从水利入手。此文后面还附有《修浚韩江支流三利溪绪言》和《修
浚三利溪揭阳段意见》两篇文章。对潮揭境内的三利溪修浚提出意见和
办法。

《一隅的经济建设实验谈》以张竞生所谓的学习报告文学之体裁形式
谈汕头等地经济建设问题。

---

① 张培忠、肖玉华主编：《张竞生集》第四卷，生活·读书·新知三联书店2021
年版，第250页。

《监生与监死》是张竞生在考察揭阳监狱之后的感想，认为监狱条件太差，而最大缺点就在无工作场，"他们都是壮年人，圈禁一起，终日无所事事，不但精神上痛苦，而因无工作身体越不好，精神上有无所寄托消遣而使他们愈加痛苦。工作不但可使精神上有所寄托与消遣和身体好，而且可找钱，可为监内设备上之辅助费。"

> 勿太看轻囚人吧！此中也有不少伟大的人物。好好看他吧。将来他们在社会尚能做出许多好事业。故给予囚人有系统的工作，与精神的熏陶，这是讲求狱政与为国民经济着想者不能不郑重注意之事。①

《到水去！》认为暑假学生最有趣之工作乃是浚河作堤与灌溉。

> 到水去，大家合在一起，于工作之余，组织种种会社，研究与讨论社会智识与诸种学艺。而此中最有趣味的，是设置广大的野幕，以领略天色水光之乐趣，及夜景之伟大。在终年幽居于学校之内，得此而进行解放，与离开乡村粗鄙简陋之环境，直接于大自然的生活，这是最好不过的新生活法了。

> 夏治水，冬治山，水动山静，智者乐水，仁者爱山，少年人喜欢水之活动，清洁，变幻。故学生于暑假期最适宜于本性的，就是向水边去，做水上种种生利与消遣之工作。当冬假时，转到山去，又是别有一番滋味了。②

6 月 15 日，张竞生在广州《社会与教育》月刊 ③ 第一卷第六期发表

---

① 张培忠、肖玉华主编：《张竞生集》第四卷，生活·读书·新知三联书店 2021 年版，第 271 页。
② 张培忠、肖玉华主编：《张竞生集》第四卷，生活·读书·新知三联书店 2021 年版，第 273 页。
③《社会与教育》月刊，1937 年 1 月 15 在广州创刊，由广州市社会局主办。

《我的社会教育观》，讨论三个问题：第一，怎样使社会教育普及化；第二，以注音字母或拉丁字母代替四方形之国字教育法；第三，我人今后之教育运动最重要处，就在教人得到谋生之才能。

7月7日，卢沟桥事变后，全面抗日战争爆发。

7月24日，《晶报》第3版刊登消息《张竞生千里鹅毛——对赛金花之廿五元赠与金》（署名西阶），称：

> 张竞生博士最近有致北平赛金花之一封书，具见各大报。此信并未缮寄，先登《时事新报》，各地报纸竞相转载。闻张尚寄现金十五元，并向同志募集十元，共二十五圆【元】径汇北平。浅浅之敬，虽有千里鹅毛之感，然惺惺相惜，不以美人迟暮为取舍，亦佳话也。据社友朱枕薪先生言：赛年逾六十，犹欲适人。昔老林黛玉五十老娘，亦怀此志。饮食男女，固不可须臾离也。张一时怪杰，若以赛为闺中腻友，其佳话宁止赠金也。

对于消息中的说法，张竞生专门致信《晶报》主编余毂民（大雄）。7月27日，《晶报》第3版以《张竞生郑重"活国宝"之一封信》为题刊发此信。内容如下：

> 大雄先生如握。阅今日贵《晶报·张竞生千里鹅毛》一则，纪【记】载翔实，至足佩服。"鹅毛"虽轻而意重，先生亦喻此意矣。余诚穷人，不能对赛女士多所帮助，心极歉然。若向友人纠缠，或可多得助资，但仆意既在报上公开求济，如人肯表同情者，当不必再用辞费，各具良心。我尽我的，也望他人之各尽其在自己者。向友亲开口，友亲勉强应纳也不可，不应纳也不可，所以仆不愿亲身向任何人为赛女士讨人情（除了当时一二发起人外）。为自己存人格，也为赛女士存人格。看重友人，同时并看重赛女士也。
>
> 仆此次对她在报上公开求助之动机，全因看重"英雌"一念而

起。她，中华的"活国宝"也。今任其颠连困苦，于情于理，均说不通。仆与她向来毫无关系，惟因其如此，乃敢凭良心说话。若有人说我存丝毫不肖观念者，我当学孔老夫子发誓曰："天厌之，天厌之。"

贵社友朱先生之假设，乃极妙之论也，但去事实太远。赛女士乃中华的"活国宝"也，我人当如神明奉祝之。今有人偷盗，"死古物"，我辈尚极力攻击，岂有亲身去偷"活国宝"耶？美人也如名花奇葩，只许人远远地鉴赏，不许存丝毫狎亵之态度；美人也如名花奇葩，只好留给众人共同鉴赏，不许个人占有。个人占有，就失了天地精英之价值。先生们以此言为然否？弟张竞生谨具。[①]

9月，陈济棠从欧洲回国，任国民政府委员。

是年，《共信》1937年第一卷第二十一期发表褚松雪的《英日谈判与华北兵变》(署名褚问鹃)；《抗战（上海）》1937年第29期发表褚松雪的《值得注意的伤兵问题》(署名褚问鹃)；1937年抗战时特刊第4期发表褚松雪的《抽壮丁与安定农村》(署名褚问鹃)。

民国二十七年（1938） 50岁

1月3日，《广东经济建设》第七期后出版停刊。张竞生在"经济评论"栏发表《我国持久战的几种经济条件》。文章中将抗日战争期间我国进行持久战的几种经济条件分为积极的和消极的两方面：

积极的

（1）怎样保存地方上之经济实力以建设国防

（2）重军需而轻民用

---

① 张培忠、肖玉华主编：《张竞生集》第九卷，生活·读书·新知三联书店2021年版，第258—259页。

（3）战时的征工政策

（4）发行民库证券

（5）战时的合作制度

（6）改普通中学以上为短期的事业学校或军校

消极的

（7）节省之种种方法

（8）市镇上实行需用票证法

论结　　略陈牺牲带与建设带分开之必要 [①]

年初，张竞生携家眷从广州回到饶平旧寨园。

2月16日、17日、18日，上海《生报》[②] 连续3期在第4版刊载高刚所作《张竞生传略》，文章分为六个部分，即"一、张的家庭""二、留学法京""三、金山校长时代""四、北大执教""五、编述《性史》""六、美的书店"，对张竞生进行多方位介绍。不过从内容来看，不少信息有讹误，仅具大略而已。

3月，饶平民众抗敌委员会（后改为抗敌后援会）成立，张竞生博士任主任委员（一说副主任委员）。（摘自《饶平县志》，饶平县地方志编纂委员会编，主编陈和韬，1994年广东人民出版社出版，第39页）

4月25日，《全民抗战》第67期发表褚松雪的《对优待抗战军人家属办法的商榷》。

9月16日，上海《迅报》[③] 第3版最末处刊文如下：

① 张培忠、肖玉华主编：《张竞生集》第四卷，生活·读书·新知三联书店2021年版，第274页。

②《生报》，1937年12月创办于上海，中报社发行。

③《迅报》，1938年9月15日在上海创刊。

张竞生："阻止手淫之法，一、在用意志，即自己立志不犯。二、晚间勿食难于消化之物，与勿饮过量的水液。三、裤子勿太紧窄（故最好是裸睡）。四、睡前勿为性事所冲动。五、如常在半睡半醒时犯着，则应将两手缚在床柱，使手不能近器。"

10月，广州沦陷。

民国二十八年（1939）51岁

5月25日，香港《大风》旬刊第38期发表褚松雪的《断送江南的罪魁：徐朴诚》（署名褚问鹃）。

6月5日，香港《大风》旬刊第39期发表褚松雪的《轰炸中的重庆市》（署名褚问鹃、谢唯一）。

6月，汕头、潮州相继沦陷。

10月，《妇女生活》第七卷第九、十合期发表褚松雪的《为"抗属"解决几个困难问题》（署名褚问鹃）。

重庆《中国青年》第一卷第四期发表褚松雪的《募寒衣》（署名褚问鹃）。

是年，张竞生在饶平创办维新学校，以"凡事认真做，苦心做，快做"为师生座右铭。

同年，张竞生与黄冠南的次子张彪出生。

自1938年6月日军侵占南澳岛之后，据《饶平县志大事记》记载，1939—1945年间，饶平境内经常遭到日军飞机的轰炸和日军的侵扰。

民国二十九年（1940）52岁

3月5日，蔡元培在香港病逝。

3月30日，汪精卫在日本扶持下在南京成立伪国民政府。

不久之后，张竞生接连收到汪精卫伪政府函邀请他赴南京就伪职，张竞生表示拒绝并与汪精卫绝交。

3月，陈济棠被蒋介石任命为农林部长，7月正式就职。

4月15日、16日、17日，《中国商报》分3期刊登《余霞楼漫笔·张竞生》（署名羽卿）。

是年，褚松雪发表文章如下：《赶快替抗属服务——提倡一毛钱运动》（署名褚问鹃），载《妇女生活》第八卷第十二期；《动员妇女组织"经济游击队"》（署名褚问鹃），载《妇女生活》第九卷第一期；《女青年与军队政治工作》（署名褚问鹃），载重庆《中国青年》第二卷第一期；《今日女青年的修养问题》（署名褚问鹃），载重庆《中国青年》第二卷第三期；《女青年心理的培育》（署名褚问鹃），载重庆《中国青年》第二卷第六期；《优待抗属的理论与实践》（署名褚问鹃），载《妇女新运通讯》第二卷第六号。

民国三十年（1941）　53岁

是年，张竞生开始筹划创办饶平县初级农业职业学校。

同年，褚松雪发表文章如下：《我的"军属"生活》（署名问鹃），载香港《大风》第八十二期；《川鄂之行》（署名问鹃），载香港《大风》第一百零二期；《抗属工作经验谈》（署名褚问鹃），载《妇女新运通讯》1941年第三卷第九、十期。

民国三十一年（1942）　54岁

7月，张竞生筹备创办的饶平县初级农业职业学校在饶平浮山圩头落成并正式招生。张竞生亲任校长。学校租借楼房为校舍。

是年，张竞生与黄冠南的三子张晓出生。

民国三十二年（1943） 55 岁

是年，张竞生撰写《饥饿的潮州》《吃少女的狼》① 等文章。

同年，《妇女月刊》1943 年第三卷第二期发表褚松雪的《研究西北问题的福音》(署名褚问鹃)。

民国三十三年（1944） 56 岁

10 月 1 日，张竞生担任广东省建设厅农林局饶平县农业推广所主任。

10 月，张竞生用银元 6 枚，打成银锄头一把（连柄），锄面刻有"日执锄头二三小时，提神醒脑滋生无穷"，上款"蒋公委座留念"，下款"张竞生敬赠"，寄送蒋介石作为纪念，意在发展农业生产。(林修源《张竞生博士二三事》，饶平县政协文史组编《张竞生博士诞辰一百周年纪念专辑》，第 54 页)

12 月 12 日，张竞生筹办的饶平县农业产品展览会在饶平县第一中学礼堂开幕。开幕式由县长刘竹轩② 主持，张竞生作《食的哲学》主题演讲。

是年，《现代妇女》1944 年第四卷第一期发表褚松雪的《我所接触的战区女学生生活》(署名褚问鹃)；《文艺先锋》第五卷第六期发表褚松雪的《春风已度玉门关》(署名褚问鹃)。

民国三十四年（1945） 57 岁

年初，蒋介石将其所著《中国之命运》寄赠张竞生，请其参阅后提

---

① 这些文章仅题目可见于各类回忆录或纪念文字，今已散佚，具体待考。

② 刘竹轩，生卒年不详，广东揭阳人，一说广东大埔人。曾任潮汕青年团书记长、海陆丰县税务局长等职。1942 年 6 月至 1945 年 4 月任饶平县县长。

出批评意见。张竞生阅后逐段写上眉批，约四千字，主要意思是希望蒋介石联合全国各界力量，一致对外，"国家富强，非一己之私利"，随后封发予蒋介石。一个多月后，蒋介石的"委员长侍从室"寄给张竞生国币二千元，作为补助学校经费。（林修源《张竞生博士二三事》，饶平县政协文史组编《张竞生博士诞辰一百周年纪念专辑》，第54页）

夏初，蒋介石发动"十万青年十万军"运动，张竞生阅报后深为不满，拟亲自写信稿寄予蒋介石。（林修源《张竞生博士二三事》，饶平县政协文史组编《张竞生博士诞辰一百周年纪念专辑》，第54页）

8月15日，日本宣布无条件投降，抗战胜利。

8月，抗战胜利前后，张竞生拟组织中国农民党。曾往南洋、香港及沪宁等地奔走，最终未能如愿。[高伯雨《张竞生未偿所愿》中提及：抗日战争结束后，张竞生往南洋一带联络华侨，拉华侨支持他领导的农民党（因当时国民党要"行宪"，小党纷纷成立，希望能参加政府）。当他路经香港时，打听我的行踪。林修源《张竞生博士二三事》中也说道：日本投降前夕，约在8月份，张竞生博士亲自发起组织中国农民党。饶平县政协文史组编《张竞生博士诞辰一百周年纪念专辑》，第54页。]

10月2日，张竞生应邀参加国民党汕头市党部举办的华侨问题座谈会，在会上发言并作《争取华侨在海外一自由六平等》之提议，获会议全体通过。

10月13日，《新潮汕报》[1]"纵横谈"栏目刊登张竞生的提议《争取一自由六平等》。

---

① 《新潮汕报》，于1943年元旦在广东揭阳创办。1944年底至1945年春，揭阳数次沦陷，该报撤迁至内地，出版因而时断时续；1945年8月后迁至汕头，1945年10月10日复刊。

[**编者附识**] 汕头市党部为解除侨胞痛苦，俾华侨在海外地到平等待遇，在国内得到应享权利，特于本十月二日由陈书记长伟烈①函邀在汕华侨钜子及各界名流，举行华侨问题座谈会。席间陈暑木、张竞生两先生发言最多，语多中肯，均为研究华侨问题富有心得之言论。当中张竞生先生起立申明争取华侨在海外一自由六平等之提议，全席无异议通过，并以此成立华侨问题研究会宣言之基础。兹将原提议刊下，以供关心此问题者之研究。

溯我华侨与英国旗，追随太阳普照大地同一光辉，顾华侨到处受人蔑视，几至不齿于人类，稍具人心念及泪垂。以彼等之勤劳，到处披荆斩棘，为大地造出无穷大之生产，为人类创造无穷尽之资源。而当地政府恩将仇报，念及更背裂指。我闽粤华侨占最多数，或身为华侨，或父兄宗族谋生外国对于华侨之待遇，自然倍加亲切关怀。当此日寇投降，南洋问题，即行国际解决，我人更觉有急起直追之必要。

前数月间，闽粤各县参议会曾对此问题作过普遍热烈之讨论。愈认此事不独是闽粤问题，而是全国之问题。不是华侨本身问题，而是整个之民族问题。我人愈觉争回华侨应得之权利。今日于汕头开讨论此问题，其大纲在争取一个自由，即移民自由是也。在争取六个平等，即（1）在法律之平等，（2）教育平等，（3）依其才能获得职业之平等，（4）由选举途径，参加政治之平等，（5）依其财力纳税平等，（6）在社会上一切平等是也。凡此要求，一本人道主义，不敢有丝毫逾轨之举动。举凡稍具天良之国际人士，对此当予以充分同情。抑又有进者：我人宗旨，在促全社会对华侨问题之注意，同时希望政府更予以最大之鞭策，使此重大问题，得到全国人民与

---

① 陈伟烈，时任国民党汕头市党部书记长。

各地政府之合作，齐心协力，共底于成。譬彼顽石，尚可点头，顾兹人类岂无心肝，相当接受我辈之苦泪耶。以上所陈之一个自由与六个平等原则，不过粗举概凡，至其详细条文，当陆续汇集，作成有系统之案件，以便提出于我国中央政府，及国际议场。除上述原则外，我人又当视力所能及，对于各地华侨问题，作成个别详细之研讨。凡此将来能够成就，全靠社会人士共同协助，尤是靠各地政府予以长期及事实之指示也。谨此提议，敬候抉择。①

12月3日、4日，张竞生的《小学教师与乡村领袖》第2、3部分（今缺第1部分）发表汕头《导南报晚刊》② 第1版。

12月22日，张竞生的《潮人一致起来组织"潮州大学"》（写于1945年11月17日）发表《导南报》晚刊第1版。文章呼吁潮州代表人士关心支持潮州大学的建立：

> 假如潮有大学，何至此次由汕到港大部份【分】大学生损失若此之多耶？我们痛定思痛，更有立刻起来建设本地大学之决心。祈望潮州代表人士一致热心协助克华专员之提倡，一致集中财力人士以求"潮大"即日建立起来。余虽不才，且于未往南京之前当尽一点力量，共同建立此潮州未来之学府。想明达人士不以此言为河汉也。③

12月，陈济棠被任命为两广及台湾宣慰使，前往广东、广西宣慰。

是年，耕耘出版社出版的《女作家自传选集》收录褚松雪的《生命的印痕》（署名褚问鹃）；《粤秀文垒》1946年第3期和1947年第4期连

---

① 张培忠、肖玉华主编：《张竞生集》第九卷，生活·读书·新知三联书店2021年版，第363—364页。

②《导南报晚刊》，陈绍林于1945年12月1日在广东汕头创办。

③ 张培忠、肖玉华主编：《张竞生集》第九卷，生活·读书·新知三联书店2021年版，第316页。

载褚松雪的《生命线上》(署名褚问鹃);《粤秀文垒》1946 年第 6 期发表褚松雪的《有计划才有效果》(署名褚问鹃);《粤秀文垒》1946 年第 6 期发表褚松雪的《行政会议一瞥》(署名褚问鹃)。

民国三十五年（1946） 58 岁

6 月，解放战争全面爆发。

夏，张竞生从汕头乘邮轮赴上海，因所乘邮轮遇台风在台湾停靠，张竞生登岛逗留五六日。

9 月 15 日，《寰球》杂志第 12 期刊登张竞生散文《台湾纪游》。

1945 年冬，辛列明接任饶平县立初级农业职业学校校长，不足半年后因经费困难而辞职。1946 年 9 月，张竞生再度任校长，并将学校迁往大冬村，租用民房、祠堂办学，一切校务由黄连欣代理。

10 月 19 日，张竞生回复广东文理学院院长罗香林 ① 信一封。信中他向罗香林院长建议由学校组织农场，使员生合作，自食其力，且可养成大自然的鉴赏与健体提神也。

10 月 29 日，张竞生在汕头版《大光报》② 发表《台湾移民议》，建议台湾光复之际，潮属各地民众移民台湾，以为台湾发展之需："当大战及旱灾之后，求生无路，坐待死亡。故虽往南洋种种不便，尚且趋之如蚁，若能移民台湾，节存旅费，以为初步经营之用。况倭寇被逐之后，留下田亩至千余万之多，正可利用发展。又蔗区方在恢复，需用劳力日渐迫

---

① 罗香林（1906—1978），字元一，号乙堂，广东兴宁人。华侨史专家、客家研究开拓者，香港大学终身教授。时任广东文理学院院长。张竞生此件为手稿，见于罗香林书信集。

② 《大光报》，最初由香港基督教会创办于 1890 年。汕头版《大光报》于 1945 年9 月从兴宁迁往汕头，1945 年 10 月 25 日正式出版，属于广东省政府机关报。

切。最近接到住台潮人之经营糖棉要员的消息，亦均赞成潮属有移民台地之必要。"①

11 月 20 日，张竞生在《大光报》发表《潮州智识界怎样来维护潮州大学》，呼吁潮属大学教职员共同维护潮州大学的成长。

是年，张竞生与黄冠南的四子张优出生。

民国三十六年（1947）　59 岁

1 月 15 日，张竞生在《大光报》发表《一种"疗饥物"——为桂省府公布疗饥丸制法而发》（1 月 8 日写于饶平）。文章建言当政者，应该从事种植，免使人民饥饿最为上着；如逢饥荒，也当从科学食法入手，不该从那些奇方去想救饥的办法。

1 月，张竞生拟赴印度出席泛亚洲会议②，并受潮州建设协会委托为家乡经济建设往南洋募集资本，负责招股。沿途经过越南西贡（今朝志明市）、柬埔寨金边、泰国曼谷等东南亚地区。（详见张竞生致潘友生③ 信）

2 月，在越南西贡（今胡志明市）为同宗华侨商人的锦成兴号题字，

---

① 张培忠、肖玉华主编：《张竞生集》第九卷，生活·读书·新知三联书店 2021 年版，第 323—324 页。

② 除 1947 年 3 月 19 日《南洋商报》第 8 版刊发《将转道印度出席泛亚大会　性学博士张竞生抵暹》的消息，此外并无张竞生出席这个会议的其他佐证，疑张竞生因故并未参加会议。

③ 潘友生，系泰国饶平同乡会会长潘宗仁侄儿，饶平同乡会秘书。1947 年初张竞生访问东南亚时由其陪同多日。张竞生此次东南亚之行，可资佐证材料并不多，笔者据《南洋商报》和张竞生致潘友生的信中推断出大致行程。目前可见张竞生致潘友生的信件共四封，为潘友生于 20 世纪 90 年代初转交给张竞生次子张超保存。这四封信具体时间为：1947 年 3 月 2 日于曼谷；1947 年 3 月 13 日于曼谷；1947 年 5 月 20 日于饶平；1947 年 9 月 4 日于饶平。

并在当地的华侨学校义安中学作题为《怎样做一个领袖》的演讲。

3月，在曼谷华人聚居区之东舞台为华侨演讲《种植改良》。

同月底，张竞生从东南亚乘船回国。（据张竞生所撰《百岁法》"小叙"的落款时间为卅六年三月底于七洲洋①，即1947年3月底已在从东南亚回国的船上。）

4月5日、6日、7日、8日、9日，汕头版《大光报》连载张竞生的《百岁法》。其"小叙"曰：

> 余近在曼谷陈先生景川②家中，见到余先生子亮③所遗的百岁法小册子。书为旧式西医专在注射药浆延年者。殊不知"自然派"的医学，对此道别有发明，他不重药而重在合于自然的生活。若从医药可以延年益寿，则凡富人免忧短命。实则富人类多夭亡，可见医药不足倚靠了。余悲我国夭死者太多，而有为之士死得更早，故聊于海船中无事时，写成这本《百岁法》小册子。
>
> 张竞生　　卅六年三月底于七洲洋④

张竞生制定《百岁法十条约》，称：照此实行，不能百岁，亦可长寿。

（一）每晨早起来，向太阳做卅分钟柔软体操，并行"深呼吸"十分钟。

（二）要乐观——遇事快乐，虽失败不灰心。待人温和，虽遇反

---

① 七洲洋，南中国海的一部分，得名于海上七洲列峙（即今海南文昌市东北的七洲列岛）。

② 陈景川（1901—1947），原名陈惠星，字景川，又号云畴主人。原籍广东澄海隆都，曼谷著名爱国华侨，泰国潮州会馆创始人之一。

③ 余子亮（1900—1974），原籍广东省饶平县黄冈镇，旅泰爱国侨领、大实业家、大慈善家。

④ 张培忠、肖玉华主编：《张竞生集》第九卷，生活·读书·新知三联书店2021年版，第329页。

对也不介意。

（三）每日立心做一好事——大小勿计。凡公益及慈善的好事应该去做（迷信除外）。每日要看有益书籍一二点钟。要有职业：最好每晨晚间能手执锄镰治园圃。

（四）和家人或朋友辈每日要大笑二三次，最好与家人孩童辈玩耍一番，虽老亦要学少年。

（五）鱼和肉每日最多食约一两，卵不过二粒。多食菜蔬及水果（因菜、果，多含生命素及清洁少毒故）。不食过饱，约食到肚量七八成。

（六）每日要水浴一二次。——每日洗澡至少一次，能加游泳为佳。浴时自头至足，尤是背脊，要用力擦拭至皮肤呈粉红色。衣服勿穿过度，以觉得"不热"为佳。

（七）每日要大便一次，二三次也好，务使屎不积肠免毒入血。

（八）凡人都犯一种病，应当细心卫生防御，遇有病时不全靠药，仍从卫生方法着力。如少食，或全饿，多休息，仍多做合理的运动，从饮食，空气，日光，水浴，及按摩与锻炼诸种疗养法，而求病根的断绝。

（九）夕阳将下时即到郊外散步一点钟（用急步法使五脏运动），至见星辰始归家，有月时当与月徘徊一些时，领受大自然的景致，同时检点日间所做事是否合条约。否则，想在明日补救。

（十）每晚十点上床睡眠——除非有特别艺术不去玩赏，除非有大兴趣不行交媾，单床独睡，裸体而睡，不上酒楼，不嫖，不赌，纸烟薄酒适度而止，最好全勿吸饮。①

---

① 张培忠、肖玉华主编：《张竞生集》第九卷，生活·读书·新知三联书店2021年版，第332—333页。

5 月 15 日，汕头版《大光报》发表张竞生的《幽灵，破除迷信吧！》，针对拍摄到香港马场"幽灵"之新式的迷信说予以揭批，并呼吁当从科学入手，教育民众。

夏秋之间，张竞生再度赴台湾考察台湾的蔗糖业，并与长子张应杰（已改名黄嘉）见面。

6 月 13 日，张竞生的《代表代表什么？（好代表的条件）》在汕头《大光报》发表。针对应时而生的诸如省参议员、国大代表等，文章提出了好代表应具备的条件：第一要有一种抱负，一种救国爱民的抱负；第二是在议会抑或在社会，要敢言，要多言；第三是所建议的要兑现，故不但要敢言，尚要使所言的能实行；第四是在竞选时应向选举者提出一种切实的政见，使选举者为公事并非为个人而选举。一经选得后，当负责使其诺言者见诸实行。"总之，一个好代表，当负有一种使命——公家的使命，一种责任心。一种勇气——不避权贵与反对党派的供给。一种雄狮呼号奋发的态度，一种敢言敢作敢冒犯一切危险的代表人物。"

6 月 18 日，《大光报》刊登张竞生致国民政府外交部长王世杰 ① 和台湾省省长魏道明 ② 的公开信《日本想保存在台湾特殊移民权？（一封致外交部长及台湾省长公开函）》，表达拒绝日本外交部要求在台湾享有特殊移民权的意见，"我辈当誓为后盾，使台湾永久是中国的台湾，断断不能

---

① 王世杰（1891—1981），字雪艇，湖北崇阳人。早年留学英法，获英国伦敦大学政治经济学学士和法国巴黎大学法学博士学位。曾任北京大学法律系教授、武汉大学校长、国民政府教育部部长、宣传部长等职。1945 年兼任国民政府外交部部长。后去台湾。

② 魏道明（1901—1978），字伯聪，江西德化（今九江）人。1919 年留学法国，获巴黎大学法学博士学位。曾任国民政府司法行政部部长、南京特别市市长、行政院秘书长等职。1947 年 4 月任第一任台湾省政府主席，1948 年辞职。

给予日人再有插足的机会，恳求二位和台人一致努力吧。"

8月16日，新加坡《潮州乡讯》①第一卷第一期刊登张竞生的《我对于东江教育的观感》，认为：

> 东江②人文，又有可特述者：嘉应人刻苦自励，代有作家；我潮文物彬彬，因经济较充裕，故人不肯努力，但其人才不出则已，出则一鸣惊人。惠州，民俗磊落桀骜，能出盗贼与英雄，前国民党叛徒陈炯明曾说，嘉应出人才，潮州出钱财，惠州出将才，斯言虽夸，但东江固有特别的民性，希望教育家发展其所长而铲除其所短，则人文从此当济济更有可观矣。

> 教育固当重其原理与普遍性，我又望东江教育在发挥此地的特殊历史，地理与人文教育之后，应当再进一步而求教育的纲要与及研究东江人在人类上，在世界上，在本国和本省上占如何地位，与如何教育而后，才不愧为人，为世界人，为中国人，为广东省人。这些希望都极伟大的，故东江教育者所负的责任更觉其重要了。③

---

① 《潮州乡讯》，广东澄海人吴以湘在新加坡创办。每两周（第一卷第一期上标注为半月刊）出版一期，每12期合成一卷，自1947年创刊至1961年停刊，总共出版了25卷，272期。报道的主要是潮汕家乡以及各地潮侨的讯息，涉及的内容多样，包括政治、经济、历史、地理、文化、风土民情、地方新闻等，也有人物专访和行业特写。

② 东江，古称湟水、循江、龙川江等，珠江水系干流之一。该河流发源于江西省寻乌县桠髻钵山，自东北向西南流经广东省龙川县、和平县、东源县、源城区、惠城区、博罗县至东莞市石龙镇进入珠江三角洲，于黄埔区禺东联围东南汇入狮子洋。河长562公里，干流在龙川县合河坝以上称寻邬水，汇贝岭水后始称东江。张竞生在此文中提及东江，其意大概是广东全境的泛指。

③ 张培忠、肖玉华主编：《张竞生集》第九卷，生活·读书·新知三联书店2021年版，第340页。

9 月 16 日，新加坡《潮州乡讯》第一卷第三期刊登《张竞生博士二三事》(署名缘 ①)，谈及张竞生在饶平浮山区开筑饶钱公路等事宜。

10 月 10 日，中国人民解放军总部发表《中国人民解放军宣言》，提出"打倒蒋介石，解放全中国"的口号。

从 1947 年 10 月 25 日起，至 1948 年 2 月 12 日止，与张竞生共事多年的彭兆良在上海《小日报》上分 116 期连载《〈性史〉作者，学术界奇材：张竞生的传奇生活》，全文约 8.5 万字，非常全面地回忆了与张竞生相识交往的前前后后及其所知道的张竞生的方方面面。

11 月 15 日，张竞生在《大光报》发表一函 (写于 11 月 14 日)，表示欲参加饶平国代代表竞选：

> 关于饶平国代代表竞选事，本十二日贵报曾记鄙人似无竞选之意，实则不然，我关于国代代表已照合法手续登记为候选人，但非以国民党党员资格提出，故党员提名当然无名，然对此国民应尽义务，积极坚持，吾于将来选举票数若干，当听诸选民意旨，我对此从未加入丝毫求情与疏通，这位全饶所熟悉，不用多谈了。
>
> 张竞生卅六年十一月十四日于汕头 ②

12 月 21 日，《大光报》刊登张竞生为王潘展造纸厂宣传的函。函称：

> 兹本区造纸家王潘展先生，近在饶平浮山设立明新制纸工艺社，招集生徒，从事制纸。其中有特出新裁者，乃由香蕉丛废料，与稻秆合成，所制纸料，坚韧可用，远超洋纸，经由余亲眼所见者。窃纸业为我国极需要，而香蕉与稻秆废料在本地甚多，且极便宜。成

---

① 缘，本名已无从查考，从文章内容来看，曾担任浮山区区长，和张竞生合作建设浮山，开筑饶钱公路。并与张竞生相交颇深。

② 张培忠、肖玉华主编：《张竞生集》第九卷，生活·读书·新知三联书店 2021 年版，第 342 页。

本既轻薄，而手续又极简单，为本国纸料开一来源，为本地多一出产，诚为农村手工业别开一新局面也。今值王君招集生徒发展纸业之际，特为介绍。余尚望后来为此业写一专文，以供他人之参考。①

12月，张竞生在汕头南华学院举行题为《民需论》的演讲。演讲由李连云记录后于1948年1月在《南华学报》发表。演讲分为"第一讲""第二讲"和"结论"。所谓"民需"是指生存、智育、艺术三种的需要。在《结论》中，张竞生指出：

> 为了实现三需权，第一，我们要实行全民的政治——三需权的民主不用武力而用普选以及社会的建设而达到成功。第二，先定三十年内不参加国际的战争，不受世界上任何国家的利用，采取自主政策，一味倾全力为三需的建设。第三，内战至今已难再和解，然而双方彼此极难消灭任何一方，由此政治建设更谈不上，我希望中国不站在任何一方，应站在第三者的立场上，最好有"国际性"的组织之类，以及寓兵于农去对付内乱，并努力三需权的民主政治及社会事业的建设为解决内乱的对象。总之，一切以三需为基本。这三需的完成还希望不仅在一国的全民，而尚须要达到国际全体的参加（其中应参入人口的节制与移民法），务使全世界成为整个的经济网、智育网及艺术网的组织。②

是年，广州《时代妇女》1947年第6期刊登褚松雪的《春天礼赞》（署名褚问鹃）；褚松雪的散文集《寸草心》（署名问鹃女士）由粤秀出版社出版。

---

① 张培忠、肖玉华主编：《张竞生集》第九卷，生活·读书·新知三联书店2021年版，第343页。
② 张培忠、肖玉华主编：《张竞生集》第四卷，生活·读书·新知三联书店2021年版，第354页。

民国三十七年（1948） 60 岁

1月16日，张竞生在汕头版《大光报》发表《龙空涵不可停建》。因《大光报》散佚，此文仅残存后面一部分。

1月23日（农历正月十五），张竞生在汕头版《大光报》发表《反对变卖金中校产——响应杨睿聪先生》，针对当局欲变卖潮州金山中学校产事，响应杨睿聪[①]先生表示反对。

> 我人今日不此之务，而惟以大建筑为能事，一动手就要八百亿元，就将全部产业变卖净尽，在当事人也算痛快了事，可惜我们的金中"命根子"从此就永远鸣呼哀哉了。故凡潮属有心人当起来力争，断不肯让这个全潮性的教育命根子，断送于彼辈之手。[②]

从2月28日起，至4月25日止，张竞生在汕头版《大光报》连载《山的面面观》。在《小叙》中，张竞生说道：

> 在我国，我敢夸为深知山的一人。陶渊明诸人得到山的诗意而不知山的实质，山水画家得到山的画意了，而忘却了山的作用。金圣叹似是千古善山游（见《西厢记》批序）可惜不知山的系统。至今日造林者，开矿者，已进入了山的皮孔与骨干，然而山的精神与灵魂，彼辈连梦想也不到。究竟山质与山魂，利用与鉴赏，面面俱到的，我将在此小册子予以简单的提出。[③]

---

① 杨睿聪，又名杨小绿，生卒年月不详，潮州市区人，民俗学专家。抗战前，曾在广东省立第四中学、潮州韩山师范学校（今韩山师范学院）任教。

② 张培忠、肖玉华主编：《张竞生集》第九卷，生活·读书·新知三联书店2021年版，第345—346页。

③ 张培忠、肖玉华主编：《张竞生集》第九卷，生活·读书·新知三联书店2021年版，第293页。

张竞生将对于山起兴趣的人大概分为四种：（一）最无聊赖的而且是山川的罪人乃是"风水先生"与那班迷信风水者。（二）说及第二种人是僧尼道士，所谓"天下风景，十九为寺院所占住"。（三）第三种人为图画家。（四）末了，对山起兴感者为一班隐逸之流。并说：

> 对上这四种人，我们要以科学方法，一方面破除其迷信，一方面振兴有系统的山利。我们又要利用普及的艺术，使群众能够享用自然的风景。①

3月5日，张竞生在《大光报》副刊《火流》发表《戏论胡适的恋爱观》（写于1948年2月），针对报上所载北大女学生以廿余芳龄，爱上年近六旬的校长胡适一事所作，行文表现出一种游戏口吻：

> 以我"性欲大家"的眼光（夸口夸口），年龄与恋爱并无什么直接关系，"老牛尚能磨麦"，人老心不老，君不见世界鼎鼎大名哲学家实证派杜威已到七八十岁，去年尚"燕尔新婚"呢！②

5月1日，张竞生在《大光报》发表《口腹建设法》，呼吁民众实行短期的绝食法，尤是少食法。

6月8日至7月17日，张竞生在《大光报》副刊《火流》上连载《新食经》，共27期，约4万余字。1949年1月，《新食经》由大光报出版社结集出版。《新食经》比《食经》又更进一步，不仅强调维生素在营养学方面不可或缺，更阐明其对医学界的革命性贡献。可以说，《食经》和《新食经》站在当时科学的前沿，提出了科学饮食的主张，至今仍具

---

① 张培忠、肖玉华主编：《张竞生集》第九卷，生活·读书·新知三联书店2021年版，第294页。

② 张培忠、肖玉华主编：《张竞生集》第九卷，生活·读书·新知三联书店2021年版，第349页。

有强烈的现实意义。作为一个杰出的美学家，张竞生不仅从实用的角度揭示了饮食的底蕴，更从审美的层面来评鉴饮食的内涵。

7月1日，张竞生在《大光报》发表《潮州大学校址及其它》，讨论兴办潮州大学事宜。此文是为响应翁子光①发表的《中离山为潮州大学适宜校址议》（《大光报》5月6日专栏《正议》第三期）。

7月6日，张竞生为汕头精神病院徐鼎铭②主任的《精神催眠学》一书写序。

9月23日，南京国民政府委派宋子文为广东省政府主席、省保安司令和广州行辕主任。从12月开始，宋子文发动对广东人民武装所谓的"第一期清剿"。

年底，张竞生在潮汕各报刊登广东省主席宋子文公开函，反对粤省军人当政。《力报》1948年1月1日第2版消息《张竞生上书宋子文》中称：近日宋子文掌粤政，曾以剿匪为重，主张起用军人为各县县长，张在乡闻讯，以为未可，于日前在潮汕各报刊登上宋主席公开信。其反对理由为"我国如能以军人得太平，老早已太平了。自民国以来，我国可说全是军人政治，而卒不能得太平"。《小日报》1948年1月25日第2版、《新时代（南京1946）》1948年第3卷第1期、《铁报》③1948年2

---

① 翁子光（1885—1963），原名翁辉东，字子光，号止观，广东潮州人。曾任潮州韩山师范专科学校（今韩山师范学院）学监、代理校长。后为广东省文史馆研究员。

② 徐鼎铭（1908—？），广东揭阳人，国立广东法科学院毕业，随中国催眠术创始人鲍方洲博士赴日专研精神学多年。曾任中国精神研究所所长、汕头精神病院院长、广东警校及宪兵司令部精神学教官。在大陆以"精神人电疗法"知名，后至台湾。此文录自一份手稿，据考证非张竞生之笔迹。

③ 《铁报》，于1931年秋由毛子佩在上海创办。

月 29 日第 2 版、《飞报》①1948 年 3 月 5 日第 2 版等报皆有类似报道。

　　从 1948 年 9 月 12 日至 1949 年 1 月 31 日，中国人民解放军同国民党军队进行的战略决战，包括辽沈战役、淮海战役、平津战役三场战略性战役。三大战役的胜利，奠定了人民解放战争在全国胜利的基础。

---

① 《飞报》，于 1902 年 4 月 22 日创刊于上海，初由连孟青主持。

卷三　1949年—2021年

1949年—1959年　61—71岁

1949年元旦，毛泽东发表《将革命进行到底》的新年献辞。1月6日中共中央政治局会议召开，会议通过《关于目前形势和党在一九四九年的任务》的决议，拟向全国进军并成立中央政府。同日，蒋介石发表新年"求和文告"。1月14日，毛泽东发表《关于时局的声明》，对蒋介石求和文告予以驳斥，并提出八项和谈条件。

也正是在全国革命形势发生巨变的背景之下，1949年1月，张竞生等人发起组织了"潮汕国民和平改革促进会"。1月23日，《大光报》刊登《关于召开"潮汕国民和平改革促进会"的通告》，呼吁：

> 谁都知道，我国内战如果再不停止，将无以挽救憔悴之民生，破产之经济。尤无法以遏止日本的势头与国际的危机。现在国共双方都愿意和平了，只是其间尚有种种的暗礁，到这时候，惟有让我们国民来做他们的桥梁，扫除那和平的暗礁。全国性的"国民和平改革促进会"已于一月十日在上海开会，要求全国各地人民派出代表参加，与商和平的方法，并进一步讨论和平后国政兴革的步骤。当然，这个会议是非常重要的。我们潮汕为华南重镇，在此全国共赴和平之程途上，自应集结文化界及一切民意力量，参加和平工作，

借尽国民的责任，同人等用有组织潮汕国民和平改革促进会之发起，惟因时间忽促，对诸地方先进各界名流未及周请署名参加，以资号召，殊引为憾，兹为集思广益，筹维今后和平工作之进行，特定本月廿四日下午四时，在本市中正路市立图书馆举行座谈，敬请各界热心和平人士踊跃参加，俾汇集多数人民之意志，而于和平工作之进行有所贡献。区区之意，其垂鉴焉。①

列名发起人的包括张竞生、钟鲁斋、吴文献、饶宗颐、郑瑞璋、郭应清、黄晶吾、刘正杰、卓效良等，计 19 人。

1949 年 1 月 24 日下午，张竞生等在汕头市立中正图书馆举行座谈会，商讨组织办法及和平工作进行事宜。会议推举张竞生为主席，决定组织筹备会。

1949 年 1 月 18 日至 24 日，张竞生在汕头版《大光报》分 3 期发表《讲和平》(其中第二期因《大光报》缺失而无从查证)，提出：为整个国民利益计，为谋一个有力量的和平调处人计，我人应当迅速起来组织一个"国民和平机构"。

1949 年 3 月 1 日，张竞生在《潮州乡讯》第四卷第二期上发表《讲和平》(写于 1949 年 2 月 13 日)②。文章提出国共两党要真正实现和平，须有两项条件：一项是在中共提出的八个条件的第一条"惩办战犯"应改为"整肃

---

① 张培忠、肖玉华主编：《张竞生集》第九卷，生活·读书·新知三联书店 2021 年版，第 296—297 页。

② 在《潮州乡讯》上发表的《讲和平》，题目虽与《大光报》上的《讲和平》一致，但内容并不同，实为两篇文章。《大光报》所载的《讲和平》第二期由于报纸散佚，此散佚之部分是否与《潮州乡讯》上的内容相同还有待进一步查证。不过，从《潮州乡讯》所刊之文的撰写时间 (1949 年 2 月 13 日) 来看，应该与《大光报》上所刊之文不同。

战犯",提法温和一些,比较易于接受;另一项根本条件,是不能由国民党一党独大,必须实行多党制,至少是由国民党和共产党共同治理国家。

> 故眼前真正的和平条件,(一)不应该是党对党的报复清算,而是为整个国民的利益计算,故与其以报复心理要求惩办数十人,不如整肃全国的贪污与无能者(其人数或者至于数万数十万人吧!);(二)当首领者应宣誓与以事实的保证,我国今后当实行多党制,不容许某一党专制。这样和议,始能立一永久和平的基础呵。

1949 年 4 月 20 日,张竞生在《大光报》发表的《锄头下的思想(一)自由真诠》。文中指出:

> 自由有三种解释,(一)个人不妨碍社会时,可以利用自然所赋予的"完全自由":如在自己房内可以裸体体操及睡眠之类。(二)个人对他人时,则个人自由应以不妨碍别人的自由为限。(三)个人对社会上,有时个人自由可以剥夺,而以社会福利为标准。①

4 月 25 日,张竞生在《大光报》发表《锄头下的思想(二)红颜祸水》。针对《大光报》4 月 7 日刊发龚德柏②的《红颜祸水》之简文,张竞生认为:"所谓红颜未必是祸水,祸水未必是红颜。红颜中固有祸水者,但祸水中大都是黑面的男子,红颜在政治中也有些好功绩。"

1949 年 7 月 6 日,张竞生为潘醒农③所编的《马来亚潮侨通鉴》撰

---

① 张培忠、肖玉华主编:《张竞生集》第九卷,生活·读书·新知三联书店 2021 年版,第 360 页。

② 龚德柏(1891—1980),字次筼,湖南泸溪人。曾留学日本,1922 年归国后从事新闻工作,以敢于批评时政著称,新闻界称之为"龚大炮"。著有《中国必胜论》《征倭论》《日本必亡论》等。

③ 潘醒农(1904—1987),名镜澄,字子淳,醒农原为笔名,后来用为别号。祖籍广东省潮安县庵埠镇。曾长期任义安公司秘书,新加坡广东会馆发起人之一,创办南岛出版社并任社长,出版华文书刊多种。

写《书后》。全文如下：

> 南洋潮侨就人口及产业说，本可称雄。但因国势衰弱，尤以侨胞缺少领袖人才，以致受制于人，我前年游安南暹罗，有意提倡华侨的高等教育，曾以新嘉【加】坡或槟榔屿能设华侨大学校，为南洋侨教中心点，定于侨务前途有远大的发展。顾在殖民地高深思想难期美满，如今暹罗侨教已受摧残，故一班侨领有意在汕头设侨校以培植高等人才。此事极望各地侨领同心合作，以底于成。（编者按，此为民国三十八年间事，或因环境变迁，上议乃作罢论。）
>
> 英人自夸有三位英人的地方，就能成立国家，以南洋华侨之多，如有领袖人才指挥其间，纵国势未能振作，自能周旋应付，以谋各种事物的兴盛！
>
> 今潘君醒农所编的《马来亚潮侨通鉴》，堪称完备。现仅将侨胞最需要的高等教育说一说，以备参考。华侨先时去南洋的，类皆苦力；苦斗其膂力乃其特色，今后世界当苦斗其脑力，始能与人争立于南洋的世界。
>
> 民国三十八年七月六日 [①]

1949 年 7 月 7 日，中国人民解放军闽粤赣边纵队和地方部队一举解放饶城，国民党饶平县政府机关迁往钱东区。

1949 年 10 月 1 日，毛泽东宣告：中华人民共和国中央人民政府成立。

1949 年 10 月 22 日，中国人民解放军闽粤赣边纵队第二支队和第四支队联合解放潮州城。

———————

[①] 张培忠、肖玉华主编：《张竞生集》第九卷，生活·读书·新知三联书店 2021 年版，第 418 页。

1949 年 12 月 10 日，黄冈、钱东、洪洲解放。至此，饶平陆地全部解放。

新中国成立之后，陈铭枢先后任中央人民政府委员、中南军政委员会农林部长、中南行政委员会副主席、全国人大常委、全国政协常委等职。

1950 年元旦，广州南方大学成立 ①。

1950 年 1 月，张竞生与黄冠南的五子张友出生。

1950 年 3 月 30 日，张竞生作为特邀代表参加饶平县第一次人民代表大会。

1950 年 4 月 10 日，饶平县第一届人民代表大会第一次常委会在县政府举行。张竞生当选为 11 位常委会驻会委员之一，并被推选为饶平县生产备荒委员会主任委员。

1951 年春节之后，约 2、3 月间，张竞生进入广州南方大学政治研究院第四部学习，为期约 8 个月。

1951 年 11 月，张竞生从南方大学毕业，随后被派往广东省农林厅任技正。

是年，褚问鹃发表文章有：《怀画家伍佩荣女士》（署名褚问鹃），刊于台湾《中国文艺》第一卷第八期（后收入《烬余录》）；《访声乐家李砼小姐》（署名褚问鹃），刊于台湾《新生报》副刊（后收入《烬余录》）。

---

① 广州南方大学是叶剑英遵照党中央和毛主席关于华南解放后在广州办好一个新型的革命大学，定名为南方大学的指示而创办的。毛泽东主席亲笔题写校名，叶剑英任校长，著名哲学家陈唯实（1912—1974）任第一副校长，罗明（1901—1987）任第二副校长。学校共设有文教学院、行政学院、财经学院、政治研究院、工人、民族学院和华侨学院六部。

1952年清明之夜，黄冠南迫于各种压力上吊自杀。其子张超后来撰文回忆道：

> 1952年春节，我家是在沉重的心态下度过的。
>
> 父亲在广州，几乎每日都有来信，还曾有过日寄两封的时候。来信都编上号，百封之后周而复始，至1953年6月年间，竟达三百余封。
>
> 元宵后，突然音讯断绝。母亲已感不祥，随后乡间又传出父亲已解到汕头，不日就要押回公审了。
>
> 是时，土改正如火如荼，叔父已经以恶霸地主的罪名被枪毙。我见到油印的判决书上有"在恶霸张竞生的庇护下"字眼，归告母亲，她则日夜胆战心惊，梦魇缠身，茶饭无心，终日以泪洗面。又见姑娌受尽凌辱毒刑，最后还是死得不如条狗。她多次对我说宁为玉碎，也不想受那种非人的身心折磨，可以说早萌死志。
>
> 我因之寸步不离，夜不敢寐，还在楼梯上设置障碍，触动便有巨响。
>
> 母亲见无法摆脱，便诓我说绝不会抛下家人寻短见，而且强作欢颜，开始如常度日。清明那夜，我因多日守候，疲惫过度，一觉睡至鸡啼。发觉她已外出，情知不妙，跌跌撞撞寻至数十米外的浴室，只见木门紧闭，呼之不应。我急忙卸下门板，摸黑进去，却一头撞到她悬空的腹部。及至割断绳索，母子摔倒地上，虽经人工呼吸，却已回天乏术了。（《漩涡内外自浮沉》，本文最初刊于《浮生漫谈》，生活·读书·新知三联书店2008年版）

1952年10月4日、11日、18日、25日及11月1日，新加坡《小小报》分五期连载张竞生的《浮生百记》。刊载的内容分为四部分，即（一）我为何要提倡性史与性学呢；（二）在上海"美的书店"时；

（三）在杭州被禁；（四）再回到法国的计划。因《小小报》只发行了五期而停刊，所以《浮生百记》最终也并未刊完。

1953 年 5 月，张竞生回汕头将五个儿子接到广州，住处也从原来的广州万福路清水濠农林厅宿舍搬迁至广州小北路 148 号。

1953 年 8 月，张竞生被刚成立的广东省文史馆聘为首批馆员。

1954 年 11 月 9 日，中国科学院院长郭沫若对《光明日报》记者发表谈话，指出由俞平伯的《〈红楼梦〉研究》所引起的讨论，是马克思主义思想对资产阶级思想的一场严重斗争，并主张把讨论的范围扩大到一切文化学术部门，把胡适的哲学思想的遗毒彻底清除。此后，文学艺术界对胡适思想的集中批判持续约半年时间。

是年，张竞生与文史馆中的留法同学郑楷①、叶法武②、袁振英③等成立西洋文史研究组。

1955 年 1 月 20 日，中共中央宣传部向党中央提出《关于开展批判胡风思想的报告》，"批判胡风思想"运动在全国展开。

1955 年 1 月 31 日，卫生部党组向中共中央报送《关于节制生育问题的报告》，节育问题引起重视。此后，避孕和节育措施不断出台。

1955 年 3 月 16 日，新加坡《南洋商报》发表张竞生的《法国自然派的生活方法》。文章介绍了他第二次旅法时在"日出岛"上感受到的法

---

① 郑楷（1894—1974），别号巽甫，广东揭阳人。曾任国民政府广州行营少将参议等职。新中国成立后，被聘为广东省文史馆馆员，任广东省人民政府参事室参议等职。

② 叶法武（1903—1979），广东梅县人。早年曾留学法国。曾任国民党陆军大学政治部主任、中将教官。新中国成立后在广东省文史馆工作。

③ 袁振英（1894—1979），曾用名震瀛、震英，广东东莞人。曾留学法国，主要从事教学、编译和文史研究工作。1953 年被聘为广东省文史馆馆员。

国自然派的生活。最后说：

> 我们的结论是：自然主义，在法国十八世纪时已经有系统的提
> 倡；最著名的是卢骚，可是杜尔美兄弟是著名的医生。他们的自然
> 主义，不是文艺而是医学。而是人类的生活方法，把自然主义的理
> 论，联系于人生福利的实践，这确实在自然主义中别开一种新面貌
> 了！有人批评说这个不是德国"全裸派"的彻底。因为他们尚有身
> 上那片遮羞布。可是社会的改革是有背后条件的，杜尔美兄弟为迁
> 就法国社会，不得不取折中的办法，故让未成年的两性儿童完全裸
> 体，而对成年的，则加上一片遮羞布与一个奶袋。但就全体的作用
> 说，并不会因此减少赤裸的卫生利益呵！①

1955 年夏，张竞生由广州小北路 148 号搬迁到法政路 35 号。

是年，张竞生撰写完《什交通化论》②，未出版。

1956 年 5 月，张竞生的半自传体散文《浮生漫谈》③ 由香港三育图书
文具公司初次出版。此书中所收文章原在香港《文汇报》副刊《新晚报》
上连载，连同《小叙》合计 59 篇，约 6.8 万字。张竞生在结集出版时作
《小叙》，其中曰：

> 这是我的"半自传式"的小品文，虽则是随意漫谈，但我自有
> 一个中心的主张，即是痛快地生活，情感地接触，愉乐地享用。我

---

① 张培忠、肖玉华主编：《张竞生集》第九卷，生活·读书·新知三联书店 2021
  年版，第 377—378 页。
② 《什交通化论》，在张竞生的《我的自白》中曾提到过这部书，可惜书稿已佚，
  内容也无从查考。
③ 张竞生的三本自传体散文集，即《十年情场》《浮生漫谈》和《爱的漩涡》，其
  中《十年情场》和《浮生漫谈》在内容上有部分雷同之处，《浮生漫谈》与
  《爱的漩涡》也有一些篇章相重复。

先在"北大"时已出二本《美的人生观》与《美的社会组织法》，就是讨论人生怎样始能得到美丽的生活法——物质美与精神美的要求。

我近写这类小品文很多，都已在报上发表过了。今承赵一山、高朗两兄的盛意，使我能够先把这几十篇出版。希望后来尚能集成为多少册继续和读者见面吧。

张竞生于广州　一九五六年二月 ①

1956 年 8 月 16 日，《潮州乡讯》第十九卷第一期刊登张竞生的短文《吃香肉》。

1957 年初，经张竞生的朋友张次溪 ② 介绍，37 岁的南京人汪翠微与张竞生相识，在经过三个多月的互通书信之后，3 月上中旬间汪翠微到广州与张竞生同居。这是张竞生晚年感情生活中极为重要的一段经历，这在《十年情场》和张竞生致高伯雨的信中均有所反映，如《爱的漩涡》中：

她快来了！就要在数日内来了！我俩几月间在通讯中无限的情绪，不久地就要在实践中一端一端地来实现了！还其间是初相逢的见面礼，当然是互相亲吻与拥抱。我俩已约好在下车时，她胸前缀上一蕊大红花，我手中执起一束美丽的鲜花，我俩就在这种标志上互相认识。

我俩已经认识好久了。她给我几个小照片，都表现她的"杏脸桃腮"，满面笑容。我最爱是在她那一个小相上，在桃花下所照的，俊庞儿娇是脸，苗条儿是身材，分不出她是人儿是花葩。她穿的是

---

① 张培忠、肖玉华主编：《张竞生集》第五卷，生活·读书·新知三联书店 2021 年版，第 69 页。

② 张次溪（1909—1968），广东东莞人。史学家、方志学家，一生著述 240 种。20 世纪 50 年代与张竞生合作完成《南北议和见闻录》等史料的著述。

杜鹃花的印花，满身上表示花容月貌，满脸儿是娇羞的花貌。

　　她现在是"徐娘半老"了，但不减当年的风韵。正是在这样成熟的年华，比少女别有一种价值。

　　　　　1957 年 3 月 4 日，在饮一杯橙花酒后

　　　　　《爱的漩涡·情人手抄本》）①

遗憾的是，大约半年之后，即 1957 年 9、10 月间，汪翠微因嫌弃张竞生家贫，不辞而别。在张超的《漩涡内外自浮沉》中有过这样的记载：

　　真是好景不长，未及两月②，她忽然不辞而别。过了一段时间才回来收拾行李，只字不言原委及去向。出门时，只冷冷地对父亲说了句"我走了，你保重"，连再见也不说，前后判若两人，从此杳如黄鹤。

大约于同一时期，张竞生的自传体散文集《十年情场》③由新加坡夜

――――――――――

① 张培忠、肖玉华主编：《张竞生集》第五卷，生活·读书·新知三联书店 2021 年版，第 209 页。

② 张超此处所说的时间并不确切，汪翠微与张竞生相结合应该约有半年时间。虽然张竞生也并未直接提及汪翠微离去的准确时间，不过从他给高伯雨的信中可约略推算出应该是在同年 9、10 月间汪翠微不告而别。如今可以见到的张竞生致高伯雨的 32 封信（时间是从 1957 年 3 月 29 日至 1968 年 5 月 11 日）中，提及汪翠微的有 4 封，分别是 1957 年 5 月 19 日、1957 年 5 月 26 日、1957 年 8 月 10 日、1957 年 10 月 16 日。其中最后一封（即 10 月 16 日）中说道："近为经济关系，新伴侣已离开我，去进入解放军属做保姆了。藕断丝连，前事渺茫，月来受她打击甚大，但也无可奈何了！！"由此可见，汪翠微离去的时间当在 1957 年 10 月 16 日之前，8 月 20 日之后。

③ 此书中的文章最早开始写于 20 世纪 50 年代初，1952 年 10 月 4 日、11 日、18 日、25 日、11 月 1 日，新加坡《小小报》分五期连载的张竞生的《浮生百记》即为《十年情场》内容之一部分。目前关于此书的具体出版时间并没有定论，新加坡夜灯报社出版的版本目前因资料有限，无从得见。

灯报社出版。全书计八章，共约4万字。具体各章目录为：

王娟在该书的《序言》中指出：

> 现在张氏在这部自传《十年情场》中，非常坦白地写出他青年时期的一段如火如荼的浪漫史，处处实践他自己的主张。
>
> 我们还可以从这本书中，看到张氏的一生，是一部动人的悲剧，在依然实行女人三从四德的时代，他提倡婚姻以感情为基础；在一个贞操重于生命的社会里，他拥护情人制；在一个连《红楼梦》也视为淫书的读书界，他编《性史》，因此终于被人当做叛徒，看成怪人，既不见容于乡党，复不见容于社会，一生所经历的尽是颠沛流离的遭遇了。
>
> 毫无疑问的，这本《十年情场》就是张氏的现身说法，就是他本人的一部悱恻缠绵，刻画入微的性史。

1957年2月，北京大学校长马寅初在毛泽东主持的最高国务会议上就控制人口问题作了发言。7月3日在第一次全国人民代表大会第四次会议作了《新人口论》的发言，提出："控制人口，实属刻不容缓"，7月5日在《人民日报》全文发表。

1957年夏，张竞生在广东省文史馆的反右运动中被内定为"中右"。

但张竞生本人并不知情，文史馆也并没有宣布。后来国务院下文，对于像文史馆这样的统战机构，其统战对象多为学者、专家，且多年事已高，就不再划为右派了。张竞生因此幸免。

1957年10月，张竞生的散文集《爱的漩涡》① 由香港《知识》半月刊杂志社首次出版单行本。全书计9篇，约4.7万字。具体篇目如下：

一、情人手抄本

二、美的住居和风景的创造

三、美的饮食

四、美的娱乐法

五、美的行动

六、美的性欲

七、美的服装和裸体

八、鉴赏的态度

九、情趣作用

是年，张竞生撰写的《丁未潮州黄冈革命②》收录于中国史学会主编《中国近代史料丛刊——辛亥革命二》；还撰写《南北议和广东代表团之实权》，后曾收入李俊权等主编的《粤海挥麈录》(广东省文史研究馆编，上海书店出版社1992年版)。

同年，褚松雪的文言文集《舒华文待》(自印本，署名褚问鹃，后改名《禾庐文录》)出版。

---

① 内中文章写于20世纪50年代中期，曾在香港《知识》杂志连载。

② 黄冈镇，位于饶平南部黄冈河平原，别称凤冈、瓮城，现饶平县城所在地。1907年5月22日，同盟会在该地发动反清起义，史称黄冈起义，又称丁未黄冈之役。

同年，陈铭枢被划为"右派"。

1958 年 5 月 17 日，张竞生在《南洋商报》刊登《我的自白》(1958 年 4 月，广州)，对 2 月 5 日署名"大弟"的《我的同乡张竞生》一文中的不实之词进行了回应。

近由港友剪来笔名"大弟"在南洋商报上记我一些轶事。大多数是杜撰开玩笑的！所以我想不如自己来坦白比较为切实吧。关于我家庭及长"金中"时的一些事情，看我将来的"自传"中就可以知道，我在此不必辩正。现在只写出我近来的一些计划吧【罢】了。

我于一九五一年到广州南方大学思想改造后，本想为人民开办一个大农场。那时负责省政府的方方副主席对此是极愿帮忙的。可惜方主席调开后，我的计划就落空了。假如我办大农场，当用最先进的改良种植与畜牧的方法，除一些辅助的方法之外，最主要的是用"什交"的方法；即是把各地不同的好种互相配合起来，例如把番薯接种在月光花，一个番薯可得数十斤重；又如把一些好种的雄猪与母猪交配起来，所生的子猪长大时可得一千斤重。这不是奇迹，而是一种科学方法与人工可以做得到的。

说到此，人类也是一样的。例如把各国民族互相配合起来，这样混血儿格外聪明，郑成功便是一证（他的父是中国人，母是日本人）。我国华侨不少在当地与土人结婚，其后裔普通也比在本国同血统所生的为较聪敏。

三年前，我曾写了一本《什交通化论》①，可惜不能出版。因为农牧的计划不能实现，我遂转入省文史馆做书本的生活了。

---

① 《什交通化论》书稿已佚。

去年饶平归侨在黄冈筹备开办中学校，蒙他们负责人请我为副主任。因我在广州隔离太远，只是空负虚名，不能加入实作。中间也曾去信主张开办一班农林与一班渔业，使学生能够利用自己去农林与海利上实行工作，得以自己供给生活费，不用家庭去负担（现在国内正在这样提倡的）。又条陈侨校是所有华侨的事业，饶平侨校，顾名思义，当然应由饶平华侨大力支持，但外县华侨如肯热心帮助，也应同样欢迎。故我主张也可向外县华侨招集校费的，以上二个主张，正由负责人在审议中。

我也极愿下放到乡村——尤其是到山间去工作的。可惜有许多条件不容许，只好在广州继续居住了。

可是我极想为社会做一点实际的工作，我近想组织一个"老壮会"。目的在使一班老人能够活到一百岁或以上，而且极壮健，能为社会服务的。我希望这班老人，聪明继续发达，性趣与情趣也不会比少年时减少，这些是用科学艺术的双面方法做到的。通常是一班人到老了，不必说聪明减退，而且连记忆力也消失，更不必说性趣的消减了。我所谓"性趣"不是性欲，而是一种"精神的性快乐"，由此而同时可以发展了情趣。这些作用，在老妇人们更须讲究，因为妇人一到闭经后，便自视为"烂茶渣"了。实则无论男女即到七十岁后尚可发挥其性趣的。所谓十七岁的性趣与情趣及美容，是天然所赋予的，而七十岁的性趣、情趣与美容，才应由人力去争取的。

这个什交法是我从达尔文及米丘林的学说所发展的。至于老年的性趣与长命法，我夸说乃是我所发明的，究之，什交也吧【罢】，性趣也吧【罢】，读者或许又误认我是"性学博士"了，实则我完全是以"哲学博士"的学说来立论的。（关于性趣与长命的问题，是需要极详细的说明，在此我不过提纲一说吧【罢】了。读者如有兴趣可直接与我通讯讨论。）

末了，大弟说到我正在为死后谋建自己的墓地，这又完全凭空捏造出来的。在我连梦也不想及有这回事呵！附带说，如我死后，我可能是火葬，或裸葬，即一身赤条条地葬入地内，我生前是极主张裸体生活的，我希望死后，也把身体一丝不挂地裸葬为好。

说到我已是七十岁之人了，但我尚"壮如健牛"（大弟语），但我希望活到一百岁，尚且活一日，就一日如牛一样的壮健，如猴一样的活泼，但不愿如猪一样的安眠坐食！请你们看此发一大笑吧。

一九五八年四月于广州

张竞生 ①

1959 年 4 月，张竞生撰写回忆录《南北议和见闻录》②，共 17 章，附有《张竞生按语》，约 2.5 万字。详细记录了张竞生作为南北议和南方代表团秘书所见所闻的南北议和的前前后后之经过。

是年上半年，广东省文史馆拟成立哲学通讯所，由张竞生任临时所长。张竞生于 1959 年 6 月 13 日致高伯雨的信中，曾附上《哲学通讯所启事》一则，希望高伯雨能代超多份登载在南洋各报刊上：

---

① 张培忠、肖玉华主编：《张竞生集》第九卷，生活·读书·新知三联书店 2021 年版，第 381—383 页。

② 本文写于 1959 年 4 月，原件藏广东省文史研究馆，现已佚。现能见到公开出版的有三个版本：1.《民元南北议和见闻录》(台湾《艺文志》第 146 期，1977 年)；2.《南北议和见闻录》(《汕头文史》第四辑，1987 年)；3.《南北议和见闻录》(《张竞生文集》：江忠孝编，广州出版社 1998 年版)。其中，台湾版是能够见到的最早公开发表的版本；汕头版的内容与民元版基本一致，增加对原文分节处理，全文共分 17 小节，每节增加一个小标题。

启事一则，能代抄多少份寄去南洋各地登出更佳，结果如何统希示知。

又

哲学通讯所启事

临时所长哲学博士张竞生

通讯址：广州法政路三十五号二楼

我们国内近定在一二年内所有干部都要学习新哲学。因为哲学就是教人怎样"搞好思想与行动"的必要方法。我个人是素习哲学的，并且在"北大"教了几年哲学书。解放后，我对新哲学也有相当的研究。因我个人的爱好与国内的热潮，使我推想海外人士也有些愿意学习新和旧的哲学吧，所以我们就来设立这个"哲学通讯所"，所内聘请哲学教授与我共同负责。举凡对于哲学（内分哲学史、逻辑、心理、玄学各部门）旁及与哲学有相关系的科学与艺术（或许包括自然派卫生学及性学），若有提出问题讨论之处，本所无不尽力予以解答。至于手续费（包括文件印刷费及邮费），由通讯人量力帮助，不论有无与多少。我们不是以财利相交易，而是以学术互相切磋与进益为目标的。

同年，褚松雪发表文章如下：《论似是而非的历史小说》（署名骆菲）刊于台湾《军友月刊》4月期（后编入《烬余录》）；《冯留仙奏请南巡事——记明末重要史实》（署名骆菲），刊于台湾《军友月刊》11月期（后编入《烬余录》）。

1960年—1970年　72—82岁

1960年2月，高伯雨到广州，与张竞生在广州华侨大厦会面。

1960年6月9日，张竞生完成《"北大"回忆》的写作（生前未发表）①。文章回忆了任教北京大学时的一些往事，重点讲述与李大钊的一段交往。

1961 年春，张竞生携子张优与张友离开广州回到饶平，被饶平县委县政府安排住在黄冈镇华侨旅社。此间，张竞生被饶平县政府委派接办华侨农场。（1961 年 3 月 7 日张竞生致高伯雨信）

1961 年 3 月初，张竞生由饶平赴广州，大约在 6、7 月间又回到饶平。（参见 1961 年 3 月 7 日、6 月 5 日、7 月 4 日张竞生致高伯雨信）

是年，张竞生写作《中山先生关于"系统"的一番话》，后收入《文史资料存稿选编》（3）《东征北伐卷》（党德信总主编，林亚杰、邱捷主编，中国文史出版社 2002 年版）。同年春夏间，张竞生着手翻译法国心理学家的《情感的逻辑》②，并在搜集资料，拟写《新饶平》③。

1963 年初，张竞生开始写作《哲学系统》，又名《创造性的唯物辩证法》或《系统的知识》，约于 1965 年底前完稿［目前所能见到的全书章目为：总起；第一章（一）什么是规律，（二）规律有三种；第二章（一）什么是系统。共约 2 万字。1988 年曾以《系统与规律的异同》为题收录于饶平县政协文史组编辑的《张竞生文选》］。张竞生在《哲学系统》一书的扉页上写道："八十老人幸而未死，得以粗枝大叶地完成这本书，尤其幸是得以发扬光大四十年前孙中山先生对我特别关于'系统学说'的启发（我是辛亥革命时先生的秘书）。若幸而尚能生存，我将继续

---

① 该文为广东省政协文史资料，未刊稿。后由张培忠整理，发表在《南方日报》2012 年 3 月 21 日《人文·海风》栏目，该报同时发表张培忠《张竞生轶文〈"北大"回忆〉钩沉始末》一文。

② 此书未见出版，具体作者也无从查考。可见张竞生致高伯雨信（1961 年 6 月 5 日与 10 月 8 日）。

③ 此书也仅有写作的想法，最终并未完成。

对这书的修改与精进。学问和事业一样是无穷尽的，不但要学到老，做到老，而且要学到死，做到死！我决定继续为社会主义而奋斗到底！"

1963 年 2 月，张竞生向有关部门提议设立中国老人节，认为这个节日的设立可有三个意义：（一）可以鼓励老人的勇气，积极上，再为社会做出多少事业，消极上，可免倚老卖老为社会的寄生虫；（二）定这节日在每年十二月廿六日举行：因是日为毛主席诞辰，又是他今年的七十岁，正好由他领导一班老人共同奋斗；（三）当这节日，由各地领导单位召集一班老人集合共同研究，怎样长命与健康的方法及老人们工作及待遇等问题……如你同意，请向一班老人共同促成之。（详见 1963 年 2 月 25 日张竞生致高伯雨信）

1963 年 2 月 25 日，张竞生在致高伯雨信中称："我近将足成我的'哲学系统'（又名"创造性的唯物辩证法"），约数万字，二三万字吧，但未免有些高深，此或与香港读者的程度不相合，有机便时，望代向《文汇报》接洽登出，或他们需要一些译稿及别的文字，也望告知。"同年 5 月 22 日，张竞生在致高伯雨信中又言道："我拟在数月内写成《哲学系统——创造性的唯物辩证法》一书，但未易出版吧！"

1963 年 3 月 11 日，张竞生在致高伯雨信中说："如《文汇报》照顾，前说的《哲学系统》未易登出时，则可发表拙稿的'四怪'论文，即怪美、怪说、怪人、怪事，都是针对学术立论与现行政治无关。这些是短文，四怪共总不过一二万字而已。该报对稿费待遇如何也望告知。'四怪'如不要，可否要我写'自传'呢？便代问更涛。"遗憾的是这里提及的"四怪"论文现在已经无从查考。

1963 年 8 月 12 日，张竞生在致高伯雨信中称："我的《哲学系统》一书最近将完稿，书不过一二万字，但自问对于智识上及哲学上都有极好的意见。可是国内未易出版，不知港方有些书店能印行否？"

1963 年秋，陈铭枢到福建福州参加"福建事变"（即"闽变"）、"福建人民政府"成立三十周年纪念活动后返回广州时，途经饶平，与张竞生会晤。

是年，台湾《浙江月刊》11 月期刊登褚松雪的《永康烈女吴绛雪》（署名褚问鹃）。

1964 年初，张竞生由饶平黄冈华侨旅社搬到丁未路 452 号居住。

1964 年 7 月，张竞生开始写作《自然系统法》（未写完）。从现存手稿来看，全文五千余字，分为两章。

1964 年 8 月 25 日，有自署"无名氏"者访问张竞生。这则访问记对了解张竞生这一时期的生活和精神状态有一定帮助，兹录全文如下：

张竞生访问记 ①

1964 年 8 月 25 日上午，我访问了张竞生。下面是这次访问的所见所闻。

没落的生活

一进张的住所，一触目便可看到：屋里办公桌周围的墙上，贴满了什乱无章的所谓"创造性的唯物主义"的要点。桌上放着一个香烟盒，一格盛着土烟，一格丢满香烟头（他把土烟与烟头混什而吸），东面壁上，一边贴着一幅已变为黄色的几十年前的刺绣的老虎，一边贴着民革右派陈铭枢亲笔写的题词，睡床旁边，放着几个盛着凌乱衣服的胶百盒（注：潮俗称纸板盒为胶百盒）。屋南红砖的天台上，集中放着自用的几个烧得乌黑黑的沙【砂】锅，堆着二堆半尺厚的泥土，种着一株半死不活的木瓜，木瓜周围凌乱地插着脱了叶的地瓜藤，还有四株枯黄的蔗苗和一些已枯干了的竹枝。已是

---

① 本文未见发表，乃根据手稿整理，小标题是当时的整理者所加。

上午九时，张才在吃早饭。他说"现在我三餐饭做一次煮，味道虽有些不自然，但没关系"。我说"这不会吃坏肚子吗？"回答是"现在的气温都是华氏 80 度以上，饭不炒热，也已 80 度了，刚熟的食物热气很高，吃了不会胃病的"。

这一切，使人感到主人的精神世界是反常的，这一切，使人感到这是没落阶级的生活方式。

骷髅的灵魂

"余子亮是个快乐人，他住泰国，但新加坡，香港，国内各有一个老婆。他每年各巡回一次，过着新婚般的生活。"我说，"资本家的天堂，劳动人民的地狱，是资本主义制度的腐朽。"张感到不好意思说下去，把话题岔开了。

是"空头话"吗？

我说："近来关于学术问题的讨论很活跃，在哲学上大家都在批判'合二为一'的观点，你看过吗？"张说"看过，不过都是一些空头话"。立场不同，语言各异。

多么留恋"以前"啊！？

"原在餐厅寄膳，天天吃一样的东西，我发过脾气，他们说，你要吃好加钱。加钱？！我吃不起呀！"

"以前多生几个儿子无所谓，现在却被儿女拖死了。"

"二个打算"

"近来我有二个打算，一是向农业局要求，让我和几个人自费开发山区；一是想到上海、北京走一走，想找知识界就我写的哲学交换意见。"现在张仍在写所谓"创造性唯物主义"。

对笑一下

《性史》第一集是科学书呢？还是淫书？经过今日深深的讨论

之下，即使说它是淫书……，它只有对人类的恶劣影响，它是'黄色刊物'的一类，它同美帝的'大腿子'电影同一样性质，只有挑动资产阶级消遣性欲，与群众不但无益，而且有害，总之，这本《性史》第一集与受影响陆续出现的性史若干集，在社会所发生的罪恶都应由我一人负担的。"

这是 1951 年 11 月 12 日张在南大学习时，自己所写的"我的思想革命运动总结"中的检查，看来，当时经过学习，学员对他的批判，他承认了在文化上的这一罪恶行为。

但 1961 年初，他在答复香港报纸关于性史的讨论文章中，却又完全另一个样。他说他写《性史》的目的：第一是提倡性的解放，第二是提倡性的科学，第三是提倡性的艺术。文章的内容极其荒谬，如"据我的研究，人类属禽兽类，就性趣论，人类比禽兽甚"。"情人制比一夫一妻的婚姻制优越，历史上便体会到，妻情不知妾情，妾情不如妓情"。

1951 年他写给我们的检讨是一套，1961 年他写给香港报纸的又是一套。对我们说的是假话，对香港报纸说的是真心话。这说明张的反动的政治思想原封不动，这说明，政权在我们手里，采取二面手法对付我们的大有其人。

是年，张竞生撰写《中山先生在辛亥南北议和时口头的两个指示》，最早刊登在《广东文史资料》第 15 辑（中国人民政治协商会议广东省委员会文史资料研究委员会编）。另，张竞生还撰写《京津保同盟会二三事》，具体写作时间不详，但从内容而言，应该与《中山先生在辛亥南北议和时口头的两个指示》《中山先生关于"系统"的一番话》等写作于同一时期，即 50 年代末至 60 年代初，后收录于《辛亥革命回忆录》第八集（全国政协文史资料研究委员会编，文史资料出版社 1982 年

4 月版）。

同年，台湾《中国文艺》刊登褚松雪短篇小说《细子夫人》（署名褚问鹃）（后收入《烬余录》）；褚松雪文集《烬余录》（署名褚问鹃）（自印本）出版（后于 1973 年由台湾"中央图书出版社"印行再版，1975 年第三版）。

1965 年 4 月 15 日，给新加坡华侨王鸿升写信商谈《哲学系统》一书在境外出版事宜。

是年，张竞生撰写《在新加坡成为"中山信徒"的回忆》，生前未发表，后收入《文史资料存稿选编》(3)《东征北伐卷》（党德信总主编，林亚杰、邱捷主编，中国文史出版社 2002 年版）。文章比较详细记叙了张竞生与王鸾赴新加坡投奔孙中山的经过。

1965 年 5 月 15 日，陈铭枢因突发心脏病去世，享年 76 岁。

1968 年 2 月底 3 月初，张竞生搬迁至饶平黄冈菜场街三横巷三号居住。（见 1968 年 3 月 5 日致高贞白信）

1968 年 3 月 21 日，饶平县革命委员会成立。

1968 年 7 月，张竞生开始写作《记忆与意识》（未写完，收录于 1988 年饶平县政协文史组编辑的《张竞生文选》）。《记忆与意识》是张竞生人生中最后一部著作，是一部纯粹关于知识论的著作。他在前言中陈述了本书的结构与内容："无记忆便无意识——即是无记忆便无知识、情感与意志。因为：（一）记忆是知识的仓库；（二）记忆是情感的活动力；（三）记忆是意志的锻炼所。我们在本书所要讨论的先在这三项。其次是讨论人类脑质的组织法。末了，对于柏格森的唯心记忆说的批判；与对巴甫洛夫的反射条件学说的补充。"本书只写完第一章，便被迫停止。

1968 年 8 月 16 日，饶平县革命委员会在黄冈运动场召开批斗大会。

1969 年 10 月 21 日，张竞生回信三子张彪 [①]：

彪儿：

信到。你为人是极稳当的，不是如超、晓的乱冲横碰！但你当好中再求好，例如当求一个专门学问，以便更加为社会服务的能力。以你的情况，断不可于数年内结婚，以免有家庭的负累。

我虽老，仍然在求学问。最近有许多刺激，但我自求宽慰，希望吃到一百岁吧。

祝安好。

父字

六九年十月二十一日

是年冬，张竞生被下放到饶平樟溪公社永乐大队厂埔村劳动，随身携带三本书：一是《亚里斯多德逻辑》（韦卓民著，北京科学出版社 1957 年版）。二是《小逻辑》（黑格尔著，贺麟译，生活·读书·新知三联书店 1954 年版，1957 年第 3 次印刷），书的扉页上有张竞生的手写字迹：

唯心派的奇想：

柏拉图的回忆——神学派的神

康德的先天——黑格尔的绝对理念

都因五官的限制

环境的限制思想的限制

生活的限制

---

① 这里提及的给张彪的五封信的手稿由张竞生次子张超提供，时间分别为 1969 年 10 月 21 日、1969 年 12 月 8 日、1970 年 4 月 2 日、1970 年五四青年节、1970 年 6 月 14 日。今收录于张培忠、肖玉华主编：《张竞生集》第九卷，生活·读书·新知三联书店 2021 年版，第 413—415 页。

三是《政治经济学批判》(卡尔·马克思著，郭沫若译，上海神州国光社1932 年再版发行)，扉页上有一段手写文字：

> 教育部副部长钱俊瑞在会上着重说明：
>
> 学习政治经济学，应当掌握经济发展的一般法则，瞭【了】解只有以马列主义的经济学说，和人民政协所通过的经济政策，才能正确领导新民主经济的建设。

1969 年 12 月 8 日，张竞生在给张彪的信中提及自己的新地址：

> 彪儿：
>
> 前信想到？
>
> 初来此地，寄食人家，买物及送人，用费稍多，又闻馆薪本月可能减少消息。故望你即日寄给我数十到一百元为幸。
>
> 优已入赘人家，我被他拿去许多钱，望你勿受他骗！
>
> 我的新址：饶平县樟溪公社永乐大队厂埔村（新址只为疏散，并无他故，不必挂念）。
>
> 祝安好。
>
> 父字
> 69 年十二月八日

1970 年 4 月 2 日，张竞生给张彪回信一封：

> 彪儿：
>
> 三月二十三日信收到，知尚在主持斗批改中，望努力尽职为要。
>
> 附剪报二纸，可与该站（良种站）接洽。该剪件乃从省《南方日报》剪出的，也可与该报（《南方日报》）接洽。总之，良种研究极有价值，望与你生产队共同努力。
>
> 附优信一件。
>
> 我们都好。

对你对象事，望多多认识后才行结婚，以免受子女及家庭之累。

祝安好。多来信。

父字

70 年四月二日

1970 年 5 月 4 日，张竞生给张彪回信中提及自己突然患病，不过十余日之后痊愈。但信中并未提及所患何病。

彪儿：

四月十五日信及夹交优之笺都到。

我于十余日前突然患病，不想食好几日，只觉困顿要睡。这是我一生中最大病！今已好了！望勿念。

你说三二百元建房事，我想这不成问题。但我望你最大问题是缓缓结婚。认识不患早，但结婚愈迟愈好。你能待多几年才结婚，便可少些子女累，而你作为父母者也可得些闲福了。

祝安好。

父字

70 年青年节

1970 年 6 月 14 日，张竞生在给张彪的回信中表示自己自解放以来的二十余年中受到国家给予的优待，并报平安。这是张竞生给张彪的最后一封信：

彪儿：

本（月）七日信到。欢喜你对象脱离——这个女子是不配与你的。她势利，嫌你穷；又乱说俺家庭成份。自解放后二十余年来，我是民主人士、政协干部，党政对我极优待——高级薪水待遇。

总之，她是普通的俗女，早脱离俺家，早好一日，你尚壮年，缓缓再求对象未迟。

热心待你年假来相晤。

祝安好。多来信，我们都好。

父字

70年六月十四

1970年6月18日夜，张竞生读书时忽发脑溢血，溘然长逝，享年81周岁（虚岁82）。去世后，张竞生下放所在的生产队队长陈类主持料理后事，将其遗体安葬于厂埔村大桥头一块田地中。1980年，张竞生墓从厂埔村迁至大榕铺村今址。

1972年9月15日，在张竞生去世两年之后，香港《大人》第29期刊发张竞生遗作《浮生新集·美的生活——美是更好的生活》。文章为介绍车尔尼舍夫斯基（即车尔尼雪夫斯基）的《生活与美学》而作。此文未注明写作时间，而从文章内容推断，大概写于1960年至1961年春张竞生由广州举家迁回饶平之前的这段时间。

1984年

7月5日，在张竞生去世14年之后，广东省委统战部、广东省文史馆、汕头市政协、饶平县政协联合在饶平召开了"张竞生博士逝世十四周年纪念会"。为张竞生平反"文革"中的不实、诬蔑之词，为其恢复名誉。

1988年

10月15—18日，饶平县召开"纪念张竞生博士诞辰100周年① 大会暨学术思想讨论会"。其中参与学术思想讨论会的学者20余人。到会学

---

① 其实应该是99周年，因一直误以为张竞生出生于1888年。

者认为，张竞生著述译作甚丰，在哲学、美学、文学、社会学、性科学等方面有不少的卓识远见，但因出版《性史》一书触及封建意识禁区而受舆论谴责，形象被歪曲，才华被淹没。应该重新认识张竞生和清理这份有价值的文化遗产。

2018 年

12 月 14—17 日，纪念张竞生诞辰 130 周年暨"张竞生与现代中国"学术研讨会在广东韩山师范学院举办。来自中国作家协会、广东省人民政府文史研究馆、中国现代文学馆、广东省社科联、北京大学、中山大学、上海交通大学、香港中文大学、北京三联书店等单位约 150 位专家学者及张竞生后人参与会议。会议提交学术论文或提纲近 50 篇。大会围绕张竞生的思想及其学术观点展开了热烈研讨。这是国内迄今为止参与人数最多，也是第一次全方位对张竞生进行学术探讨的会议。

2021 年

1 月，张培忠、肖玉华主编的《张竞生集》（十卷本）由生活·读书·新知三联书店出版。

附一：褚松雪发表、出版著述情况（1970—1985 年）

《中华民族的根——家谱》（署名褚问鹃），刊于台湾《浙江月刊》1970 年 2 月期。

回忆录《往事漫谈》（即《花落春犹在》初稿）（署名褚松雪），台湾美源出版社 1970 年出版。

学术专著《王充论衡研究》（署名褚松雪），台湾"中央图书出版社"1971 年出版。

文言文集《禾庐文录》（署名褚问鹃），台湾"中央图书社"1972 年出版。

《一部不朽的巨著——略谈〈屈原新探〉之一》（署名褚问鹃），刊于台湾《书和人》（1974 年 7 月 6 日）。

《我所知道的陈辞修先生》（署名褚问鹃），刊于台湾《中外杂志》1975 年 3 月期。

《记战干团的女生队——感怀桂永清将军》（署名褚问鹃），刊于台湾《中外杂志》1975 年 5 月期。

《革命诗人梁均默》（署名褚问鹃），刊于台湾《中外杂志》1975 年 7 月期。

《王超凡与生教所》（署名褚问鹃），刊于台湾《中外杂志》1976 年 1 月期。

回忆录《花落春犹在》（署名褚问鹃），刊于台湾《中外杂志》1976 年第 20 卷第 1 期至 1978 年第 22 卷第 2 期。

学术专著《黄梨洲学术思想研究》（署名褚问鹃），台湾"中央图书出版社"1977 年出版。

《〈花落春犹在〉自序》（署名褚问鹃），刊于台湾《中外杂志》1977 年 1 月期。

回忆录《花落春犹在》第 1 册、第 2 册、第 3 册（署名褚问鹃），台湾"中央图书出版社"1977 年出版（1978、1983、1998 年再版）。

论文《略论满籍女词人》（署名褚问鹃），刊于台湾《浙江月刊》1978 年 5 月期。

散文集《八千里路云和月》（署名褚问鹃），台湾"中央图书出版社"1979 年出版。

回忆录《饮马长城窟》（署名褚问鹃），台湾美源出版社 1979 年出版。

《记劳声寰将军》(署名褚问鹃)，刊于台湾《艺文志》1980 年 10 月期 (后编入《仰天长啸集》)。

散文集《仰天长啸集》(署名褚问鹃)(自印本)，1980 年。

《清代才子龚定盦冤案之谜》(署名褚问鹃)，刊于台湾《艺文志》1981 年第 188 期。

《李白身世的研究》(署名褚问鹃)，刊于台湾《艺文志》1982 年 11 月期 (《集萃》1984 年第一期转载)。

《在南通吊沈寿坟:〈绣圣沈寿〉读后》(署名褚问鹃)，刊于台湾《畅流》1982 年 5 月期。

《读〈浩然集〉话戴笠将军》(署名褚问鹃)，刊于台湾《中外杂志》1982 年 8 月期。

《忆湘潭才子李渔叔》(署名褚问鹃)，刊于台湾《艺文志》1983 年 3 月期。

《桃花扇底歌声歇——桃花扇本事及其词谱》(署名褚问鹃)，刊于台湾《中外杂志》1983 年 5 月期。

《敬悼溥云畲大师》(署名褚问鹃)，刊于台湾《艺文志》1983 年 7 月期。

《吴佩孚与杨云史——〈忆杨云史〉读后》(署名褚问鹃)，刊于台湾《中外杂志》1984 年 1 月期。

《〈红朝绯闻〉读后》(署名褚问鹃)，刊于台湾《中外杂志》1984 年 10 月期。

《汪精卫的最后一个谜》(署名褚问鹃)，刊于台湾《中外杂志》1985 年 9 月期。

《慧眼识绣圣——张謇与沈三小姐》(署名褚问鹃)，刊于台湾《中外杂志》1985 年 10 月期。

　　［以上资料来自禾塘的考证，详见蠹鱼书坊印行《蠹鱼》（第 2 卷第 1 期）"褚问鹃诞生一百二十周年纪念专号"《褚问鹃著述年表》。特此说明。］

　　附二：张竞生部分未见书目及文章目录

1. 1921 年 9 月 28 日离开金山中学之《告别书》

2. 1934 年《上海夜报》连载之《中西食品与文化》

3. 1935 年 4 月后《群声报》因报纸破损无法翻阅之文章

4. 抗战时发表在饶平本地报纸之《吃少女的狼》《饥饿的潮州》

5. 1945 年《导南报》连载之《小学教师与农村领袖》（不完整）

6. 1946 年《前后杀狼记》

7. 1947 年张竞生上宋子文书

8. 1948 年汕头《大光报》连载之《山的面面观》（不完整）

9. 1949 年汕头《大光报》连载之《新食经》《时事数件》（不完整）

10.《循环日报》上之《三年富强中国策》

11.《什交通化论》

12.《回忆金山中学》

13.《回忆北大时的李大钊烈士》

14. 1961 年《新饶平》

15.《中国针灸学》翻译手稿

16. 1961 年《情感的逻辑》翻译手稿

17.《兴中会革命史迹辑》，张竞生、张次溪同编

18.《中国同盟会革命史迹辑》，张竞生、张次溪同编

19.《辛亥京津同盟会剪影》稿本

20.《怪美》《怪说》《怪人》《怪事》

主要参考文献

《北京大学日刊》(1921—1926年)

《申报》(苏州大学馆藏电子检索版)

武汉《中央副刊》(江苏大学图书馆馆藏)

新加坡《南洋商报》(新加坡国立大学馆藏电子检索本)

《广州市志》,广州出版社2010年版。

《饶平县志》,广东人民出版社1994年版。

陈锡祺主编:《孙中山年谱长编》,中华书局1991年版。

丁身尊主编:《广东民国史》,广东人民出版社2004年版。

蠹鱼书坊印行《蠹鱼》第2卷第1期"褚问鹃诞生一百二十周年纪念专号"。

高平叔撰著:《蔡元培年谱长编》,人民教育出版社1999年版。

广州市政协文史资料研究委员会编:《南天岁月》,广东人民出版社1987年版。

江晓原编撰:《张竞生大事年表》,《性史1926》,世界图书出版公司2014年重印。

魏宏远编著:《孙中山年谱1866—1925》,天津人民出版社1979年版。

肖自力:《陈济棠》,广东人民出版社2002年版。

杨群:《张竞生博士年表》,《张竞生传》,花城出版社 1999 年版,第 379 页。

杨万秀、钟卓安主编:《广州简史》修订本,广东人民出版社 2015 年版。

张超编撰:《张竞生博士年表》,《汕头文史》第 2 辑,1985 年。

张培忠:《文妖与先知——张竞生传》,生活·读书·新知三联书店 2008 年版。

附　　录

张竞生生平中几个时间节点的考辨
肖玉华

在中国 20 世纪的文化史中，张竞生的确是一位风云人物，其一生极具传奇色彩。不过很遗憾的是，这位传奇人物因为 1923 年提出爱情四定则，1926 年出版《性史》一书，1927 年创办《新文化》月刊和美的书店等诸多冒天下之大不韪之举动，多年来一直饱受争议乃至非议。在一定意义上，张竞生于 20 世纪 20 年代末期以后就被主流文化"边缘化"了。不无夸张地说，张竞生是被世俗的偏见和口水淹没了，以致学界多年来一直疏于对张竞生的著述的整理与研究。可以说，被淹没的不仅仅是张竞生在学术上的成就，也包括他的生平。虽然至目前为止也有几部张竞生的传记，和被过分演绎甚至不无歪曲的"传奇"，以及几篇极为简略且有不少讹误的生平、年谱，但从学术史角度而言，一个真正意义上的张竞生并未被凸显出来。在此，借整理张竞生年谱的机会，得益于以前尚未发现或者未曾公开的资料，我们力图梳理出一个真实的张竞生，此处呈现的就是他生平中几个时间节点的考辨。

1. 张竞生到底生于哪一年？

在现有所见的所有关于张竞生的研究成果中，几乎众口一词地认为张竞生出生于 1888 年，即清光绪十四年戊子。如：

《中国阅读大辞典》：张竞生（1888—1970 年），广东饶平人，原名张江流、张公室，民国第一批留洋（法国）博士。20 世纪二三十年代中国思想文化界的风雨人物，著名哲学家、美学家、性学家、文学家和教育家。……1888 年 2 月 20 日生于广东饶平浮滨镇大榕铺村……1920 年春学成归国，由潮届议员兼省财政厅长邹鲁举荐担任潮汕当时最高学府金山中学校长，在从巴黎抵达广州期间，上书陈炯明，提倡避孕节育……（王余光、徐雁主编，南京大学出版社 2016 年版，第 1180—1181 页）

《中国近现代高等教育人物辞典》：张竞生（1888—1970），原名公室。广东饶平人。（周川主编，福建教育出版社 2012 年版，第 331 页）

《广州市志（1991—2000）》第 9 册：张竞生（1888—1970），幼名江流，学名公室，赴法留学前更名竞生，广东饶平人。清光绪十四年（1888）生。（广州出版社 2010 年版，第 742—743 页）

《张竞生传》：1888 年 2 月 20 日（农历正月初九）生于广东省饶平县浮滨区大榕铺村。（杨群著：《张竞生博士年表》，《张竞生传》，花城出版社 1999 年版，第 379 页）

《文妖与先知——张竞生传》：1888 年 2 月 20 日，张竞生出生于广东省饶平县浮滨区桥头乡大榕铺村，一个地处粤东屋脊待诏山下殷实的新加坡归侨之家。（张培忠著，生活·读书·新知三联书店 2008 年版，第 3 页）

2014 年世界图书北京出版公司重印的《性史 1926》中江晓原教授的《序》与书后所附的《张竞生大事年表》：1888 年 2 月 20 日生于广东省饶平县大榕铺村，幼名江流，学名公室。

甚至其次子张超整理的《张竞生博士年表》：1888 年 2 月 20 日（农

历正月初九）广东省饶平县浮滨区大榕铺村。（《汕头文史》第2辑，1985年，第22—27页）

其他还有如周家珍编著《20世纪中华人物名字号辞典》、邓鸿飞著《中国历代名人姓名拾趣》等等，皆持此说。

而在张竞生的文章中，并未明确交代自己出生于哪一年，在其半自传体的散文《浮生漫谈·我的童年》中说：

> 我生于农历的正月九日，与我父同样生日。是日为俗称的"天公节"。这个节名甚奇特。我个人考据汉末，是历史上所称黄巾首领张角的纪念节。张角是当时著名的农民首领，自称为"天公"，其弟为"地公""人公"。虽则反抗不成，但民间仍然秘密地对他纪念，尤其是我们的张姓，在封建社会里，仍然保存他的同宗为光荣。

事实上，据笔者所见，张竞生在法国求学时中国公使馆证明书、巴黎大学和里昂大学毕业证书都上曾经填写过出生日期为1890年1月9日（这里的1月9日按照张竞生在其他著述中的习惯写法，当指农历正月初九），但似乎从未引起过研究者的关注，或许是因为这两份证书鲜有见到者。至于后来研究者认定的张竞生的出生年份，应该是参照1953年张竞生被聘为广东省文史馆馆员时填写的登记表上的年龄一栏：65。照此推算，当为1888年，即光绪十四年戊子年。如此说来，无论是按正月还是立春起算，张竞生都应该属鼠。而新近发现的藏于香港大学冯平山图书馆原高伯雨所收的张竞生致高伯雨多封信件中，有一封写于1968年4月10日：

> 贞白老友如握：
>
> 三月廿八信到。即往问侨汇店关你汇款退回事。据店中人说即往问此间汇给他们的银行。又再问汕头银行，香港汇店等等。看来

手续多层，不知何日结束后，即行通知你办理。

你所问事约答如下：我于二十一年（那时的民国十年）春回国。即任金山中学校长，前任校长是郑国藩，（我于二十一年秋离校），接我任时是季春涛。他被国民党反动派暗杀后，——即由杜国庠（杜之前，或许有别人任金中校长？此事可问汕头礐石金山中学负责人，就可明白）

我今年确是八十岁（相牛的），我是旧历正月初九日生，确实是八十足岁了！我户口籍误登为八十一岁呢？

祝康健进步！

张竞生具

68 年 4 月 10 日

高伯雨（1906—1992），原名秉荫，又名贞白，笔名有林熙、秦仲龢、温大雅等。广东汕头澄海人，著名学者、散文家。曾留学英国，主修英国文学。返国后，在上海工作。抗日战争期间回港，后定居香港，以谙于掌故驰誉香港文坛，代表作《听雨楼随笔》。张竞生与高伯雨相识于 1935 年，后来二人一直保持着书信往来，尤其是于 20 世纪 60 年代，二人往来书信较为频繁。此信中所说："我今年确是八十岁（相牛的），我是旧历正月初九日生，确实是八十足岁了！"按照现在的算法，似乎 80 足岁也应该是生于 1888 年。

至于 1890 年 1 月 9 日之说亦不足信。这个时间显然由公元纪年（1890 年）和中国传统计时（1 月 9 日为农历正月初九）两个部分组成。在民元之前，中国人传统的纪年方法是按照黄历、以干支纪年计时。初到法国的张竞生，显然在西历公元与中国黄历纪年之间有所混淆，所以在出生时间的推算上出现误差也属正常。

其实，各地对岁数的算法并不相同，而且一个人对自己出生年月以及具体岁数出现记忆偏差也不足为奇，但一般而言，中国人对自己的属相不会弄错。笔者特地求证于张竞生次子张超，也说其父张竞生属牛。查 1890 年年历，是年正月初九为阳历 2 月 27 日和 1 月 29 日两种说法，据王双怀《中国日历通典》，可信的说法应该是：光绪十六年正月初九，公历为 1890 年 1 月 29 日。是年立春为正月十五，公历 2 月 4 日。因此，照立春为己丑交庚寅之说，生于正月初九的张竞生也应该属牛。另外，在李洪宽的《性学博士忏悔录》第一部中也提到："我的身世（1889—1912）"，不过似乎并未引起关注，而且这个出生年份在书中也未有交代与说明。

有意思的是，黄善芳《一位性启蒙者的坎坷传奇——张竞生传》中也提到张竞生属牛，"张竞生属牛，他着实有'牛'的性格，他敢于'顶撞'吃人的礼教、害人的习俗、误人的学问，天真无畏，可真像一头野牛……"（《顺然阁漫笔 远航诗文选》，华南理工大学出版社 2011，第 117 页）可张竞生还是被认定生于 1888 年。

据传，1970 年 6 月 18 日，张竞生逝世的那天早晨，与张竞生下放的厂埔村紧邻的英粉乡的几位农民巧遇围杀了一头野公牛。当野公牛中弹倒下的时候，身上忽然冒起一缕青烟，久久不散，袅袅升起，直钻入云霄。农民说：那野牛恐怕就是张竞生的化身，因为张竞生死时 82 岁，是属牛的。（见贺一心著《新教主》，远方出版社 1997 年版，第 14—15 页）

据此，关于张竞生的出生时间有三种说法：

光绪十四年戊子年正月初九，公历 1888 年 2 月 20 日，属鼠。

光绪十五年己丑年正月初九，公历 1889 年 2 月 8 日，属牛。

光绪十六年庚寅年正月初九，公历 1890 年 1 月 29 日，属牛（或属虎）。

显然第一种说法有误。而第三种说法中按照立春属相更迭也可以成立，不过这里有两个疑问：其一，张竞生 1968 年在与高伯雨的通信中说自己八十足岁，那么至 1890 年，无论是按现在的算法（78 岁），还是民间落地为一岁的算法（79 岁），皆不足八十，在张竞生其他的文字中也曾有过年龄记载，都显示出 1890 年生也晚矣。其二，此中还存在一种风险，1890 年为光绪十六年庚寅年，无论是官方抑或民间，从此年正月初一出生起，都有被认为属相为寅虎的可能。所以，综合判断，张竞生的出生的具体日期为光绪十五年己丑年正月初九，公历 1889 年 2 月 8 日，至 1970 年去世，享年 81 岁。

2. 两度赴法，张竞生究竟待了多久？

1912 年，南北议和结束之后，完成了南方代表团秘书职责的张竞生由中华民国政府临时稽勋局经过选拔，作为第一批 25 位留学生之一，与谭熙鸿一起被派往法国留学，于该年 10 月从上海启程。从现存的张竞生到中华民国驻法京巴黎辖法兰西全境总领事馆报备入境的手续材料可见，张竞生到驻法京巴黎辖法兰西全境总领事馆（时任总领事为廖世功）时间为 1912 年 12 月 10 日。其后先后在法国巴黎大学与里昂大学就读，1919 年 4 月 8 日，张竞生以选题《关于卢梭古代教育起源理论之探讨》（法文版）的论文通过答辩，并被授予哲学博士学位。

不过，对于张竞生从里昂大学获得博士学位后何时回国的说法却存在偏差。一般认为，张竞生于 1920 年春回国：

> 1920 年 2 月，在浪涛奔涌的大洋中航行了一个多月后，张竞生回到阔别八年的中国。（张培忠《文妖与先知——张竞生传》，生活·读书·新知三联书店 2008 年版，第 176 页）

> （张竞生）1920 年初回国，在广州向广东省长上书，建议实行避孕节育，未被采纳。（《广州市志（1991—2000）》第 9 册，广州出版社 2010 年版，第 743 页）

　　1920 年初（农历正月）回国，乡里做二台"纸影"戏祝贺，并摊派几位老大到坪溪岭迎接。（张超整理《张竞生博士年表》，《汕头文史》第 2 辑，1985 年，第 24 页）

　　1931 年，张竞生第二次从欧洲回国，被主粤的陈济棠任命为省参议及经济委员。（《广州市志（1991—2000）》第 9 册，广州出版社 2010 年版，第 743 页）

　　1920 年春，（张竞生）学成回国，由广东省财政厅厅长邹鲁举荐，聘为金山中学校长。（柳梆主编《北京潮人人物志》，中国物资出版社 1996 年版，第 394 页）

　　1920 年初回国，是年冬，由邹鲁等人推荐出任潮州金山中学校长。（何国华著《广东历代著名教育家评传》，广东人民出版社 2014 年版，第 155 页）

　　在前面提到的张竞生给高伯雨的信中，张竞生说自己于二十一年（那时的民国十年）春回国，即任金山中学校长，前任校长是郑国藩，于二十一年秋离校，接任者是季春涛。在 1961 年 3 月 7 日致高伯雨信中还说过：我是 1920 年 12 月间到金中接郑国潘任，1921 年 10 月间，我卸任到北大，我是请当时的教务长李春涛代理校长的。

　　张竞生自己的说法前后确有矛盾之处，然在《浮生漫谈·辜负潮州父老》中，张竞生回忆：

　　　　当 1920 年，我在法国大学结业时，我由潮州各属的议员联名聘为潮州金山中学校长。这间中学拥有丰富的产业，又素以腐败著名。当时执省政的陈炯明极想把它并入官办。但潮人恐归官办，校产必为官僚所吞食，一如以前的韩山师范学校一样，所以潮属议员对陈的提议拒绝，而仍主张照旧一样为公立，而以我这个潮州第一个博士为校长做"挡箭牌"。我因为潮人的关系，就即答应，但只许暂住校数个月短期，目的专为整理腐败的校务后，即行离去。

当船到香港，例须入广州领校长的文件，我在船上用一些旧纸写上许多条陈，其中最突出的为限制人口，提倡避孕一件事。把这些条陈当面交给陈炯明，我这个校长的地位就即动摇，因为陈的子女成群，又见我所写的纸张字句都极潦草，不是如当时上大都督的那样整齐严肃的文书。他事后向那位力保我的潮属议员兼财政厅长邹鲁说，张某恐如你那位侄儿吧？邹的侄儿是美国留学生，归国后犯神经病。陈意是指我或许也有神经病的，所以他不想任我为校长。但那时地方势力极大，我仍然以潮州公众名义的聘请，走马上任。

如果张竞生从法国毕业后回国到赴任金山中学之前，经广州会见陈炯明属实的话，那这里就有两个问题：

其一，关于"财政厅长邹鲁"。邹鲁（1885—1954），原名邹澄生，广东省大埔县人，中华民国时期政治人物。早年就读潮州韩山书院（今广东省潮州市韩山师范学院前身），后转学广东法政学堂，留学日本。1924 年，任国立广东大学（现中山大学）首任校长，晚年移居台湾。著有《中国国民党党史》《回顾录》《教育与和平》等。其实，邹鲁并未担任过广东省财政厅厅长。查《邹鲁年谱》，称：（1920 年）春，举荐学成归国的张竞生担任省立潮州中学（今汕头金山中学）校长。事实是：邹鲁于 1920 年 11 月 4 日任广东省政务厅厅长，而财政厅厅长为廖仲恺。所以，此处邹鲁担任财政厅厅长一说当为张竞生记忆有误。不过，此事发生的时间当在 1920 年 11 月 4 日以后。

其二，关于"执省政的陈炯明"。上海《申报》1920 年 11 月 13 日消息称：陈炯明于 1920 年 8 月 12 日在福建漳州誓师，率驻闽粤军回粤驱桂，10 月 29 日攻克广州，11 月 10 日，陈炯明接任广东省省长。这一时间另可从《陈炯明传》（康白石著，香港文艺书屋 1978 年版，第 16—

17 页）得以印证。

另据张竞生《中山先生关于"系统"的一番话》中所载：

> 当我第一次从法国留学十年回广州时，适孙先生任大总统，正在积极举行北伐统一中国，我与张继专诚晋谒。孙先生知我新从欧洲归来，格外欢喜。

而 1920 年春，孙中山先生尚在上海，直到 1920 年 11 月 29 日才与伍廷芳、唐绍仪等人从上海回到广州。（详见魏宏远编著《孙中山年谱》，天津人民出版社 1979 年版）

由此判断，张竞生应当是于 1920 年春在法国接到国内来信，举荐他回国任金山中学校长。他最早于 10 月间，张竞生从法国启程回国。在邮轮颠簸一个多月之后，约于 11 月中下旬到达香港。转道广州领取金山中学校长委任状，面见粤军总司令、广东省省长陈炯明。而与孙中山会面，最早应该是 11 月底 12 月初。

其后：

1920 年 12 月，就任金山中学校长；

1921 年 9 月 28 日，孔子诞辰日，张竞生从金山中学离任；

10 月 22 日，蔡元培为张竞生签发聘书，聘为北京大学哲学教授；

1926 年 6 月 23 日，因出版《性史》而饱受非议，张竞生离开北京大学南下，辗转广州、潮汕。8、9 月间到达上海，先后创办《新文化》月刊、美的书店、《情化》杂志等，相继失败之后，张竞生带着妻子褚松雪与儿子张应杰到杭州西湖附近的烟霞洞度假。

诸多材料皆认为张竞生此次杭州之行的时间为 1929 年：

> 《文妖与先知——张竞生传》中为 1929 年初夏；

> 张超所编《张竞生博士年谱》：1929 年，到杭州讲学，被国民党当局以推销"淫书"为罪名处短期拘留，后为张继保释。……

1929 年，由陈铭枢提供经费再度赴法国研究地方自治及乡村社会组织法，并从事译述。在法住四年……1933 年回国。(《汕头文史》第 2 辑，1985 年，第 22—27 页)

柳梆主编《北京潮人人物志》：1929 年初到杭州讲学，被浙江当局诬以"性宣传"罪名拘留并驱逐出境。后由同学陈铭枢赞助于 1929 年再度赴欧洲研究社会学及美学，并从事译著，把卢梭《忏悔录》一书翻译介绍到中国，影响很大。……1933 年回国，被广东省长邀为广东实业督办……(中国物资出版社 1996 年版，第 394 页)

何国华著《广东历代著名教育家评传》：1933 年回国，适黄埔陆小同学陈济棠任广东省省长，聘张氏为广东省实业督办……(广东人民出版社 2014 年版，第 157 页)

《广州市志》：(张竞生)于 1929 年受广东省主席陈铭枢赞助，再度赴法，专事翻译欧洲名著。1932 年，张竞生第二次从欧洲回国……(《广州市志》1991—2000 第 9 册，广州出版社 2010 年版，第 743 页)

黄善芳《一位性启蒙者的坎坷传奇——张竞生传》则将二度赴法时间定为 1928 年，但回国时间有误：1928 年到 1933 年，他再度赴法从事学术研究。(《顺然阁漫笔　远航诗文选》，华南理工大学出版社 2011 年版，第 118 页)

张竞生在《广东省文史馆工作人员登记表》中也如此填写：1929 年曾在杭州被捕一日，罪名为宣传性书。《登记表》中"经历"一栏有一条：1929—1933，再往法国。

在《十年情场》中，张竞生回忆：

当上海美的书店关闭时，那位褚女士忽然而来，我回念前情，又喜我子得见母亲，遂复和好如初。我因年来在上海译述与奋斗，不免疲倦。且在上海生活不易，遂与褚氏及小孩同往杭州西湖的一山顶，叫做"烟霞洞"者，初意拟在此间混过暑假再算。（《十年情场》第三章《与褚女士言归于好》）

其实，早在 1928 年 8 月间，继《新文化》月刊和《情化》杂志陆续停刊之后，美的书店也并未维持多久，被上海临时法院以出版销售"淫书"的罪名判决关停。加之资本不足、财政周转不灵等原因，美的书店实际上已经无法维持下去。9 月 15 日，随着书店原股东彭兆良、张竞生、聂思坤等人将其转让给应荫堂代表王卓刚等之后（张竞生等人的版权并未转让），标志着经营了约 15 个月之久的美的书店正式倒闭。（见上海《申报》1928 年 11 月 4 日第 19 版王卓刚刊登的《招盘声明》）而张竞生到杭州的时间应该是 1928 年 9 月 3 日，第二天即 9 月 4 日被捕，在张继等人斡旋之下于 9 月 5 日被释放，但被判驱逐出浙江境。9 月 7 日，天津《益世报》刊登一则消息：

张竞生亦有今日

【上海六日下午八时四十分本报专电】著《性史》之张竞生逃避杭州，浙当局以其流毒青年，彻（五日）令公安局驱逐出境。

另据旅欧译述社 1928 年 11 月版中张竞生的《卢骚忏悔录再版序》之落款所记时间："十七年十一月七日西湖被逐后两个月之纪念日"，以及上海《申报》1928 年 9 月 8 日第 9 版消息《浙省政府会议》称："杭州市公安局长何云临时列席，报告查拿张竞生经过情形，议决即日押解出境，并通令各县，不得容留，所有《第三种水》等淫籍，即行销毁。"可见，张竞生于 9 月 5 日被浙当局下令驱逐杭州，而具体被押解离开杭州的时间为 9 月 7 日。

12 月 11 日，萌生去国之意的张竞生在上海《申报》第 6 版发表《去国留言》：

competitive生此次往欧洲，特与友人组织编辑部，拟将世界名著作有系统的译述，尽量介绍东来，以增进我国之文化。今于临行之时，应在此声明者：

（一）"美的书店"虽已召【招】盘，但竞生及友人所有版权并未移让于承顶人，外间不得私相授受。（二）前浙江省政府无故驱逐竞生出境，本人决向司法院求直以彰法治精神。（三）在沪潮产已由各界继续力争，务使公开。潮州同乡会尤望赶速成立。（四）外间有假冒本人姓名作书及招摇者，或有专事造谣毁谤者，明达之士当能鉴别真伪不至受骗。

此次因友人赞助旅费始能成行，特此鸣谢并志勿忘。

又据上海《申报》1928年12月16日消息：

张竞生行矣

携带性书多种

此行先到巴黎

嗜好研究性学之张竞生，前在杭州被逐来沪后，彼深感在本国之环境空气不佳，遂乃兴浮海之念，昨日张氏已向法邮船公司购定包岛斯号邮船客位，于昨午至招商局北栈登轮，午后二时便开出吴淞。闻张氏此行，先到巴黎，次往比葡各国。据闻张之行李中，随带有性学书籍多种，均出其编著者。

12月27日，张竞生乘邮轮经过新加坡时，登岸游览，逗留约二日。（新加坡《南洋商报》1928年12月29日第3版）

据此判断，1928年12月15日，内外交困的张竞生登上法国邮轮，二度赴法。

至于张竞生再度从法国回国的时间，据新加坡《南洋商报》1931年8月24日第15版所载《性博士张竞生行将回国》"港8月13日汕头讯"

消息称：张竞生拟于下月回国。可见张竞生应于 1931 年 9、10 月间离开巴黎踏上回国之旅。

据新加坡《南洋商报》1931 年 11 月 30 日消息：《张瑞贵拒见张竞生 性博士表示暂不著性书》"汕头讯"可知，张竞生于 11 月 14 日回到汕头，16 日由潮安赴县府谒见县长吴文献，随后回到饶平旧寨园①。

《南洋商报》1933 年 5 月 4 日刊文《回到故乡后的张竞生，从事家乡建设。还将家乡的私塾改名为启新学校。张竞生在潮州饶平兴办实业》中称：（汕头四月廿二日发）张竞生前年从法国归饶平故乡后，颇韬晦悟，不愿再谈性学，专从事于地方建设，人皆认为不愧为善于改过之君子。

综合判断，张竞生两次赴法具体时间为：第一次是 1912 年 10 月—1920 年 10 月，为期 8 年；第二次是 1928 年 12 月—1931 年 9、10 月间，为期 3 年，两次合计时长 11 年。

3. 张竞生一共去了上海几次？

张竞生与上海之渊源极深，但就研究成果来看，对于张竞生数次到上海的时间，皆语焉不详，几乎没有相对明确的说法。

据考，张竞生到过上海前后至少有 6 次之多，在上海逗留的时间长短不一。

张竞生第一次到上海，乃是在 1908 年冬。从新加坡回国之后，张竞生在家乡与许春姜完婚，婚后月余，张竞生独自离家北上上海，进入法国教会所办的震旦学校学习，为时一个学期。

> 我就是这样小孩式的丈夫娶到一位小孩式的老婆，她不过十五

---

① 旧寨园，原名舅寨园，是张竞生姑婆的"随奁田"，约有六七亩地。后由张竞生父亲租下，张竞生后来回饶平经常住在此处，亦名为"绿窝"。

岁。一个多月的新婚生活后，我们就别离。我到上海去求学，她就在家庭过了小孩式的媳妇生活了。(《浮生漫谈·盲婚、入震旦学校》)

在《别矣！上海——四月来旅沪的检讨与前顾》(《时事新报》副刊《青光》1934 年 7 月 30 日）中也提及：

当民元前第一次到此地。度了半年多的学生生活：终日念些法文间或助法籍教师教同学体操。无大兴趣也无大厌恶。春时见了江南柳丝丝向人垂眉：一种情愫正在含苞待发，说不出多少天涯游意。

第二年春，张竞生参加京师大学堂（北京大学前身）的入学考试，并被录取进法文科。秋，约于 10 月间，张竞生入京师大学堂。在等待入学期间，曾就读于法国教会所办的位于北京宣武门内的法文高等学校，为期半年。

第二次，1911 年 12 月中旬，陪同汪精卫到达上海，准备参加南北议和会议。

12 月 1 日，京津保同盟会在天津成立，汪精卫任会长，李石曾（李煜瀛）为副会长，张竞生正式成为同盟会会员①。其后，经汪精卫介绍，

---

① 津保同盟会又称中国同盟会京津分会，同盟会京津保支部，1911 年 12 月 1 日，由刚刚出狱不久的汪精卫在天津意租界成立，与会者有 13 人，计有汪精卫、黄复生、李煜瀛、杜黄、袁羽仪等人，众人举汪精卫为会长（支部部长），李煜瀛为副会长，设党务、总务、参谋、军事、财政、文牍、交通、妇女、谍查、暗杀十部。在多数关于张竞生的传记或介绍中，将张竞生加入京津保同盟会的时间定于 1910 年，这应该是来源于张竞生于 1953 年自己填写的《广东省文史馆工作人员登记表》上登记的时间。事实上，张竞生对这个时间记忆有误。在《浮生漫谈》中，张竞生回忆："幸而武昌起义，汪精卫得以出狱，到天津组织'京、津、保同盟会'。我才得离开京师大学堂往天津加入组织。"可见，张竞生加入该组织的时间为 1911 年 12 月。

张竞生被孙中山委任为南北议和团秘书，12月7日（旧历10月17日）至1912年2月15日，协助南方军政府议和总代表伍廷芳、参赞汪精卫等与清廷议和代表唐绍仪进行谈判。12月18日，和谈第一次会议在上海召开。

> 唐绍仪在廿七日到沪。是日午后，即用正式礼谒见伍廷芳。廿八日晨，伍廷芳回谒唐绍仪，畅谈半小时。面订廿八日[①]在南京路英租界市政厅会谈。（《南北议和见闻录》）

第三次，乃是1926年8月底9月初。据广州《民国日报》（1926年6月25日第五版）消息《广大今日请张竞生演讲》载：张竞生因出版《性史》触怒北京军阀政府，于前日安抵广州，广东大学学生会邀请张竞生在该校大礼堂进行三次演讲，"恋爱与革命"（25日下午7时）；"性的真义"（26日下午7时）；"中山先生的多育说与制育和优种学的讨论"（28日下午7时）。而潮州《金中周刊》第135期"附小纪事"中称：7月17日，张竞生到达汕头。同日下午，到潮州金中附小参观，18日上午为金中师生作题为《在那时做那事》的演讲。另据褚松雪说法，张竞生"在《性史》畅销之后，他十分高兴，常以中国的Ellise[②]自居，要到各处去周流讲道。北大考毕（当指学生课程考试后学期结束——编者）即南下"。结合《金中周刊》的消息，张竞生于7月17日到达汕头，"在汕头招学生讲授'美的性育'。乃听者寥寥，不能成班，于是到广州，上书国民政府，要求设立'考试局'而自为局长。不得要领，又谒广大校长褚民谊，求为教授，亦无结果。愤极！遂回上海……"（褚松雪《与张竞

---

① 此处廿七、廿八皆为旧历，公历为1911年12月17日、18日。
② Ellise，全名Havelock Ellise，哈夫洛克·霭理士（一译埃利斯，又译霭理斯，1859—1939），英国心理学家，现代性心理学鼻祖。代表作《性心理学》等。

生君脱离关系的经过》,《中央副刊》, 1927 年 4 月 30 日)

由此综合判断,张竞生应该是于 1926 年 6 月 23 日离开北京到达广州,于 7 月 17 日到达汕头,同日下午到潮州, 18 日到潮州金中作《在那时做那事》演讲;汕头招生失败后返回广州,后于 8 月底 9 月初去往上海。

张竞生此次旅沪一直到 1928 年 12 月离沪再度赴法,这是他在学术上颇为活跃、成果也相当丰富的两年多时间。

1934 年 3 月 27 日,张竞生四度旅沪。从其在上海《时事新报》副刊《青光》连载《别矣!上海——四月来旅沪的检讨与前顾》①(1934 年 7 月 30 日起至 8 月 10 日止,共 12 期)来看, 3 月底,张竞生从香港乘轮船抵达上海。南宁《民国日报》1934 年 4 月 10 日消息《张竞生到沪》:(三月二十七日上海讯)张竞生二十七日悄然来沪,丰采不减当年,精神亦佳。张不再谈性学仅主提倡性的教育,并谓此后将从事社会工作。

另据《南洋商报》1934 年 4 月 13 日第 18 版消息《张竞生悄然抵沪》:(张竞生)于日前搭轮离港来沪,已于昨日抵此。在上海接受记者采访表示不忘性学问题,愿做社会工作。

可见,张竞生于 1934 年 3 月 27 日从香港坐船抵达上海。逗留 4 个月后于同年 8 月底返回广州,住在广州大石街黄埔陆军小学同学会。在广州期间应陈济棠的邀请,张竞生曾担任广东经济建设委员会委员、广东实业督办,主编《群声报》"军国民精神"专刊(周日刊),并与中山大

---

① 张竞生在《别矣!上海——四月来旅沪的检讨与前顾》中称:"这是我旅沪的第四次,乃最无聊赖的时期。"事实上,张竞生于第二次欧游回国后,应褚松雪之要求,在 1931 年 11 月间曾往上海接回长子张应杰。但由于时间极短,故忽略未计。

学法律专业毕业的黄冠南结识。

第五次，1936 年中秋之后，张竞生与黄冠南赴上海，在律师公证下举行婚礼。大约一个月之后，张竞生独自回广州逗留约半个月，再次从广州坐轮船去上海，也正是在这次船上与高伯雨结识。可参见彭兆良《张竞生的传奇生活》(上海《小日报》1947 年 10 月 25 至 1948 年 2 月至 20 日，共 116 期) 与高伯雨《我所知的张竞生》：

> 一九三五年我从广州趁招商局海轮"海贞"号往汕头，竞生也趁此船往上海，在大餐间吃饭时，互相"请益"，才知彼此神交已久。第二天到汕头，竞生在我家作客，他说回上海迁家眷到汕头居住。一个月后他带回妇人到汕头，租好房子后，就来找我。不久，我回北京，他在汕头住了大半年，又迁居广州东昌大街，出版一部建设性的杂志。一九三七年抗日战争，他才由广州回故乡办农场的，我有日记可以参考，绝无一句虚言。现在我和竞生还是书信往来不绝，冰郎先生大文我将寄给他一读，但我先写一些我所知的以告读者。[温大雅 (即高伯雨)《我所知的张竞生》，香港《文汇报》1962 年 12 月 22 日第 6 版]

约 1935 年 12 月，张竞生携黄冠南由上海回到汕头暂住约半年。1936 年 5、6 月间从汕头迁居广州，住在东昌大街菊园 ①。

第六次，1946 年 10 月前后，张竞生北上沪宁拟组建"中华农民党"。

据张超《张竞生博士年表》中称：

---

① 张竞生原来在广州的住处为广州大石街黄埔陆军小学同学会，与黄冠南结婚后再迁至广州时，在东昌大街黄冠南娘家别墅居住。夫妇二人在别墅中遍植菊花，因此得名菊园。

1946 年抗日胜利后不久，即北游沪宁，并拟组建中华农民党（未成）。

曾与张竞生在饶平农校共事的林修源也曾回忆：

> 日本投降前夕，（约在 8 月份）张博士亲自发起组织"中国农民党"，拟具章程及纲领，向全国有关部门及单位、知名人士寄发。后因发起人偏于一隅关系，虽经多方奔走，行南走北，都未能得到各方赞助而流产。（《张竞生博士二三事》，《张竞生博士诞辰一百周年纪念专辑》，广东省饶平县政协文史组编，1988 年，第 54 页）

据张竞生在其散文《台湾纪游》中所说：

> 被倭寇霸占了五十年的台湾，一旦收回光复，谁不欢喜去逛逛？况且我属潮籍，与台湾地理相近，人情语言又相似呢。偶然地从汕头往上海，船过台湾北岸的基隆，又因台风阻碍逗住台北五六日。乘此机会游赏台北周围，也算偿了宿〔凤〕愿了。（《台湾纪游》，《寰球》，1946 年第 12 期）

从《台湾纪游》行文中提到的"到光复后一年来又逢旱灾""法制委员会主委方学李先生及高等法院杨鹏院长""陈仪长官"，结合这三人到任台湾的时间来看，张竞生当于 1946 年 10 月前后在台湾逗留了五六日，而后继续北上沪宁。1947 年 1 月，张竞生又乘船往东南亚越南、柬埔寨、泰国等地，因而在上海逗留的时间短暂。

另张竞生 1947 年 5 月 20 日致潘友生 ① 的信中说：

> 友生阁下如握：
>
> 在暹曾奉函道谢在金塔招待盛意。今余已回饶久时，前情尚萦

---

① 泰国饶平同乡会会长潘宗仁侄儿，饶平同乡会秘书。1947 年初张竞生访问东南亚时由其陪同多日。

绕于脑际也。祝阁下高莺发展，有机会见面更为翘企。不知芸萱女
士已否回国，使予通知其国内住址，兹上她一函。又施孟华女士近
状想好，亦望代达鄙意。极望彼此在国内会晤可。余近抵到南京上
海，对政治及文化有所努力，后情再叙。即候

　　近安

诸同事均此致意

张竞生启

1947 年 5 月 20 日

信中所谓的"余近抵到南京上海，对政治及文化有所努力"，具体
所指尚有待考证。不过可以确定的是，张竞生确证旅居上海有五次：第
一次为 1908 年冬至 1909 年春，为期半年；第二次为 1911 年 12 月中旬
至 1912 年 10 月，为期约 11 个月；第三次为 1926 年 8 月底 9 月初，至
1928 年 12 月中旬，为期约 20 个月；第四次为 1934 年 4 月中旬至 8 月，
为期约 4 个月；第五次为 1935 年中秋至 12 月，约 3 个月。前后合计大
约近 4 年的时间。至于最后两次上海之行，即使可信，逗留时间也相当
短暂。当然，其价值或体现于张竞生的社会政治方面的活动，而对于其
学术意义则甚为有限。

（此文第一、二部分已发表于《新文学史料》2021 年第 2 期）

后　记

与张竞生的"缘分",实属偶然。

因为众所周知的原因,我辈中人,鲜有知道张竞生其人者。就我个人而言,读研究生时的专业是中国现当代文学,所以在一些文学史现象或论著中可见偶有提及"张竞生"者,但除了被冠以"性学博士"之名外,余则不甚了了。

2001年初,我调动至广东潮州韩山师范学院工作。某日在学校西区校门外一家名为韩水的旧书店闲逛,无意间发现一本题为《张竞生传——性博士浮生乱世》(杨群著,花城出版社1999年版),粗略翻看了一下,发现张竞生竟然是潮州市下辖的饶平县人。加之好奇心驱使,遂买下此书。细读之下,发现此君之人生果然极具传奇色彩。而更令我惊讶的是,此君其言其行在民国背景下,实有冒天下之大不韪之勇气。后来也曾到访过位于饶平县浮滨镇的张竞生故居。说实话,与众多文化界的名人故居相比较而言,张竞生故居不免显得过于冷清寂寞,不无破败之象。实际上,相较于张竞生故居展示的张竞生生平资料及纪念品,故居边上所附设的"性文化教育基地"虽然也乏善可陈,不过倒比故居更能吸引游客的眼球一些。

2017年春,韩山师范学院文学院和韩山书院岭东人文研究中心有意与张竞生研究者,即《文妖与先知——张竞生传》的作者张培忠先生合作出版《张竞生集》，并就具体合作事宜多有洽谈接触。其时我在广州中山大学访学，也是因为所学专业之关系，最终我和文学院现当代文学专业的诸位同人承担了《张竞生集》搜集整理的具体工作。我们成立了《张竞生集》编委会，并邀请北京大学陈平原教授、中山大学陈春声教授和林岗教授等多位专家学者担任顾问。编委会同人历时约三年，多次到北京、上海、广州等地的图书馆，并动用各种学术资源，请人到中国香港、新加坡、美国等地图书馆，多方搜罗，查找张竞生的著述及与其相关的各种资讯，这个过程着实艰辛，借用陈平原教授为《张竞生集》所作的总序《新文化运动的另一面》中所言："被遗忘了半个多世纪的张竞生，资料散佚严重，钩稽实在不易，对于韩山师范学院诸君的'上穷碧落下黄泉，动手动脚找东西'，我是充满敬意的。"最终呈献给读者的即为十卷本的《张竞生集》。

而正是在这个"找东西"的过程中，不仅许多散佚的张竞生本人的著述，包括一些生前从未发表的手稿得以与读者见面，还包括张竞生的交游与各种学术内外争论的圈子也逐渐清晰起来，同时借助于各种资料让笔者重新梳理并正视张竞生的生平和创作历程，这也正是这部传记得以出炉的基础。2018年初，我借《张竞生集》整理之机，申请了广东省哲学社会科学"十三五"规划共建项目《张竞生学术年谱》并得以立项，这部年谱正是这个项目的最终成果。

查找资料的过程固然不易，但由此能够使张竞生的"面貌"——包括其人其文得以渐渐清晰而真实起来，则辛苦也有所值。作为一个在20世纪中国文化史上极具争议甚至饱受非议的人物，作为一个在哲学、美学、逻辑学、性学、社会学、民俗学、文学等诸多学科领域都有所建树乃至贡献的人物，作为一个从理论到实践都体现着自我价值追求以及前瞻性的人物，或许因为从出版《性史》到创办《新文化》月刊以及开美的书店引起的非议，或许因为他和褚松雪（问鹃）分分合合的爱情与婚姻，又或许是因为在今天看来他在那个特殊年代所受的政治和文化偏见，又或许因其"自恋与狂傲""自负""好出惊人之论"，张竞生在很大程度上被各种偏见和口水淹没了。而被淹没的不仅仅是他在学术上的成就，甚至包括他的生平。至于其生平，虽然时至今日已经有几部关于张竞生的传记，以及被过分演绎甚至不无歪曲之嫌的"传奇"故事，还有几种极为简略的年表，而从学术史角度而言，一个真实意义上的张竞生并未凸显出来。

"毁誉原无一定的。凡大思想家类多受谤于当时而获直于后世者。世人蠢蠢固不知贤者之心情，而贤者正不必求世人之谅解。其或有能谅解的，又因妒忌之故而不肯说句公道话，以致贤者不能获直于当时，使其怀抱不能尽展，社会因此亦大受其亏。究竟是社会害贤人，抑贤人害社会呢？" 1928 年 11 月 7 日，即被浙江省政府逐出杭州后两个月之纪念日，张竞生在《卢骚忏悔录》之"再版自序"中说这番话时，他显然在卢骚（即卢梭）身上看到了自己的影子和命运，借此慨叹自己的生不逢时。此时的张竞生虽多处碰壁，但自傲与自负之气还隐约可见。而当时他是否想过自己此后 42 年的人生乃至于身后多年依然不为人所理解？我们不得而知。不过，在 20 世纪的中国文化舞台上，张竞生注定"是一个倔强而又孤独的叛逆者，一个出师未捷便轰然倒下的寻梦人，一道欢快奔腾越过九曲十八弯的溪流，一颗划过天际瞬间照亮漫漫夜空的彗星"（陈平原《孤独的寻梦人》）。

我想做的，是透过扑朔迷离的"雾霾"而爬罗剔抉出历史的烟尘遮蔽的真相，力图还原一个真实的张竞生。呈现在这里的，是张竞生 81 年人生脉络和学术历程。当然，因资料来源之故，加之本人水平有限，书中肯定有不少讹误与不足之处，在此抛砖以求教于方家。

2023 年春于韩师水岚园

书稿付梓之际，为选择出版社着实费了一番思量。我之初衷，仍交由于 2021 年初出版《张竞生集》的北京生活·读书·新知三联书店出版，如此一来文集与年谱可形成配套。然计划没有变化快，由于种种原因，最初的想法并未能实现。其间几经辗转，最终幸得上海人民出版社欣然承印——这似乎又是一个偶然。而综观张竞生八十一年的人生历程，北京和上海是其学术生涯中最为重要的两个舞台。如今《张竞生集》已在北京出版，而《张竞生学术年谱》能够在上海出版，倒不失为一个有趣且有意味的结果。冥冥之中，偶然中也有定数，我对此深感欣慰：不仅为此书能够得以出版，也是为张竞生身后多年之后学界所表现出来的渐趋客观的研究与批评态度。

书稿得以出版，非常感谢上海人民出版社，尤其感谢高笑红编辑；感谢广东省人文社科重点研究基地岭东人文创新应用研究中心和广东省社科联"韩山师范学院潮州文化研究基地"在出版经费方面的大力资助；同时也要感谢《张竞生集》编委会的诸位同人在年谱编撰期间给予的学术支持。

2024 年元月补记

图书在版编目(CIP)数据

张竞生学术年谱/肖玉华著. —上海:上海人民
出版社,2024
ISBN 978 - 7 - 208 - 18716 - 0

Ⅰ.①张… Ⅱ.①肖… Ⅲ.①张竞生-学术研究-年
谱 Ⅳ.①K825.46

中国国家版本馆 CIP 数据核字(2024)第 022832 号

责任编辑 高笑红
封面设计 夏 芳

张竞生学术年谱

肖玉华 著

出 版	上海人民出版社	
	(201101 上海市闵行区号景路 159 弄 C 座)	
发 行	上海人民出版社发行中心	
印 刷	上海盛通时代印刷有限公司	
开 本	890×1240 1/32	
印 张	10.5	
插 页	13	
字 数	257,000	
版 次	2024 年 3 月第 1 版	
印 次	2024 年 3 月第 1 次印刷	

ISBN 978 - 7 - 208 - 18716 - 0/K · 3350
定 价 88.00 元